2018年

上海陈云研究

陈云纪念馆 编

上海社会科学院出版社
SHANGHAI ACADEMY OF SOCIAL SCIENCES PRESS

1954 年 9 月，陈云在中华人民共和国第一届全国人民代表大会第一次会议上作关于计划收购和计划供应问题的报告

目 录

特别推荐篇

生平业绩篇

思想理论篇

馆藏文物篇

史海钩沉篇

研究综述篇

特 别 推 荐 篇

公仆风范　赤子情怀

——回忆我的父亲陈云心系人民的往事

陈　元

父亲离开我们二十多年了。这些年来，我们一刻也没有停止过对他老人家的思念。每每回忆起与父亲有关的点点滴滴，我们从来都不曾感到与他分离。他的目光、他的笑容、他的声音总在眼前闪现，他对我们的严格让人终生难忘。

一、做好人，读好书

“做好人，读好书”，这是父亲对我们说得最多的一句话，也是他对我们最朴实的要求和愿望，虽然只有短短六个字，却浸透了父亲对儿女们最深沉的爱。从小到大，父亲都对我们要求非常严格。他教育我们要“做好人”，首先是要做好普通人，不能以高干子弟自居。他跟我们说：“你们若是在外面表现不好，那就是我的问题了。”我大姐伟力开始上小学时，父亲很严肃地把她叫到办公室谈话：“你就要上学了，学校里有很多同学，而且这些同学来自不同的家庭，出身都不一样，有的孩子甚至可能很穷苦。你到这个环境以后，绝对不许提父亲是谁，更不能觉得自己比别人优越，你没有什么可以骄傲的本钱，你是你，我是我。”

1968年，我妹妹伟华21岁高中毕业后，被分配到北京怀柔山区当老师。去的时候，父亲特意嘱咐她，到农村不要穿皮鞋，因为农民的生活都很艰苦。伟华第一次远离家，在那边人生地不熟，经常想家。有一次工作日期间，伟华也没向学校请假，就走了几十里山路，冒雨赶回家。没想到，父亲看到伟华，不但不高兴，还严肃批评了她，让她立即回去。晚上父亲又专门找伟华谈心，说孩子们的功课缺不得，让伟华在那儿安心教好书、育好人，在农村好好干下去，干出好成绩。伟华听了父亲的话，第二天一大早就赶回了学校。

随着年龄的不断增长，我们越来越能体会到父亲的一番苦心。父亲对我们在做人方面的严格要求，深深影响了我们家的家风。母亲曾经说过："我们家的家风有一个特点，就是以普通劳动者自居。我们的儿女、孙子辈，在学校里别人看不出他们是干部子弟，他们比普通老百姓的孩子还要朴素。"

父亲一生酷爱学习，对我们的学习也抓得特别紧。他常对我们说，我只有小学文化，所以希望你们多念点书，好为国家多作贡献。父亲非常注重学哲学。他曾经说过："学习哲学，可以使人开窍。学好哲学，终身受用。"父亲下放江西"蹲点"期间，我们每次去看他，他都给我们讲要认真读马列的书，读毛主席的著作，而且带着我们一起读，一边读一边给我们讲。记得妹妹伟兰刚开始读一些马克思著作，感觉比较吃力，父亲就让她先停下来，先读《毛泽东选集》。

为了鼓励家里人学马克思主义哲学，父亲将大家组织起来成立了一个家庭学习小组，每人先按照约定的书目、段落分头阅读，然后每周日上午六点半到九点半集中讨论，提出疑问，交流学习心得。母亲和当时在北京的几个家人都被吸收进这个学习小组，有些亲戚也加入其中。

二、懂了白菜，就懂了民心

父亲出身贫苦，年仅 4 岁时就失去了双亲，在农村长大，后来进城到商务印书馆当学徒、做店员，这些经历让父亲对人民群众有很深的感情，这也是激励他后来投身革命的强大动力。父亲经常告诫我们不能脱离群众，工作中他也是时时处处从提高人民生活水平的角度来考虑问题。

中华人民共和国成立初期，父亲开始主抓财经工作。他提出重要民生工作"必须安排在前"的方针，老百姓的吃穿用度，哪一样短缺了他都睡不好觉，在他眼中，大白菜也是政治问题。从那个年代生活过来的人，都不会忘记冬储大白菜。当时，大白菜可是北方老百姓饭桌上的"当家菜"，炖、炒、熬、熘、凉拌、包饺子，大白菜都是绝对的主角。父亲说，老百姓就是靠大白菜、土豆这两样东西过冬，卖得太贵他们会买不起，没菜吃不行啊！他还让秘书告诉管理部门，大白菜的储存、运输等每一个环节都要搞好。到了 1982 年，已经 77 岁的父亲还给当时的中央主要领导同志写信，要求务必组织好大白菜的生产、流通和消费，避免冬季出现烂菜问题。

我们小的时候，父亲有个爱好，就是喜欢周末带着我们在公园散步。他说不光要看风景，还要看群众都在干什么，看到群众安居乐业的样子，心里就感到高兴。可是有段时间，父亲突然不去了，我们都感觉很奇怪。一天，父亲正在听广播，我问他为什么最近不去公园了，父亲先是沉默了一会儿，而后关掉收音机，神色凝重地说："现在老百姓吃不上饭，我怕见了群众不好说。"

父亲主持财经工作期间有一个习惯，就是逛市场，东安市场、东单菜市场、西单菜市场……他全都转过。他也喜欢逛百货商场，他说一看商品的档次，一看货全不全，就知道现在经济发展得怎么样。我们住的北长街有个杂货铺他也去看过。他说，别看这家小店只有 5 平方米，老百姓却离不开它，小孩的铅笔、笔记本、橡皮、墨水、毛笔都在那儿买。父亲进到店里时，就坐在那儿看着老板怎么忙活生意。有个戴瓜皮帽的人总是拿着个水烟袋坐在后头抽，他说这个人是在思考进什么货、出什么货，该给顾客准备点什么东西。后来他经常引用这个例子，说我们需要这种戴瓜皮帽、拿水烟袋的人，能够站在较远的地方去看全局。

父亲还十分关心知识分子的生活状况，尽可能帮助他们解决实际困难。20 世纪 80 年代初，科协让母亲转交给父亲一封信，一位来自北京航空学院的教师在信中反映中年知识分子生活、工作负担重，工资收入低，很多人健康水平下降。父亲看了以后，觉得这个问题很严峻，就开始着手调查研究，还从曾在中科院物理研究所工作的伟力那儿了解情况。伟力自己生活待遇也很差，生孩子后单位分给她一间 9 平方米的房子，没有厨房，一张床和一张桌子就把房间填得满满当当，几十块钱的工资也是多年不变。那时，父亲又恰好收到全国政协关于知识分子政策落实问题调查组写的报告，反映的也是这类问题。经过调查研究，父亲致信中央常委："这是国家的一个大问题，确实要下大决心，在今明两年内解决，不能再按部就班地搞。我们基本建设每年要用 500 多亿元，为什么不可以用十几亿来解决知识分子的问题呢？改善他们的工作条件，应当看成是基本建设的一个项目。我们把钱用在中年知识分子身上，是好钢用在刀刃上。"

他说知识分子是国家的宝贵财富，抢救知识分子，抢救他们的健康，是非常重要的。后来，父亲的那封信得到了小平同志和其他常委们的赞成，信中的意见也被中央有关部门在工资改革中采纳。

三、个人名利淡如水，党的事业重如山

父亲的一生，遭遇过许多波折。但无论身处何种环境，他从不气馁，也从没有对党的事业丧失信心。正如他在延安时期所说的，作为一名共产党员，要能够坚持真理和坚定信念，做到“五不怕”：不怕孤立、不怕开除党籍、不怕离婚、不怕开除公职、不怕杀头。

在我们十几岁的时候，一场政治风暴悄然来临。20 世纪 60 年代初，父亲经过调查研究，认为可以用包产到户的办法提高农民的积极性，以便恢复农业的产量，并准备把自己的意见向上反映。有同志提醒他这样做会有风险，但他说，我担负全国经济工作的领导任务，要对党负责，对人民负责，此事提与不提，变与不变，关系到党的声誉，关系到人心向背，既然看准了，找到了办法，怎能延误时机？后来父亲的意见没有被采纳，他还因此受到了冷落和批判，职位也被架空。但父亲表现得很冷静，从不找人诉苦，也从不发牢骚。

后来在“文革”期间，父亲受到严重冲击，处境变得更加艰难。1967 年初的一个深夜，一群造反派闯进了我们在北长街的家，不由分说就动手抄家。当时只有伟华独自在家，造反派没抓到父亲，就把伟华揪住审了一通，随后在家里的地上和墙上到处涂写“打倒陈云”的大标语。气极了的伟华冲他们大声喊：“我父亲从来没有反对过毛主席！”知道来龙去脉后，父亲哈哈大笑说：“没关系，如果造反派来了，我跟他们评理，我不怕他们！”我们感觉，父亲确确实实是一个老共产党员，早已把个人荣辱和生死置之度外。

父亲向来谦逊低调，“不居功，不自恃”，是他老人家为人处世的准则。他从不主张宣传自己，父亲生前，有关他的书籍少之又少，甚至报刊上的报道也很少。比如大家都认为他在“四保临江”战役中发挥了重大作用，可凡是有人描写这段历史，父亲都把关于自己的部分全部勾掉。中华人民共和国成立初期，父亲已是党中央的五大书记之一，但他始终要求在待遇上、宣传上不能把他和毛主席、少奇同志、周总理、朱德同志并列，不仅把给他定的一级工资标准改为二级，还坚持将苏联政府赠送给他的汽车退回。

在十一届三中全会上，父亲当选为中央纪律检查委员会第一书记。当时正值改革开放初期，经济活跃之下人们思想上准备不足，党内少数干部出现了一些违反党纪国法的行为。父亲对不良社会风气非常反感，那段时间，他明显流

露出对经济犯罪的担忧。有一天，父亲正在看《人民日报》的一篇评论员文章，对文中批评的不请吃饭办不成事，“四菜一汤生意平常”“八菜一汤独霸一方”的现象非常痛心，并用红笔画了出来，还叫伟兰过去看一看，说这么搞下去绝对不行！1980 年 11 月，父亲严肃提出“执政党的党风问题是有关党的生死存亡的问题”。父亲下定决心当“铁纪委”，要狠抓整顿党风，严打经济犯罪。

父亲对反腐之所以有一种强烈的危机感和紧迫感，最怕的就是党脱离群众，最怕的是群众的不信任。在他看来，离开了群众的信任，那是不可思议、不可想象的事情。他觉得，共产党一丝一毫的腐败都不能有，要彻底地清除。他提出抓党风、抓反腐败，首先要从党的高级干部抓起。他说：“这些事情都是上行下效的，领导干部带头守法，下面就不敢乱来，领导要是自己开了口子，那下面就乱套了。”

反腐败是要冒风险的，当时确实有领导同志遭到了腐败分子的报复。父亲心里十分清楚自己和家人面临的危险。他特意让秘书提醒我们，现在全国严打，打击刑事犯罪和经济犯罪，你们要注意安全，回家的时候一定要注意，小心后头有没有人开车撞你们，或者拿刀子捅你们。我们感觉到，父亲当时心里承受着不小的压力，但他没有畏惧和退缩，而是下定决心，一定要制止恶性经济犯罪行为的蔓延，得罪多少人也在所不惜，甚至做好了最坏的打算。他曾对身边工作人员说：“我是准备人家打黑枪，准备折子折孙的！”现在回想起来，父亲当时的那股凛然之气依然让我们感到深深的震撼，无私方能无畏，为了党的事业，父亲豁出去了。

四、为人民用权，过百姓生活

父亲长期担任党和国家领导人，虽然身居高位，手握重权，但他从不轻易使用手中权力，更不把这份权力用在自己和家人身上。父亲常说，权力是人民给的，必须要用于人民，要为人民谋福利。父亲是这样说的，也是这样做的。

1962 年，为了回笼货币，市场上开始销售一些高级点心、糖果和其他高价商品。那年夏天，母亲给他买了一床高价毛巾被，买了后还挺高兴的。可等到第二天报纸就登消息说，国家经济已经恢复到一定水平，高价产品就此取消，所有产品降为平价产品。我母亲就有点抱怨父亲，怪他为什么不早点告诉她，害她花了冤枉钱。可父亲说：“我是主管经济的，这是国家的经济机密，我怎么可以在自己家里头随便讲？我要带头遵守党的纪律。”的确，父亲的组织性、纪律性特别强，从来不会把国家机密向家人透露。

父亲一生经手的钱财无数，自己却两袖清风，在日常生活和工作中，他反复跟我们强调要公私分明。1959年，母亲陪父亲去杭州休养，父亲嘱咐母亲这期间不能拿工资。于是母亲回到北京后，将自己2 200多元的工资如数退还给了单位。1971年伟力去江西照顾父亲，他又对伟力说：“国家发给你工资是让你给国家做事，你来的这段时间没给国家做事，就不应该拿工资。”当伟力1972年回到物理所时，也把这一段时间的工资退还给了单位。

父亲在使用权力方面不搞特殊化，在生活待遇方面也坚决反对搞特殊化。自1949年进京，我们一家人在西城区北长街的一处老宅子里住了整整30年。由于房屋年久失修经常漏雨，机关行政部门提出翻修一下，父亲坚决不同意，他说：“房子大修要花许多钱，只要不漏雨就行了。”

1976年唐山大地震时，父亲办公室的南墙被震出一米多长的裂缝，后勤部门请技术人员检查后发现房屋存在安全隐患，提出把老房拆掉，再在原址上建一幢新楼。父亲还是不同意，他说：“虽然是老房子，也比老百姓住的房子好。这样好的房子都拆掉建新房，会脱离群众，影响不好。”后来就在他办公室用钢管搭了一个防地震的架子，上面铺着厚木板。他就坐在那个钢框框里，在那个钢架子底下见了好多中央领导同志。之后我们搬进中南海，父亲一看房子那么大，就跟母亲说，咱们还是回北长街住那个小房子吧，唠叨了半年时间。后来大家都劝他，还是这边比较安全，他才同意。

父亲外出检查工作，每次都专门对各地领导提出要求：不收礼，不吃请，不迎不送，不请不到，以免干扰当地工作。20世纪50年代末，他在郑州参加会议后，省里负责接待的人员给他的那节车厢里送了几只鸡。火车到下一站停车加煤加水时，他就让省里领导把那鸡收回。为了这个事情，他发了一个星期的脾气，觉得这是腐败作风。

父亲平时生活异常俭朴。他的外衣一般都比较整洁，但毛裤、毛衣、秋衣都是补丁摞补丁。他的毛裤是1961年买的，一直穿到去世，足足穿了34年，身边工作人员多次建议给他换条新毛裤，他都没同意，说毛裤穿在里面，补一补没关系。他的一件麂皮坎肩，是辽沈战役的战利品，也穿了几十年。他的刮胡刀，刀架是1935年9月从上海秘密去苏联之前买的，一直用到去世，用了整整60年。一年夏天，弟弟陈方跟父亲坐在一起聊天。天气热得很，汗流浃背的父亲让陈方拿一件换的背心来。陈方把父亲换下的旧背心拿到椅背上晾，发现背心已经破了两个洞了。弟弟说："爸爸，要不我给您买一件新背心去吧。"父亲摇摇头说："这个能凑合穿就凑合穿，背心穿在里面也看不出来，不用换新的，最多补补就行了。"

我们做子女的，受父亲的熏陶，崇尚朴实，不去追求奢侈，更不会大手大脚地花钱。在这方面父亲平常对我们多是言传身教，没有什么更多的说教，却让我们看到了艰苦朴素的真正含义。父亲没有给我们留下什么财产，也没有为世人留下一部回忆录，但他的思想精神、品格风范，却是令我们终身受用的宝贵财富。父亲在我们心中树起了一座不朽的丰碑，值得我们景仰一辈子、学习一辈子。

（作者为陈云长子陈元）

在第十二届“陈云与当代中国”学术研讨会上的开幕词

朱佳木

第十二届“陈云与当代中国”研讨会今天在中央苏区重要组成部分的闽西龙岩开幕了。首先，我代表会议组委会和中华人民共和国国史学会，向应邀前来出席会议的领导同志表示热烈欢迎，向入选论文作者表示由衷祝贺，向会议承办单位龙岩学院中央苏区研究院的领导和同志们的工作表示诚挚谢意！

“陈云与当代中国”研讨会自从2006年创办以来，一直沿着陈云在革命年代和中华人民共和国建设时期的足迹，与有关地方和单位合作办会，并结合中国特色社会主义实践研讨陈云思想与生平，今年已是第12届，刚好走到革命圣地之一的龙岩。1933年初，时任临时中央政治局常委的陈云由上海乘海轮抵达汕头，然后由粤东北进入福建，再经龙岩所辖的长汀、才溪进入中央苏区首府瑞金。在中央苏区工作的20个月里，陈云曾两次赴今属龙岩市的闽西汀州调研工人状况和苏区《劳动法》执行情况，还召开了三次支部会议，在苏区中央局机关报《斗争》和总工会机关刊物《苏区工人》上发表了三篇文章，分别题为《关于苏区工人的经济斗争》《怎样订立劳动合同》和《在纠正工人经济斗争“左”的倾向中我们所作的错误》。他后来在回忆这段往事时写道：“当时工会工作获得相当成绩。”[1]这说明龙岩也是陈云战斗过的地方。

2017年10月，我们党召开了具有重大而深远历史意义的十九大；2018年11月，我们又将迎来在党和国家历史上具有划时代意义的十一届三中全会召开40周年。党的十九大宣布中国特色社会主义进入了一个新时代，党的十一届三中全会标志改革开放的启动和中国特色社会主义道路的开辟。所以，我们将本届研讨会的主题确定为“陈云与改革开放新时代”。经过专家两轮评审，本届应征论文中共有72篇入选。从论文作者看，有正高级职称的约占30%，属于中央机关、科研单位的约占三分之二，属于高校系统的占三分之一；40—60岁和40岁以下的各有37人，60岁以上的有6人，年龄最高的82岁，最小的24岁。

在党的十一届三中全会上，陈云重新当选中央政治局委员、常委，中央委员会副主席，成为以邓小平为核心的第二代中央领导集体的重要成员。从那时起，他和邓小平、叶剑英、李先念等老一辈无产阶级革命家一起，拨乱反正、开拓创新，殚精竭虑，运筹帷幄，带领人民积极推进改革开放，在中华人民共和国头29年建立起来的独立完整的工业体系、国民经济体系基础上，使国民生产总值由世界排名第13位，上升到20世纪末的第6位。对此，全国各族人民作出了贡献，全党作出了贡献，老一辈革命家们作出了贡献，陈云也作出了自己的独特贡献。这个贡献从一定意义上可以说，主要体现在协助和支持邓小平把握改革开放健康发展的三个关键性问题上。

第一，在改革开放的核心问题上，主张处理好政府与市场的关系，做到在宏观控制下搞活经济。

早在20世纪50年代资本主义工商业改造完成后，陈云就在党的八大上提出了“三个主体、三个补充”的设想。党的十一届三中全会开过不久，他撰写的一份提纲在中央政策研究单位进行了传达，其中指出：计划工作制度中除了“有计划按比例”这一条，还应当有“市场调节”这一条。“在今后经济的调整和体制的改革中，实际上计划与市场这两种经济的比例的调整将占很大的比重。不一定计划经济部分愈增加，市场经济部分所占绝对数额就愈缩小，可能是都相应地增加。”[2]此后，针对一些部门和地方只顾市场不顾计划、导致国民经济重大比例失调的倾向，他又明确提出“计划经济为主、市场调节为辅”“计划与市场相结合”的原则。

陈云的上述主张虽然和后来确立的社会主义市场经济体制改革目标有所区别，但正如党的十四大报告所说：它对于摆脱在计划与市场关系上的传统观念、形成新的认识，“推动改革和发展起了重要作用”。[3]江泽民同志在纪念陈云同志诞辰90周年座谈会上又指出：陈云同志在党的十一届三中全会后率先批判过去计划工作中存在的弊端，“对推动全党解放思想、实事求是，进行突破高度集中的计划经济体制的改革，产生过广泛而深刻的影响”[4]。胡锦涛同志在纪念陈云同志诞辰100周年座谈会上也说：陈云同志“明确提出，在社会主义制度下，只有有计划按比例还不行，还必须有市场调节。他的这个重要认识，对我们突破高度集中的计划经济体制的束缚，曾经产生过广泛而深刻的影响。”[5] 习近平总书记在纪念陈云同志诞辰110周年座谈会上进一步指出：党的十一届三中全会之后，陈云同志提出“在社会主义市场经济中要有意识地发挥和扩大市场调节作用，支持探索符合实际、充满活力的社会主义经济新体制”[6]。

20世纪80年代，陈云曾将搞活经济与计划指导比喻成“鸟与笼子”的关系。他说：“鸟不能捏在手里，捏在手里会死，要让它飞，但只能让它在笼子里飞。没有笼子，它就飞跑了。”[7]一些别有用心的人故意把这个比喻中所说的“笼子”歪曲为真的像鸟笼那样狭小，并据此把陈云的经济思想污蔑为“鸟笼经济学”。只要稍懂经济学常识和稍动脑筋思考的人都明白，这个比喻实际上形象地道出了经济学中微观与宏观关系的真谛。尤其应当看到的是，陈云在这个比喻中特别强调了“笼子”可大可小，可以跨省跨地区，甚至可以跨国跨洲，作为“笼子”的五年计划本身也要经常调整。因此，它对于人们思考微观搞活与宏观控制的关系，不啻积极的启示意义。

在过去优先发展重工业和资源短缺、法律不健全、利率调节受制约的年代，政府调控经济的主要手段只能是计划。因此，计划与市场的关系，说到底是政府与市场的关系。陈云在这个比喻中讲的虽然是计划，但揭示的却是市场必须在政府宏观控制下发挥作用的道理。正如陈云后来所说：“计划是宏观控制的主要依据。搞好宏观控制，才有利于搞活微观，做到活而不乱。”“搞活经济是对的，但权力太分散就乱，搞活也难。”[8]可见，这个比喻与人们此后强调的市场经济是法治经济，“看不见的手”与“看得见的手”都要用好等观点，本质上是完全一致的。

很多外国人搞不明白，世界上有那么多发展中国家都在实行市场经济，为什么唯独中国发展得最快最稳。其实，这个问题并不神秘，原因就在于中国的市场经济是和社会主义制度相联系的，是有宏观控制的，是和政府作用相结合的，总而言之，是有“笼子”的。习近平总书记指出：“我们要坚持辩证法、两点论，继续在社会主义基本制度与市场经济的结合上下功夫，把两方面优势都发挥好，既要‘有效的市场’，也要‘有为的政府’，努力在实践中破解这道经济学上的世界难题。”[9]不难看出，陈云关于“鸟与笼子”的比喻，恰恰为破解这道经济学上的世界难题，作出了重要的理论贡献。

第二，在改革开放的方法问题上，倡导先行试点，“摸着石头过河”。

任何事情要成功，不仅要有满腔热情的态度、坚忍不拔的意志，还要有适当稳妥的方法。对于改革开放，陈云一方面持积极支持的态度，另一方面如同在经济建设上主张稳中求进一样，总是不断提醒大家："既要积极，又要稳妥"[10]；"要边走边看，走一步看一步。"[11]

比如，对待经济体制改革的问题。陈云一方面高度赞扬这个改革，指出："现在搞得经济体制改革，打破了'大锅饭''铁饭碗'，它的意义不下于私营工商业改造。"[12]"打破这个'大锅饭'，将会大大调动广大工人、农民、知识分子和干部进行社会化建设的积极性，使我国的生产力获得一次新的大解放。"他还说：政企职责分开很有必要，这样"可以给企业比过去大得多的自主权"。[13]但他又强调：扩大企业自主权，推行经济责任制，必须坚持几个前提：一是"定额应该是平均先进定额"；二是"质量只能提高，不能降低"；三是"单位成本只能降，不能提高"；四是要"统筹全局，要算一算，一年增加多少收入，并从全局来合理分配"[14]。

再如，对待试办经济特区和开放沿海城市的问题。陈云一方面肯定特区要办，赞成增加开放沿海城市，但另一方面指出："广东、福建两省的深圳、珠海、汕头、厦门四个市在部分地区试办经济特区……现在只能有这几个，不能增多。""像江苏这样的省不能搞特区。"[15]"既要看到特区的有利方面，也要充分估计到特区带来的副作用。例如：人民币与外币同时流通，对人民币不利，会打击人民币。"[16]"特区第一位的问题是总结经验。"[17]他提醒有关领导，沿海城市开放后，来料加工产品要有一定比例的内销，但"自己必须发展而且正在发展的东西，不要被外面进口的挤掉了"[18]。"要使自己的东西一步一步地进步，达到先进的水平，这还是应当提倡的。"[19]

再如，对待外资外经外贸的问题。陈云一方面积极支持借外债，说这"是打破闭关自守以后的新形势"，"今后在自力更生为主的条件下，还可以借些不吃亏的外债。"[20]针对一些地方进口国外二手设备不划算的问题，他还提出一个大胆设想，即"对外开放不一定都是人家到我们这里来，我们也可以到人家那里去"[21]，赞成利用有利时机到国外投资办厂，从而成为"走出去"战略的先声。另一方面，他又强调："利用外资和引进新技术，这是我们当前的一项重要政策措施，不过要头脑清醒。"[22]因为，第一，外债绝大多数不是自由外汇，而是卖方贷款，国内需要资金配套，涉及财政平衡；第二，自由外汇利息高达15%，借多了还不起；第三，现在国际信贷是买方市场，国际关系除非有大的变化，否则这种有利条件不会失去。他针对外贸体制改革初期，一些工业企业和地方为争夺外贸自主权，不计成本、削价竞销、使外方得利的现象指出：外贸改革的最终目的是给国家增加外汇，如果适得其反，可以考虑“走两年老路，略加改良”[23]，看看哪种办法更好。在外贸部门的报告上他批示：“既要调动各方面的积极性，又要坚持统一对外，这是外贸体制改革必须坚持的一条原则。”[24]

陈云之所以对改革开放的方法采取审慎态度，与他对经济工作的一贯指导思想有关，即不怕慢，就怕站，如果“出现反复，结果反而会慢，‘欲速则不达’”。[25]他说过：“开国以来经济建设方面的主要错误是‘左’的错误”；[26]我们应该探索“在不再折腾的条件下有较快的发展速度。”[27]在回答为什么改革必须经过试点的问题时他明确表示：“因为试点而使改革的进度慢了，与为了加快改革的进度而不经过试点，以致改得不好，还要回过头来重新改，这两种损失相比，前一种比后一种要小些。”[28]他认为，城市改革的步子之所以要稳，重要原因在于城市改革比农村改革复杂，大多数干部对此缺少经验。他说：“我们的改革，问题复杂，不能要求过急。改革固然要靠一定的理论研究、经济统计和经济预测，更重要的还是要从试点着手，随时总结经验，也就是要‘摸着石头过河’，开始时步子要小，缓缓而行。”[29]他又说：“这次体制改革涉及范围相当广，广大干部还不很熟悉，在进行中还会出现一些难以预见的问题。因此，必须边实践，边探索，边总结经验。如果用五年实践能够做好改革这件事，那就很好了。”[30]

改革开放的实践说明，凡事按照先试点、再推广、“摸着石头过河”的方法进行，往往成功率高、负作用少，反之则挫折多、损失大。党的十八大以来，以习近平总书记为核心的党中央对稳中求进的方针作了充分肯定。习总书记指出：“稳中求进工作总基调是我们治国理政的重要原则，也是做好经济工作的方法论。”[31]他说：“摸着石头过河，是富有中国智慧的改革方法，也是符合马克思主义认识论和实践论的方法。实践中，对必须取得突破但一时还不那么有把握的改革，就采取试点探索、投石问路的方法，先行试点，尊重实践、尊重创造，鼓励大胆探索、勇于开拓，取得经验、看得很准了再推开……加强顶层设计和摸着石头过河都是推进改革的重要方法。”[32]他的这些论述是对改革开放成功经验的深刻总结，也是对陈云关于改革开放应当稳步前进主张的充分肯定。

第三，在改革开放的方向问题上，强调不能放松共产主义思想教育，败坏党的作风，损害人民的利益。

改革开放究竟有没有方向？对这个问题，很长时间里一直存在不同看法。党的十八大后，习近平总书记旗帜鲜明地指出：“我们的改革开放是有方向、有立场、有原则的。”[33]他强调：“不实行改革开放死路一条，搞否定社会主义方向的‘改革开放’也是死路一条。在方向问题上，我们头脑必须十分清醒。我们的方向就是不断推动社会主义制度自我完善和发展，而不是对社会主义制度改弦易张。”[34]“一些敌对势力和别有用心的人也在那里摇旗呐喊、制造舆论、混淆视听，把改革定义为往西方政治制度的方向改，否则就是不改革。他们是醉翁之意不在酒，‘项庄舞剑，意在沛公’。对此，我们要洞若观火，保持政治坚定性，明确政治定位。”[35]

自从改革开放之始，陈云就十分重视改革的方向问题。对此，他主要强调了以下三点：

一是强调共产党员在改革开放中要坚定共产主义的理想信念。

早在 1983 年党的十二届二中全会上，他就在大会发言中指出：“有些人看见外国的摩天大厦、高速公路等，以为中国就不如外国，社会主义就不如资本主义，马克思主义就不灵了。对于这些人，我们要进行教育，对其中做意识形态工作的同志，经过教育不改的，要调动他们的工作。”他说：“我们现在还很穷，但我们是社会主义国家，我们的根本制度比资本主义优越得多……资本主义必然要被共产主义所代替，这是不可改变的法则。”在发言结束时他还充满信心地高呼：“社会主义万岁！共产主义万岁！”[36]

1985 年，他在党的全国代表会议的大会发言中强调：“我们是共产党，共产党是搞社会主义的。现在进行的社会主义经济体制改革，是社会主义制度的自我完善和发展。”[37]“现在有些人，包括一些共产党员，忘记了社会主义和共产主义的理想，丢掉了为人民服务的宗旨。”“应当把共产主义思想的教育、四项基本原则的宣传，作为思想政治工作的中心内容。这种宣传教育不能有丝毫减弱，还要大大加强。民主革命时期，我们用共产主义思想教育党员和群众中的先进分子，才使党始终有战斗力，使革命取得了成功。社会主义经济和经济体制改革，更加要有为共产主义事业献身的精神。”[38]

在随后召开的中纪委第六次全体会议上，他再次指出：“对外开放，不可避免地会有资本主义腐朽思想和作风的侵入。这对我们社会主义事业，是直接的危害。如果我们各级党委，我们的党员特别是老干部，对此有清醒的认识，高度的警惕，有针对性地进行以共产主义思想为核心的教育，那么资本主义思想的侵入并不可怕。我们相信，马克思主义、共产主义的真理，一定会战胜资本主义腐朽思想和作风的侵蚀。”[39]

改革开放初期有一种议论，说共产主义遥遥无期，今后只讲社会主义就行了，不必再讲共产主义，甚至提出共产党的名字也应当改。陈云听到后明确表示："这个观点是不对的，应当说，共产主义遥遥有期，社会主义就是共产主义的第一阶段。"在纪念陈云同志诞辰110周年座谈会上，习总书记引用了他的这句话，并指出："我们纪念陈云同志，就要学习他坚守信仰的精神。"[40]

二是强调在改革开放中要始终加强党风建设，严格党的纪律，惩治以权谋私，打击经济犯罪。

党的十一届三中全会刚刚闭幕，陈云就作出了"执政党的党风问题是有关党的生死存亡的问题"的著名论断，强调："党风问题必须抓紧搞，永远搞。"[41]过了几年，随着改革开放的深入，他再次指出："抓党风的好转，仍是全党的一件大事。这些年来，中央抓了党风问题。但是，要实现党风的根本好转，任务还非常重。现在确有不少党员、党员干部，特别是个别老党员、老干部，不能坚持原则，遇到歪风，跟着干。"[42]他认为，"一切向钱看"是对党风和社会风气起严重腐蚀作用的资本主义思想。他说："我们搞社会主义，一定要抵制和清除这些丑恶的思想和行为，要动员和组织全党和社会的力量，以除恶务尽的精神，同这种现象进行坚决的斗争。"[43]他强调："希望所有党的高级领导人员，在教育好子女的问题上，给全党带个好头。决不允许他们依仗亲属关系，谋私谋利，成为特殊人物。"[44]他要求对于败坏党风、社会风气的歪风邪气，凡是熟视无睹、听之任之的，"除了要追究那些为非作歹的个人外，还要追究那个单位、那个地区的党委的责任，包括纪委的责任"。[45]

改革开放初期曾刮起一股歪风，指责党的纪律束缚了干部的手脚，不利于改革开放。陈云听说后，在一份报告上批示："党性原则和党的纪律不存在'松绑'的问题。没有好的党风，改革是搞不好的。共产党不论在地下工作时期或执政时期，任何时候都必须坚持党的纪律。"[46]

对于一些党员干部钻改革空子、以权谋私的行为，陈云更是深恶痛绝。他说："对于利用职权谋私利的人，如果不给以严厉的打击，对这股歪风不加制止或制止不力，就会败坏党的风气，使党丧失民心。"1982年初，陈云看到中纪委信访简报，反映南方沿海省份不法之徒内外勾结，大搞走私活动，涉及不少党员干部，群众意见很大，当即批转中央政治局常委，指出："对于严重的经济犯罪分子，我主张要严办几个，判刑几个，以至杀几个罪大恶极的，并且登报，否则党风无法整顿。"邓小平看后加了八个大字："雷厉风行，抓住不放。"[47]

针对1985年少数党员、党员干部，特别是个别老党员、老干部不能与社会上的歪风作斗争，相反遇到歪风跟着干的现象，他指出：“一说对外开放，对内搞活，有些党政军机关、党政军干部和干部子女，就蜂拥经商。仅据十几个省市的调查，从去年第四季度以来一下子就办起了两万多个这样那样的公司。其中相当一部分，同一些违法分子、不法外商互相勾结，互相利用。钻改革的空子，买空卖空，倒买倒卖，行贿受贿，走私贩私，弄虚作假，敲诈勒索，逃避关税，制造和销售假药、假酒，谋财害命。”他指示各级纪委：“无论是谁违反党纪、政纪，都要坚决按党纪、政纪处理；违反法律的，要建议依法处理。各级纪委必须按此原则办事，否则就是失职。”[48]

三是强调改革不能以损害民生为代价。

陈云历来主张，“搞活经济建设的最后目的，是为了改善人民的生活。”[49]无论对基本建设还是经济改革，陈云都有一条底线，就是不要破坏物价水平的总体稳定，不要损害民生，不要引发社会动荡。1980年，由于用增发票子的办法大搞基本建设，致使通货膨胀，许多商品涨价，严重影响人民生活。陈云指出：“这种涨价的形势如果不加制止，人民是很不满意的。”[50]

对于价格改革，陈云同样坚持这条原则。他认为，减少各种不合理的补贴，使价格尽可能反映价值是对的；但制定价格改革方案时一定要想到低收入群众的承受能力和弱势产业的发展，权衡经济与政治、社会等各方面的利弊得失。1981年，他审阅五届全国人大四次会议政府工作报告稿，建议把其中讲“物价与价值要一致”的话删去，说：“这个话写上去，会引起调高价格的猜测，弄得人心不安。价格与价值应当符合，但是现在有相当大的一部分不能不背离。”如果马克思活到现在，“他也会赞成保持一种合理补贴的社会主义，即小的方面不合理，大的方面仍然是合理的。”[51]

1988年，党中央酝酿更大幅度的价格和工资改革，总体思路是在5年时间里，每年价格上涨10%，人均收入增加11%—14%，以期初步理顺价格关系。陈云明确表示不赞成，对中央有关领导同志说：“物价上涨后不拿工资的农民怎么办。”[52]“理顺价格在你们有生之年理不顺，财政补贴取消不了。”[53]当时的中央主要负责人听不进去这个话，坚持认为“物价这一关非过不可”。中央政治局会议原则通过的改革方案一经公布，果然引起居民恐慌，出现全国性抢购和提款风潮，物价指数猛涨百分之二十多，迫使国务院发出紧急通知进行解释，表示银行将开办保值储蓄。然而这一切都晚了，事情已经闹大，一定程度上成为随之而来的八九政治风波的起因之一。风波过后，陈云同刚刚担任党中央总书记的江泽民谈话，再次指出："国家财政补贴取消不了。暗补、明补，都是补贴。在我国，还是低工资、高就业、加补贴的办法好。这是保持社会安定的一项基本国策。即使是发达的资本主义国家，对某些产品也是实行补贴的。当然，通过改善经营管理，提高经济效益，可以逐步减少一些不合理的补贴，例如某些企业的亏损补贴，但要从根本上取消补贴是不可能的。"[54]

习近平总书记在党的十八届三中全会上指出："全面深化改革，必须以促进社会公平正义、增进人民福祉为出发点和落脚点。这是我们党全心全意为人民服务根本宗旨的必然要求……如果不能给老百姓带来实实在在的利益，如果不能创造更加公平的社会环境，甚至导致更多的不公平，改革就失去意义，也不可能持续。" 党的十九大报告进一步指出："增进民生福祉是发展的根本目的。" 要 "让改革发展成果更多更公平惠及全体人民。" 可见，陈云关于改革不能以牺牲民生为代价的思想，同样是经受住了实践反复检验的真理，同样应当坚持坚持再坚持。

从党的十一届三中全会至今的40年里，有的社会主义大国解体了，有的发展中大国战乱了，但中国无论作为社会主义大国还是发展中大国，始终岿然屹立在世界东方，不仅经济飞速发展，国力不断增强，而且人民生活持续改善，社会大局总体稳定。其中原因固然在于实行了改革开放，但同时也是正确解决了改革开放核心、方法、方向等问题的结果。党的十八大以来，以习近平同志为核心的党中央贯通总结改革开放前后两个时期的历史经验，在改革开放的核心、方法、方向等问题上，提出了一系列更加成熟的方针和措施。我们研讨陈云与改革开放新时代，就是要用这一研究，为新时代中国特色社会主义事业提供更多有实践意义和理论价值的智力支持。

当年毛泽东在红色闽西留下了许多气壮山河、脍炙人口的诗句，如 "战地黄花分外香""寥廓江天万里霜"；"赣水苍茫闽山碧，横扫千军如卷席"；"今日向何方，直指武夷山下。山下，山下，风展红旗如画"。我们今天在这里研讨陈云与改革开放新时代，也应当学习和发扬苏区精神，使我们的研究势如破竹，"横扫千军如卷席"；使我们的研究成果呈现 "战地黄花分外香""风展红旗如画" 的局面。

（作者单位：中国社会科学院当代中国研究所）

参考文献：

［1］《陈云传》(上)，中央文献出版社2005年版，第148页。

［2］［7］［8］［10］［11］［13］［15］［16］［17］［20］［22］［25］［26］［27］［29］［30］［36］［37］［38］［39］［41］［42］［43］［44］［45］［46］［47］［48］［49］［50］［54］《陈云文选》第3卷，人民出版社1995年版，第247页，第320页，第350页，第350页，第323—324页，第337页，第306页，第307页，第311页，第276页，第277页，第351页，第282页，第268页，第279页，第338页，第332—333页，第350页，第352—353页，第355页，第273页，第351页，第356页，第352页，第356页，第275页，第273—274页，第355、356页，第280页，第227页，第376页。

［3］《十四大以来重要文献选编》(上)，人民出版社1996年版，第18页。

［4］［5］［6］［40］《人民日报》1995年6月14日，2005年6月14日，2015年6月13日，2015年6月13日。

［9］［31］《习近平关于社会主义经济建设论述摘编》，中央文献出版社2007年版，第64页，第332页。

［12］［14］［18］［19］［24］［28］［51］《陈云文集》第3卷，中央文献出版社2005年版，第488页，第489页，第536页，第535页，第539页，第529页，第496页。

［21］［23］《陈云年谱》(修订本)下卷，中央文献出版社2015年版，第357页，第340页。

［32］［33］［34］［35］《习近平关于全面深化改革论述摘编》，中央文献出版社2014年版，第43页，第14页，第15页，第19页。

［52］［53］《陈云传》(下)，中央文献出版社2005年版，第1791页，第1792页。

生 平 业 绩 篇

陈云与上海改革开放事业的发展

严爱云

陈云是以毛泽东同志为核心的党的第一代中央领导集体和以邓小平同志为核心的党的第二代中央领导集体的重要成员，他经历了党领导人民进行革命、建设、改革各个历史时期许多重大事件，参与了党中央在不同历史时期一系列重大决策的制定和实施，多次在党和人民事业发展的关键时刻、在党和国家的重大决策中发挥了十分重要的作用。上海是陈云的故乡，也是他早期开展革命活动的地方。在走出家乡到更广阔天地奋斗的同时，他也始终情系上海的发展。中华人民共和国成立之初，陈云坐镇上海，从打击投机，抑制恶性通货膨胀入手，稳定物价、稳定市场，积极筹备统一全国财政经济，为巩固新生的人民政权奠定基础，被毛泽东誉为其功“不下于淮海战役”。作为中国社会主义经济建设的开创者和奠基人之一，他曾回故乡进行一系列调查研究活动，这对于他提出国民经济调整时期化解危局、走出困境的金点子，别具重要意义。改革开放新时期，陈云为我们党开创中国特色社会主义道路作出了卓越贡献。其间，陈云继续高度重视上海在全国一盘棋中的独特地位、作用，从全局看上海，又从上海看全局，始终关心上海改革开放和现代化事业发展并给予多方指导。从中体现出既坚持立足国情又放眼世界，既强调独立自主、自力更生又注重对外开放、取长补短，既要求加快发展又警示遵循规律，既力行关爱干部又倡导从严治党的鲜明特色，无不对上海的改革开放事业产生重要影响。在庆祝改革开放40周年之际，研究陈云对上海改革开放的指导实践，感悟其中的时代价值，对上海新时代中国特色社会主义建设新实践仍然具有借鉴意义。

一、力推平反潘汉年冤案，关心上海干部队伍建设

陈云在长期革命和建设实践过程中形成“不唯上、不唯书、只唯实，交换、比较、反复”的思想方法和工作方法。在十一届三中全会上，他提出对冤假错案必须坚持有错必纠，做出实事求是的结论，推动了全国平反冤假错案工作。经陈云直接提议复查和平反的，有刘少奇、瞿秋白、张闻天、萧劲光、马寅初等人，这些蒙冤多年的党的重要领导人和高级知识分子先后得以平反昭雪，恢复名誉。其中，陈云力推蒙冤多年、牵涉面广、影响全国的潘汉年案的平反，对于上海改革开放初期党内政治空气的澄清、民心的凝聚起到不容置疑的积极作用。

潘汉年案是中华人民共和国成立以来的一大错案，也是祸及整个隐蔽战线的重大冤案。潘汉年在战争年代长期从事上层统战工作，多次担负党中央直接赋予的特殊使命。1949 年后，潘汉年担任华东局和上海市委社会部部长、统战部部长，上海市常务副市长等职。1955 年因向党组织交代抗战期间被人挟持到南京会见汪精卫的经历而被秘密逮捕受审，1963 年被认定为“长期隐藏在中国共产党和国家机关内部的内奸分子”受到长期关押，直至 1977 年病逝。受其牵连上海很多干部被错误处理。陈云力推潘汉年案的平反，笔者认为：一是基于对曾经共事过的潘汉年的了解。1935 年他和潘汉年先后奉中共中央之命，从长征途中前往上海恢复党组织，后来又都去了苏联莫斯科。陈云相信潘汉年一贯对党高度忠诚、决无二心，认为绝不能让这样的同志死不瞑目。二是出于对广大隐蔽战线出生入死干部的爱护。他曾在上海领导过中央特科，深谙隐蔽战线工作的特殊性。潘汉年案让隐蔽战线的干部们心寒，他们希望老领导陈云能推动党组织作出公正结论。三是因为潘汉年案当年由最高领导层定性，又扑朔迷离，一般人不愿碰，而陈云在党内德高望重又极富实事求是的勇气和责任担当。因此，陈云不遗余力地推动对潘案的重审，也是对十一届三中全会确立的实事求是思想路线的生动实践和垂范。

陈云在 1979 年 10 月做癌切除手术生死之际，托姚依林转交胡耀邦一封信，提出潘汉年案需要重新审查。手术成功后又亲自推动。1981 年 3 月，陈云又给中央其他几位领导人写信指出，收集到的材料并无潘投敌的确证，而刘晓、刘长胜等上海地下党主要负责人能在上海保存下来，从反面证明潘汉年并未投敌

出卖组织或同志，邓小平等人一致赞同陈云关于由中纪委负责正式复查潘汉年案的意见。中央于1982年8月发出《关于为潘汉年同志平反昭雪、恢复名誉的通知》，肯定潘汉年的历史功绩，恢复其党籍。陈云还指示夏衍在《人民日报》上发表《纪念潘汉年同志》文章，传扬潘汉年的卓越功勋，向世人表明我们党恢复了实事求是、有错必纠的传统。潘汉年的名字终于可以写入青史，因潘案受牵连的同志，也经复查一一平反，落实政策。这样，不仅分清一大批人的历史功过是非，调动了上海广大干部群众的积极性，而且恢复了实事求是的优良传统，为党的思想建设和组织建设奠定了基础，巩固和发展了安定团结的政治局面。

陈云长期担任党的组织和纪检系统的领导人，对培养和造就党的干部队伍具有丰富的感性认识和理性认识。改革开放之初，陈云要求广大干部特别是老干部充分认识培养选拔中青年干部的重大意义，克服保守思想，增强责任感和紧迫感。邓小平在1980年8月中央政治局扩大会议上说："陈云同志提出，我们选干部，要注意德才兼备。所谓德，最主要的，就是坚持社会主义道路和党的领导。在这个前提下，干部队伍要年轻化、知识化、专业化，并且要把对于这种干部的提拔使用制度化。这些意见讲得好。"[1]1981年5月，陈云在杭州休息期间写了《提拔培养中青年干部是当务之急》意见书分送时任中共中央总书记胡耀邦和邓小平。陈云对上海市领导也反复强调、多次关心干部队伍的后备力量。1982年4月和1983年5月，他与时任中共上海市委第一书记陈国栋等谈话，要求上海市领导要选好接班人，建设好领导班子，搞好上海的工作。1984年10月24日，他听取陈国栋等关于上海市主要领导干部新老交替问题的汇报，表示同意他们提出的方案。陈云关于"成千上万地提拔中青年干部"的思想为党的交班接班大业提供了重要的理论依据，推动了党的领导干部队伍的新老交替的完成，对上海同样产生积极影响，使一大批优秀的中青年干部得以迅速走上了各级领导岗位，为上海从改革开放后卫走向前沿准备了干部资源和组织基础。

二、支持宝钢建设，坚守经济建设综合平衡、循序渐进

改革开放之初，由于长期"左"的影响，经济建设中急于求成的倾向还严重存在。陈云针对急于求成、盲目追求高速度而忽视比例协调的错误思想，指

出:“目前人民向往四个现代化,要求经济有较快的发展,但他们又要求不要再折腾,在不再折腾的条件下有较快的发展速度。我们应该探索在这种条件下的发展速度。”[2]陈云再次领导了对国民经济实行“调整、改革、整顿、提高”新八字方针的3年经济调整工作,按照在综合平衡基础上循序发展的建设方针办事,使国民经济进入良性循环,也为经济体制改革的起步创造了比较宽松的经济环境。其间,他对宝钢建设的把握,充分展现了其科学发展理念。上海宝山钢铁总厂是我国在“文化大革命”结束后开始引进建设的22项工程之一,总投资为214亿元,以当时的全国人口计算,平均每人要为宝钢分摊20元,是中华人民共和国成立以来规模最大、投资金额最高的项目。而且宝钢要到六七年后方能建成投产,产生经济效益,周期太长。在国民经济调整中,这个项目成了众矢之的。正是在陈云的主持下,宝钢在经历了抢建、缓建、下马之后得以继续建设。

首先,实事求是判断宝钢建设的价值意义。陈云不仅详细听取了各方对于宝钢建设的意见,而且于1981年5月31日至6月6日亲自到上海进行实地考察。还召集上海钢铁一厂、三厂、五厂和上海市冶金局的人员座谈。经过调查他认为:一是引进技术与设备,建设一座世界一流水平的大型钢铁厂十分必要;宝钢虽然上马仓促,但动工后建设成绩很大,应全面考虑,弥补不足。陈云指出,要根据我国的国力对经济建设进行全面的调整,大中型项目要再减掉几百个,但不能推平头,要确保重点项目。二是宝钢的建设有利于解决长期困扰上海工业发展的缺铁问题,全面提升我国的钢铁工业生产水平,并最终推动我国工业发展水平。“对全国、对上海来讲,都关系很大,事关全局。”[3]三是宝钢是我国进入新时期后最早引进世界先进技术和设备的大型项目之一,要以宝钢建设为例,总结经验,搞出引进外资、引进技术的典型。因此他谆谆嘱托:“宝钢搞好,上海同志要肩负起责任。”“只能搞好,不能搞坏。”因为宝钢是实现四个现代化中的第一个大项目,“应该做出榜样来”[4]。要求大家要同心协力,把宝钢建设好。承诺外界舆论,由他来做工作。

其次,强调宝钢建设必须与我国当时的国情、国力相适应。陈云强调,不能脱离我国现有的工业基础和技术力量,单纯依靠引进外国技术,依靠借外债。设备贷款能够使用多少,并不决定于我们的主观愿望,而决定于国内有多少财政拨款用于“配套”。如果国内没有投资力量,而盲目扩大进口设备的规模,这非但不能推动我们的经济建设,反而增加困难。实现宝钢建设与我国国力相适应,宝钢要处理好与煤、电、运输、原材料等先行工业部门之间的关系,使宝钢的建设、发展与其他行业的发展保持合适的比例。陈云指出："说到底，还是要有计划按比例地稳步前进，这样做，才是最快的速度"[5]。为了使宝钢的建设与我国的国力相适应、与国内各行业的发展相适应，陈云提出，宝钢的建设要继续下去，但要拉长建设周期。将宝钢整项工程分一、二期，先上一期，推迟二期。根据陈云的建议，国务院于 1981 年 8 月初决定恢复宝钢建设。一期工程延长到 1985 年建成投产。一年后，各项指标都达到或超过设计水平，产生巨大经济效益，为二期工程提供了资金。从而使宝钢项目建设真正走上了比较符合中国国力、比较适应国民经济发展要求的稳定可行的道路。

第三，要求建设宝钢必须实现设备、技术引进与我国自主创新相统一。陈云指出，宝钢的建设既要从国外引进先进的设备、技术和管理经验，更要发挥我国自己的专家和技术人员的积极性。宝钢的发展始终要走自主创新的道路。他表示"资金不够，可以借外债，这是打破闭关自守以后的新形势"[6]，对外资和外国技术："一定要，而且还要充分利用"[7]，并进一步指出，引进外资和新技术，是我国当前的一项重要措施。既买设备，同时也要买技术，买专利。通过买技术、买设备，可以使我国在较短的时间内迅速弥补我国与世界发达国家在生产技术、设备、生产管理等方面的差距。但同时，陈云还指出，利用外资、引进外国先进设备，必须立足于自力更生。既要反对只讲自力更生，否认外援，闭关锁国的倾向，又要克服只讲对外开放，忘记以自力更生为主，企图依靠借外债买一个现代化的错误思想。"精益求精、不断创新"[8]是 1986 年陈云对投产后的宝钢提出的新要求。宝钢人遵循陈云的教诲，跟踪开发世界最新技术，加速企业技术进步，使 20 世纪 70 年代末引进的技术和装备，到新世纪仍保持着世界先进水平。

第四，强调宝钢建设要处理好"骨头"与"肉"的关系。也就是工业建设与文教、卫生、城市建设等与人民生活密切相关的配套设施建设之间关系。宝钢的建设不仅仅是指工厂厂房的建设，还包括为工人提供服务的住房、商店、学校等生活设施的建设，以及环保设施的建设，要注意保护环境，一定不要使黄浦江水系受到污染。只有处理好"骨头"与"肉"的关系，才能推动宝钢建设的持续发展。宝钢的建成，使我国钢铁工业与世界先进水平差距缩短了 20 年。同时，陈云关于宝钢建设要与我国国力相适应，要实现设备、技术引进与我国自主创新相统一的思想，关于建设过程中要处理好经济与民生关系的思想，对上海产生了深远的影响。

三、坚持以民为本，促进人口与环境协调发展

陈云始终牢记中国共产党维护人民利益、为人民谋利益的根本宗旨，不管在革命时期，还是在和平建设年代，他都坚持走群众路线，制定路线、方针、政策问需于民。他认为："搞经济建设的最后目的，是为了改善人民的生活。"[9]只有人民生活稳定了，经济稳定了，政治才能稳定，社会才能稳定。他在党内较早提出了以人为本、量力而行、人口与环境协调发展等理念。在对上海工作的指导中体现出前瞻性的科学发展导向。

陈云高度重视人口资源和经济发展的关系，强调人口、环境资源的发展与经济建设必须协调一致。1979 年 6 月 1 日，他在上海调研时同上海市负责人谈到：人口问题是个爆炸性问题，现在解决不好，将来不可收拾。他还深入思考系统地提出五条措施：一是大造舆论，造三五年的舆论；二是制定法令，明确规定只准生一个；三是加强避孕药物的研制、发放和相应的医疗工作；四是对独生子女实行优待政策；五是实行社会保险，解决"养儿防老"问题[10]。此后，他又指出：限制人口、计划生育问题，与国民经济计划一样重要，要列入国家长期计划、五年计划、年度计划。1985 年，他看了一份对上海、浙江的调研报告后指出："十亿人口吃饭穿衣是我国一大经济问题，也是一大政治问题。'无粮则乱'，这件事不能小看就是了。"[11]可见，陈云强调人口规模要与经济发展水平相适应，归根结底是为了让群众满意，这也是时至今日我们党做好一切工作的价值取向和根本标准。

陈云也高度关注经济发展和环境保护的关系，提出发展经济必须保护环境。环境资源对于经济建设的规模具有很大的约束力，这两者之间必须协调一致，不要片面追求高速度。中华人民共和国建立后，我国在社会主义工业化的过程中，未能很好地顾及环境的保护。三中全会后，经济建设大规模开展的同时，环境恶化问题逐步凸现。陈云认为在发展经济过程中不能再走先污染后治理的老路，必须未雨绸缪，否则贻害子孙。坚决反对那种无视经济客观规律，对资源采取掠夺性开发的错误现象。1979 年 6 月，他在给李先念、姚依林的信中提出经济建设必须注意两个问题：一是水资源问题；二是工业污染问题。要求节约水资源，对于工业污染真正做到防害于先。此后，陈云又不断强调，水资源的污染问题要提到议事日程上来，早投资比后来补要省得多。1981 年 9

月，陈云在政治局会议上提出：解决城市污染的问题也要提到我们的议事日程上来，早投资比后来补要省得多。他举了苏州河污染的例子，说他当学徒时苏州河就是黑黑的水，现在虽说马上改变不容易，但要着手逐步解决。1982年以来，上海市由于空气中二氧化硫、氮氧化物过多，下了10多场酸性雨，陈云将新华社题为《上海出现酸性雨污染环境》的内部材料批转给中央负责人，并批示道："治理费要放在前面。否则后患无穷。"[12]此后，针对我国地区环境污染的上升趋势，陈云提出，这方面要舍得花钱。治理污染、保护环境是我国的一项大的国策，要当作一件非常重要事情来抓。这件事，一是要经常宣传，大声疾呼，引起人们重视；二是要花点钱增加投资比例；三是反复督促检查，并层层落实责任。在陈云多次大声疾呼下，在"八五"规划中，水资源问题被提到了一个重要的高度，水利与能源、交通等并列，作为国家经济建设的战略重点和基础产业、基础设施。

陈云坚持以人为本的价值导向体现了中国共产党立党为公、执政为民的本质。他关于经济发展必须和人口、环境资源协调发展的思想，对上海和全国经济的健康发展都有长远的积极意义。

四、致力从严治党，倡导两个文明一起抓

党的十一届三中全会后，党面临着改革开放带来的考验。陈云对此有着清醒认识。针对改革开放中出现的消极腐败现象，陈云警示道："'一切向钱看'的资本主义腐朽思想，正在严重地腐蚀着我们的党风和社会风气。"[13]提出加强党风建设要"两手抓"的具体思路，在抓物质文明建设的同时，抓精神文明建设；在抓思想政治工作的同时，严肃党纪、政纪。他指出："社会主义精神文明的建设，关键是执政党要有好的党风。"[14]他以其敏锐的洞察力和非凡的决断力，在加强和改进党风建设、提高党的拒腐防变能力等方面提出了一系列富有前瞻性、战略性的思想理论观点，提出从严治党，除了对少数党员严肃党纪外，还必须着眼于对绝大多数党员的思想教育。一方面加强党员干部的党性教育、共产主义理想教育和革命传统教育，提高干部队伍的素质，为人民群众掌好权、用好权，真正为人民群众谋利益；另一方面对以权谋私的干部绳之以法，对触犯党纪国法的党员，进行严肃地惩处。在陈云主导下制定的《关于党内政治生活的若干准则》，正如习近平总书记在十八届六中全会上所指出的："对于当时

恢复和健全党内民主、维护党的集中统一、严肃党的纪律、促进党的团结，实现政治上、思想上、组织上、作风上的拨乱反正，实现全党工作中心的转移，发挥了重要历史作用。”特别是陈云提出的“执政党的党风问题是有关党的生死存亡的问题”[15]论断，振聋发聩，深刻揭示了加强党风廉政建设的重要性、紧迫性和长期性，并赢得全党共鸣，影响至今。他通过对执政党党风问题的分析，呼吁“党风问题必须抓紧搞，永远搞”[16]，充分发挥党的纪律检查部门作用，要求领导干部廉洁自律，加强对干部的监督等思想和实践，具有鲜活的时代价值。这些思想财富和制度供给，促进了上海加强党的建设新的伟大工程，为现代化建设提供坚强的政治和组织保证。

在抓紧建立健全党内法规的同时，陈云也开始探索加强国家民主法制建设的问题。他警觉地观察到当时社会政治生活中出现的一些不正常现象。在加强党内民主建设的过程中，少数人利用我们党纠正“左”倾错误的机会，散布否定共产党的领导、反对社会主义制度和毛泽东思想的言论。在一些地方出现了少数人煽动闹事、破坏社会治安的现象。他认为，这些事情如果处理不当，将会影响并破坏当前的大局，甚至可能使“文化大革命”那种无政府主义恶性泛滥、造成社会动乱的局面再现。1979 年 3 月 6 日，上海市公安局发布通告，对集会游行、拦截火车、冲击机关、煽动闹事、张贴标语大字报、印制出售反动书刊画册等问题作出六条规定，重申对反革命分子和破坏社会治安的刑事犯罪分子依法坚决打击的方针。通告经中共上海市委批准发布后，少数人张贴反对的大标语，并策划闹事。公安部党组就此请示中央。3 月 12 日，陈云在公安部报告上立场鲜明地批示：“人民有民主权利，但也必须守法，否则我们会一事无成。上海市委批准的六条没有错。”[17]3 月 19 日，党中央批转公安部的报告并在通知中明确：近来一些地方极少数人聚众闹事，破坏社会秩序、生产秩序和工作秩序，冲击领导机关。这种现象如果不坚决制止，任其发展，势必动摇社会主义民主和无产阶级专政的基础，使党的工作重点无法顺利地转移到社会主义现代化建设上来。对极个别罪行严重、证据确凿的首恶分子，必须依照法律（包括地方政府和公安机关发布的法令条例）加以惩治。[18]陈云关于党风廉政建设要一手抓教育一手抓惩治，两者结合、标本兼治的制度建设思路，和依法办事的法治思维，对于当前的实践具有现实借鉴意义。

陈云在晚年依然关注着上海的发展。退居二线后，也连年来上海，毫无保留地为上海改革开放事业贡献其智慧。他在接见上海市各界领导时，多次强调既要解放思想、又要实事求是，并手书“不唯上、不唯书、只唯实，交换、比较、反复”的十五字诀相赠。陈云始终关注着上海浦东的建设。1992年4月，他在上海听取市领导的工作汇报后说，我非常赞成开发浦东，开放浦东。上海有很好的基础，尤其有人才优势。上海今后的发展一定会很快。在上海抓住浦东开发开放机遇，苦干巧干加快一年一个样三样大变样历史进程中，1994年春节期间，陈云对前来探望的市领导说，上海工作是做得好的，不是一般的好，而是很好。使上海干部群众深受鼓舞。

党的十九大宣告中国特色社会主义进入了新时代，制定了全面建设社会主义现代化强国的宏伟蓝图。当今世界正在经历新一轮大发展大变革大调整，改革开放纵深推进。习近平总书记在博鳌亚洲论坛2018年年会开幕式发表主旨演讲，向全世界宣示了“将改革进行到底”的决心。上海是我们党梦想启航的地方，在新时代习近平中国特色社会主义思想指引下，不忘初心、牢记使命，一定要传承好共产党人的光荣和梦想，继承陈云等老一辈革命家的思想遗产，把人民对美好生活的向往作为奋斗目标，以民心向背作为全面从严治党的衡量准绳，继续当好全国改革开放排头兵、创新发展先行者，谱写城市发展新篇章。

（作者单位：中共上海市委党史研究室）

参考文献：

[1]《邓小平文选》第2卷，人民出版社1994年版，第326页。

[2][9][15][16]《陈云文选》第3卷，人民出版社1995年版，第268页，第280页，第248页，第273页。

[3][4][8][17][18]《陈云传》(下)，中央文献出版社2005年版，第1574页，第1575页，第1578页，第1518页，第1519页。

[5]《陈云文选》第2卷，人民出版社1995年，第305页。

[6][7]《三中全会以来重要文献选编》上册，人民出版社1982年版，第601页，第78页。

[10][11][12]《陈云年谱》(修订本)下卷，中央文献出版社2015年版，第246页，第246页，第308页。

[13][14]《陈云论党的建设》，中央文献出版社1995年版，第301页，第294页。

从中华人民共和国成立初期陈云对鞍钢的指导看其经济领导工作大局意识

周　勇

中华人民共和国成立初期，陈云对鞍钢进行比较全面的指导，对鞍钢恢复生产和大规模建设发挥了至关重要的作用。从陈云对鞍钢的指导中，明显地体现出一种经济管理工作的大局意识。主要包括经济领导工作中的社会主义制度优势观、从大局着眼指导经济工作、强调反对本位主义和人才培养与使用的统筹观。

一、中华人民共和国成立初期陈云对鞍钢建立和发展的指导概要

（一）陈云是指导鞍钢建立和发展的党和国家领导之一

鞍钢是一个历史悠久的老企业，其前身是1916年中日合办的鞍山振兴铁矿公司和1918年成立的鞍山制铁所，1933年演变为昭和制钢所。1945年，抗日战争结束后，由南京国民政府接收，成立资源委员会鞍山钢铁有限公司。1948年初，鞍山解放，在中国共产党领导下，鞍山的钢铁工业开始进入人民当家作主的时代。因此，鞍钢既是一个现实概念，更是一个历史概念，本文所讲的鞍钢特指中国共产党领导下人民当家做主的鞍钢。

1948年2月19日，鞍山解放。3月，时任辽南一地委书记的杨春茂向中共中央南满分局书记陈云打报告，请求上级派人接管鞍钢。陈云批复后，中共中央南满分局辽东办事处经建处副处长柴树藩和郝希英被派往鞍钢。4月4日，鞍山钢铁厂成立，郝希英出任厂长。11月，辽沈战役结束，东北行政委员会决定成立鞍山钢铁公司，任命李大璋为鞍钢经理，时任鞍山市委书记的杨春茂担任鞍钢监委（军代表）。

中华人民共和国成立之初，百废待兴，钢铁工业在其中起着至关重要的作用。作为当时世界上屈指可数的大型钢企业，共和国钢铁工业的长子，鞍钢在中华人民共和国成立初的经济恢复和全面建设时期具有举足轻重的地位。与此同时，在鞍钢的发展史上，中华人民共和国成立初期全面恢复生产和大规模建设又是最困难、最关键的时期。陈云当时担任中央人民政府政务院副总理、财政经济委员会主任兼第一任重工业部部长，对钢铁工业尤其是鞍钢的发展倾注了不少心血。中华人民共和国初期，陈云曾三次亲临鞍钢视察，在深入开展调查研究的基础上，对鞍钢工作作了许多重要指示，对鞍钢的发展起了不可替代的作用。

（二）陈云对鞍钢恢复生产的指导

1949 年 5 月初，陈云第一次视察鞍钢，这也是党和国家领导人第一次视察鞍钢。陈云语重心长地指出："鞍钢是全国最大的联合企业，在世界上也不多，你们承担的任务很艰巨，工作岗位是光荣的，尽快把鞍钢恢复起来，支援解放军解放全中国，支援即将在全国范围内开始的大规模的经济建设。"[1]其后，鞍钢开展了恢复生产立功竞赛运动，党、政、工、团组织密切配合，充分发挥其作用，干部深入一线，与工人同甘共苦，群众积极性高涨，加快了恢复生产的进度。至 7 月 9 日，鞍钢举行了隆重的开工典礼，中华人民共和国第一个大型钢铁企业正式开工。

陈云对鞍山的第一次视察，用了较长的时间做调查，了解到鞍钢恢复生产首要的难题是管理人员和技术人员严重不足。1949 年 12 月，在陈云主持下，重工业部召开了首次全国钢铁会议。会上做出一系列部署，其中一项是对技术人员进行调查与登记，由重工业部统一分配。在会议最后的总结发言中，陈云特别强调"技术人员是实现国家工业化不可缺少的力量"[2]，并专门就如何集中使用全国有限的技术人才作了阐述，非常明确地指出"这些人是我们的'国宝'"，号召全国专家和技术人员到东北（主要指鞍钢）去，从事新的建设工作。会后，鞍钢积极行动，火速派出代表团到京、津、沪、华东、华北、华中等地招聘各类专业技术人员。在全国各地的支援下，鞍钢较好地缓解了技术力量严重匮乏的矛盾，使鞍钢恢复生产和扩大建设有了保证，陈云功不可没。

1951 年 11 月 27 日，陈云第二次到鞍钢视察，调查了鞍钢修复设备和生产情况后，他鼓励鞍钢职工"要努力抓紧生产和修复设备，多生产钢铁，为抗美援朝作贡献，为国家财政经济好转作贡献"。[3]遵照陈云的指示，鞍钢人再次投入到爱国主义的劳动竞赛中去，一边完成残存设备的修复任务，一边为国家生产出更多更好的钢铁，有力地支援了前线和经济建设。

（三）陈云对鞍钢大规模建设的指导

1952 年 3 月上旬，陈云第三次视察鞍钢，这时鞍钢的恢复工作已经基本完成，以无缝钢管厂、大型轧钢厂和炼铁 7 号炉“三大工程”为代表的鞍钢基本建设项目，既是鞍钢的重点建设项目，也是中华人民共和国工业化建设的第一项重点建设项目。因此，陈云在视察中明确提出由于大规模建设成为革命的中心任务，因此鞍钢要把基本建设放在第一位。他指示：“我们要搞建设，五年计划，三年准备，今年是最后一年……今后你们如不把基本建设搞好，将来要犯路线的错误。建设任务成为中心任务了，其他任何工作都比不上基建重要。东北要比关内早，基建远远超过生产，将来在全国也会以基建为主。”[4]这一重要指示，为鞍钢在全面建设社会主义时期的健康发展指明了方向。

在这次视察中，针对鞍钢的领导同志反映的基本建设过程中人员不足而生产任务重的困难时，陈云提出要眼睛向内，自力更生解决困难，对基本建设需要的人才，可采取“割韭菜”的办法，即从生产人员中分批抽调，支援基本建设。后来，这种“割韭菜”的思想，逐渐从人才调配，即从生产人员调配到基建队伍中去的做法，慢慢延伸发展为一种人才培养思想，即在较好的单位中抽调一部分人出去用于支援，同时又从新建单位中引进一部分人作培训。

与此同时，陈云也相应地加大了从全国各地调集杰出人才的工作。1952 年 4 月，陈云为政务院财政经济委员会起草的给华东、中南、西北财政经济委员会等并报周恩来、毛泽东的电报中强调：“除由东北自行配备者外，决定由全国各地和工业部门抽调技术人员到鞍钢去，限于本年五月调齐。”[5]据统计，中华人民共和国成立初全国各地派去参加鞍钢的县级以上干部 500 多人，技术人员和工程管理人员 500 多人。[6]因此，在鞍钢的历史上有“五百罗汉进鞍钢”的说法，目前，鞍钢集团党委高度重视“五百罗汉”的研究，已将“五百罗汉”历史资料征集、梳理与研究列为重大历史文化课题。[7]

二、陈云指导鞍钢体现的经济管理工作大局意识

1957 年 8 月 9 日，陈云在中共辽宁省、市、地委书记和省直机关党员负责

干部大会上指出："我国的基本建设取得了很大的成绩，苏联帮助设计了156项，我们自己搞了800多项，不是社会主义制度是办不到的。"[8]从陈云的这句话，我们也许只能看到关于社会主义制度优势的一种比较朴素的认识。这种思想是基于实践的思想总结，即陈云以鞍钢为例的中华人民共和国成立初期陈云对社会主义工业化建设的领导，尤其是指导鞍钢恢复和发展生产实践指导的思想总结。从现有资料分析，它主要表现在以下两个方面。

首先，"不是社会主义制度是办不到的"，是"社会主义制度能集中力量办大事"这一思想的重要历史积淀。

集中力量办大事是社会主义制度的重要优势之一，也是中国共产党的重要政治优势。陈云在这里讲到"不是社会主义制度是办不到的"，就是社会主义制度的这种优势在中华人民共和国成立初期工业化进程中的体现。陈云的这种认识正是基于对中华人民共和国成立后社会主义工业化建设经验的思想总结，尤其，对鞍钢的指导是这种思想形成的重要实践基础。

在指导鞍钢的过程中，陈云多次提及"集中全国力量"或类似的观点。1952年4月，陈云为政务院财政经济委员会起草的给华东、中南、西北财政经济委员会等并报周恩来、毛泽东的电报中指出："鞍钢改建的初步设计规定完成期限为七年(1952—1958年底)，是否按期完成或推迟，关联到我国的财力和建设的进度。如果推迟一两年完成，则不但迟得二百五十万或五百万吨钢材，因而损失了十亿或二十亿卢布，而且由于钢材不可能大量入口(解放以后每年只能入口三四十万吨)，必然推迟了一切新工业的建设。因此，集中全国力量首先完成鞍钢的改建，是我国工业化首要的步骤。"[9]1954年6月30日，他向中央报告一五计划编制情况时指出，"如鞍钢和长春汽车厂等大项目的建设，现在是以全国力量来支持的。一百四十一项的建设全面铺开之后，全国支持的力量也会更加分散。"[10]

其次，"不是社会主义制度是办不到的"是中国共产党政治优势的体现。

1948年11月9日，东北全境宣告解放。11月23日，中共中央东北局适时召开扩大会议，会议通过了《关于全东北解放的形势与任务决议》。《决议》指出："东北党为了完成巩固东北，与支援全国的双重任务，其中心环节，为发展东北经济，建设东北的新民主主义的经济基础。东北全党今后必须把经济建设的任务放在压倒一切的地位。"[11]自此，东北党的工作重心，由农村转向城市，由战争转向建设，以经济建设尤其是工业建设作为首要任务。11月28日，陈云在沈阳召开的东北局、辽北省委、沈阳军管会干部大会上，作了题为《关于东北、沈阳情况与任务及沈阳当前工作重心》的报告，对东北解放后东北党的工作重心转移问题再次进行了强调，报告指出："全东北解放后，中心任务是支援全国解放战争，因此，今后要把工业放在首位，尤其突出重工业和军事工业。……当前工作重心要放在国营大企业。"[12]针对复工面临的原材料和零部件严重匮乏的问题，陈云还号召全体职工集思广益，"想办法节省原料，利用一切能找到的器材乃至已被当作废物的东西，进一步设法创造代用品"。[13]不仅如此，在陈云的领导与部署下，东北财经委员会与东北工业部深入各大工矿企业考察，研究制定推动工业整顿与恢复工作的各项措施。各大工矿企业抓紧推动复工，加紧修复厂房和机器设备，组织动员职工参与生产恢复运动。[14]

根据《决议》和陈云在干部会议上所作报告的精神，东北各地开展了轰轰烈烈的恢复生产运动。当时最大的困难是恢复生产必需的各种工业器械和资材严重匮乏。东北的工业在战争中遭到了严重破坏，鞍山、本溪、抚顺等地的钢铁厂一律停产，炼铁炉、炼钢炉全部冻结。屡经战火的鞍钢是其中的重灾区，重要的机器设备，日本帝国主义投降之前拆走一大批，国民党的接收大员盗卖了一批，苏联人回国时又拉走一批，剩下的小设备和零配件大多散落在民间，留给人民政府的就只有几座不冒烟的空炉体。据当时负责接收鞍钢的干部王群回忆："到处杂草丛生，许多地方的蒿草没膝、齐腰，甚至比人还高。当我们踏进草丛时，野兔纷纷逃窜，雉鸡扑啦啦腾空而起。道路两旁，杂乱地散放着残损的机器部件、电器设备和生满红锈的废钢烂铁……"[15]时任鞍钢第一初轧厂厂长的王敬桓更是指出："当时困难到这种地步，就是一把锉刀，一个氧气嘴子，一把钢锯，都是十分当用的工具。"[16]鞍山市委根据东北局的统一领导，开展群众献交器材运动以后，局面发生了翻天覆地的变化。广大群众积极响应党的号召，肩扛、担挑、车推，纷纷把器材送到鞍钢。截止到 1949 年 1 月 10 日，共计有 4 255 名职工上交器材，占职工数的 73％，回收各种器材共 52 462 件，大大缩短了复工的时间。[17]时任鞍钢采矿部主任的刘克刚指出："可以肯定地说，没有当时工人的献交器材运动，就不会有鞍钢的'七九'开工。"[18]对于这场运动的意义，当事人及相关研究者多从其促进鞍钢生产的恢复、巩固了党的群众基础、是一场政治教育运动等方面论述。[19]笔者认为，从长远的观点来看，这一运动的胜利很好地说明了中国共产党的政治优势，说明了社会主义的制度优势。尤其通过曾经比较反共的日方专家在运动前后的思想转变，这种意义就更加鲜明。

陈云在与苏联大使谈话时曾指出："恢复国民经济的一个严重障碍是缺少懂专业而又忠于人民政府的技术干部。新中国从国民党那里接收下来的工程师和专家总共只有2万人，而他们大多数人的政治观念是反动的，亲美的。以最大的鞍钢钢铁企业为例，那里的70名工程师中竟有62名是日本人，他们在心理上仇视中国人，尤其是中国共产党。"[20]正是在这样的背景下，当王群等几个接收干部召见原昭和制钢所日本专家濑尾喜代三，咨询如何才能让鞍钢恢复生产时，得到的答复是，"恢复谈何容易！它需要美国的设备，日本的技术，再加上20年的时光，但你们没有同美国建交，日本又是战败国。看来，这片厂区只能种高粱了！"[21]

然而，面对群众献交器材运动所创造的奇迹，曾经十分顽固的日本专家濑尾喜代三也竖起了大拇指说："开天辟地以来，都是把厂里的东西往自己家里拿，哪有工人往厂子里送东西的？你们共产党真能耐，大大的了不起！"[22]1949年过新年的时候，在鞍山市举办的中外技术员招待会上，深受教育的濑尾喜代三喊出了"共产党万岁"！[23]在中国共产党的领导下，鞍钢人恢复生产的热情和效果，深深地打动了这位曾经冷嘲热讽的日本技术权威。

三、从大局着眼指导经济工作

在陈云中华人民共和国成立初指导鞍钢生产的过程中，从大局着眼指导经济工作的思想主要表现在以下四个方面：

（一）陈云善于从大局着眼布局经济工作

1949年1月10日，在一份讨论关于鞍钢恢复生产的任务时，陈云就未雨绸缪地指出："'八一五'前许多产品中最重要的部分，例如飞机上的发动机，坦克、汽车上的引擎，五十马力以上的马达精制工作机等，均系日本国内制造。如欲制造汽车、坦克、飞机，则不但需恢复'八一五'前规模，且需新设飞机、汽车、坦克的各种内燃机大工厂、大母机工厂和大发电机制造厂。这些大工业的建立，在资金与时间上看是很不容易的，但我们将来必须建立这种工业。"[24]1952年4月，陈云为政务院财政经济委员会起草的给华东、中南、西北财政经济委员会等并报周恩来、毛泽东的电报中指出："集中全国力量首先完成鞍钢的改建，是我国工业化首要的步骤。”[25]

（二）陈云善于从大局着眼调动生产积极性

如前所述，1949 年 5 月，陈云第一次视察鞍钢时，就指出鞍钢尽快恢复生产，就是“支援解放军解放全中国，支援即将在全国范围内开始的大规模的经济建设”。1951 年 11 月，陈云第二次视察鞍钢时指出，鞍钢要多生产钢铁，“为抗美援朝作贡献，为国家财政经济好转作贡献”。1952 年 3 月，陈云第三次视察鞍钢时指出：“实现五年计划，这关系到国家命运，关系到世界和平力量。把生产人员抽出来，生产是受点影响，但不能垮，不这样，基本建设就垮了。国营工业不发展，资本主义就发展，我们就没有办法建设社会主义了。”[26]不难看出，陈云三次对鞍钢的视察中，都善于抓住当时我国社会主义建设过程中的大局问题，并以此调动生产积极性。同时，在调集全国的钢铁技术人才支援鞍钢的问题上，陈云也善于着眼大局。1949 年 12 月 25 日，在首次全国钢铁会议上，为动员全国各地的技术力量支援鞍钢恢复生产，陈云明确指出：“下决心在东北建设钢铁工业，这是国家大事。”[27]

（三）强调要打破本位主义

在推动技术人才向鞍钢流动和集中的问题上，陈云多次提出了打破本位主义的思想主张，为实现在人才问题上全国支援鞍钢提供了有力保障。

1949 年 12 月 25 日，召开了首次全国钢铁会议，陈云即指出：“技术人员是实现国家工业化不可缺少的力量，是我们的‘国宝’。现在国家财政困难，下决心在东北建设钢铁工业，这是国家大事，各地区要克服本位打算，动员专家去东北。”[28]当时全国的钢铁产量与钢铁技术人才分布极不均衡，鞍山、本溪钢铁产量占全国 80%，但技师只占全国 225%；关内钢铁产量占 20%，但技师占全国 75%。因此，1950 年 1 月 22 日、2 月 1 日，陈云在《财经旬报二则》中指出“深感技术人员之数量不够与分布不当……为此，必须下令调整，打破本位主义。”[29]陈云认为“现在最大的问题是调动技术人员。把关内的调到关外去，这也是一项困难的工作。技术人员不肯去关外的主要原因有两个：一是关外太冷，待遇低，离家乡远。所以，现在要提高待遇，生活上各方面予以切实照顾。二是本位主义，华东、华北不放人。这一点，我们非严格要求不可，本位主义一定要打倒。”[30]1950 年 4 月 14 日，陈云和薄一波在向毛泽东和中共中央提交的《关于全国钢铁、有色金属、电机、化工、机器会议和重工业部第一季度工作的综合报告》中提出了从关内商调技术干部支援东北的建议后，又强调指出应"注意解决一部分人对此思想不通的问题"。[31]这里的"解决思想不同的问题"，实际上就是要通过思想政治工作解决本位主义问题。

（四）人才培养和使用的统筹观

在中华人民共和国成立初对鞍钢的指导中，陈云在人才的培养和使用问题上也体现出了明显的大局意识，表现为人才培养和使用的统筹观。古人讲，不谋全局，不足以谋一域；不谋万世，不足以谋一时。以此为参照，陈云在人才问题上的统筹观，可以概括为"谋全局"和"谋长远"两个方面。

首先，陈云在人才问题上的"谋全局"意识。几经摧残的鞍钢要恢复生产，首先必须解决好人才奇缺的问题。为解决鞍钢人才奇缺的问题，陈云统筹了苏联专家、国内其他地方的专家和鞍钢自己培养三个渠道。通过深入调查，陈云对鞍钢的人才状况有清晰认识，这一点在1949年1月的一份电报中得以体现。他在电报中指出："据说翁文灏曾集合全国三分之二钢铁专家于鞍山，但这些所谓专家仅仅是在国外实习过的留学生，缺乏实践经验。现留鞍山的日本技师既不精也不忠。"不仅如此，陈云还指出："工人警告我们倘无专家，如恢复生产很危险。"基于以上认识，陈云多次强调了苏联专家对于鞍钢恢复生产的意义。比如："如辰方（指苏联——引者注）专家不来，鞍、本及沈阳若干工厂难于合理开工"；"最迫切的问题是专家（指苏联专家——引者注），如果不来专家，不仅鞍、本难于大复工，而且目前究竟缺少哪些机器也开不出清单。"因此，在鞍钢恢复生产的人才配备问题上，陈云首先考虑的因素之苏联专家来华的问题。这是鞍钢恢复生产的关键，因为苏联专家负责的是开出缺少哪些机器、"设计机器、订购制造"等顶层设计的问题。[32]如果说苏联专家来华是"纲举"，那么，在1949年12月召开首次全国钢铁会议上陈云号召钢铁技术人才支援鞍钢则是"目张"。如前所述，在中华人民共和国成立初期先后有500多名技术人才支援鞍钢，出现了新中国钢铁工业发展史上的"五百罗汉进鞍钢"现象。在从苏联和全国各地寻找外援的同时，陈云也适时地指导鞍钢进行技术人才的内部培养，这主要体现在陈云提出的"割韭菜"思想上。通过"割韭菜"的办法，不仅解决了鞍钢大规模建设中人才紧缺的问题，也为全国培养了大批钢铁技术人才和管理人才。

其次，陈云在人才问题上的“谋长远”意识。在指导鞍钢恢复生产的过程中，陈云善于从时间上整体看待人才的培养与使用。早在 1949 年 1 月，陈云就指出，苏联专家从考察到完成装备的设计和安装“必须在一年以上，很可能不少于两年”。不仅如此，陈云还考虑到了将来培养中国自己的钢铁人才问题，他认为“‘八一五’前的冶炼钢铁、铜、铝、镁、锌方面的中级技师与高级技工全属日人，故需经过几年之后才能培养出中国技工。”1950 年初，陈云曾预判：“从今后恢复工业的远景看来，技术人员必大感不足。”[33]在为鞍钢具体选调人才的问题上，更善于谋长远，预为之备。1952 年 4 月，在为政务院财政经济委员会起草的给华东、中南、西北财政经济委员会等并报周恩来、毛泽东的电报中，陈云指出，苏联已答应在供应全部重要装备和援助施工安装，而技术人才缺乏仍旧是鞍钢生产发展面临的最大问题。各地和各工业部门应抽调技术工人到鞍钢去，并由鞍钢派人到各地接收。为了避免人才被抽调至鞍钢时不陷于被动，陈云认为，“应预先在旧厂中培养技术员工，准备几套副职，以便割了三四道韭菜之后，一切旧厂仍能照常办事和提高生产。”[34]

需要指出的是，陈云对钢铁人才培养与使用的“谋长远”不仅体现在鞍钢本身，还考虑到了全国钢铁工业发展的整体需要。鞍钢“三大工程”结束以后，从全国各地引进钢铁人才“五百罗汉”，又陆续离开鞍钢奔赶全国各地，有力地支援了武钢、包钢、攀钢和水钢等新建大型钢铁项目。对此，鞍钢展览馆建馆布置的主要负责人之一钟翔飞认为，向鞍钢大规模调派县级以上领导干部和技术人才，“是一件事关全局、事关长远的重大决策，作为时任政务院副总理、中央财经委主任的陈云，不仅亲自过问，也亲自落实，以至‘五百罗汉’的最终去向都有着明确的考虑。”[35]事实上，在陈云的统筹下，以“五百罗汉”为代表的来自全国各地的钢铁人才，完成了从“全国支援鞍钢”到”鞍钢支援全国”两个重要的历史使命。对此，钟翔飞曾深有感触地指出，陈云关于钢铁工人人才的统筹“决定了‘五百罗汉’最终必将离开鞍钢，走向全国”。[36]

（作者单位：长沙师范学院）

参考文献：

[1]《巨大的关怀》，中国书籍出版社 1993 年版，第 422 页。

[2]《陈云文选》第 2 卷，人民出版社 1995 年版，第 45 页，第 65 页。

[3][4][26]《为了钢铁工业的腾飞：记建国初期陈云三次视察鞍钢》,《党史纵横》1984 年第 4 期。

[5][9][25][30][34]《陈云文集》第 2 卷，中央文献出版社 2005 版，第 398 页，第 398 页，第 398 页，第 65 页，第 399 页。

[6] 周勇:《鞍钢宪法的历史考察》，中国社会科学院 2011 年版，第 84 页。

[7][35][36]《“五百罗汉”进鞍钢》,《鞍山日报》，2015 年 11 月 6 日。

[8] 高峰:《建国后陈云与辽宁》,《党史纵横》，2005 年第 6 期。

[10][29][33]《陈云文选》第 2 卷，人民出版社 1995 年版，第 236 页，第 56 页，第 56 页。

[11]《东北解放区财政经济史资料选编》第 1 辑，黑龙江人民出版社 1988 年版，第 101—102 页。

[12]《陈云年谱》(修订本)上卷，中央文献出版社 2015 年版，第 541 页。

[13]《陈云文选》第 1 卷，人民出版社 1984 年版，第 386 页。

[14][19] 盛雷:《陈云与东北解放初期工业的整顿与恢复》,《湘潮》，2015 年第 12 期。

[15][17][21][22][23] 元东洙主编:《鞍钢人的回忆》，人民出版社 1994 年版，第 38 页，第 38 页，第 38 页，第 353 页，第 41 页。

[16]《鞍钢 60 年回忆录》，冶金工业出版社 2009 年版，第 92 页。

[18]《鞍山地区解放战争时期党史资料汇编》，鞍山市编委会 1992 年版，第 263 页。

[20] 李浩:《苏联规划理论向中国的引入》,《北京规划建设》，2011 年第 11 期。

[24][32]《陈云文集》第 1 卷，中央文献出版社 2005 年版，第 668 页，第 667—669 页。

[27][28][31]《陈云年谱》(修订本)中卷，中央文献出版社 2015 年版，第 15—16 页，第 15—16 页，第 47 页。

陈云领导反腐败工作的历史经验研究

罗　星

众所周知，陈云不仅仅是我们党内著名的经济专家，还担任过中央组织部部长，长期从事党建工作，对党风廉政建设也有着深入的思考。从1979年开始，他担任了长达9年的中共中央纪律检查委员会第一书记，是改革开放初期党内领导反腐败工作的重要领导人之一。关于陈云党风廉政建设的思想，学术界研究已经产生了比较丰富的研究成果。[1]值得注意的是，陈云在长期领导反腐败斗争的过程中，总结出了一系列治理腐败的经验。习近平总书记在主持中央政治局第五次集体学习时指出，深入推动党风廉政建设和反腐败斗争，需要发扬我们党在反腐倡廉斗争中长期实践积累的经验。研究陈云领导反腐败斗争的思想，可以为指导中国当前的反腐败工作提供某些借鉴。

一、见微知著、未雨绸缪

善于在现象刚刚露出一点苗头的时候就能够有所预见，是一个领导者高瞻远瞩的重要体现。毛泽东曾经说过，发觉已经大量出现的明显的普遍事物，不算高明的领导；只有当还没有出现大量的明显的东西的时候，当桅杆刚刚露出的时候，就能看出这是要发展成为大量的普遍的东西，并能掌握住它，这才叫领导。[2]惩治腐败要善于把握时机，如果在腐败现象刚刚出现苗头的时候就用强力遏制将其消除在萌芽状态，有助于形成良好的政治生态；如果等腐败现象蔓延起来才开始思考如何应对，那必将使得反腐工作陷入被动的地步。在民主革命时期，我们党在陕甘宁边区开始了局部执政，针对掌握政权可能产生的脱离群众的危险，陈云指出“因为党掌握了政权以后，犯了错误会更直接严重危害群众利益”。党员犯了纪律，特别容易引起群众的不满，对于违法的人，例如贪污分子，要动员群众去斗争，并绳之以法。在中华人民共和国成立的初期，陈云就对于我们队伍内部可能产生的腐化堕落问题有所察觉，在七届四中全会上陈云指出：“从前瑞金、延安时候，想腐化也很难，现在腐化很容易。在胜利了的国家里面，有电影，有照片，开会时候热烈鼓掌，阅兵时候可威风了。火车站欢迎的时候，送鲜花，夹道欢呼。物质享受是具备的，很可能腐化，我们对执政后党内的状况不能盲目乐观。”[3]在改革开放的初期，陈云就对改革开放进程中可能出现的贪污腐败问题产生了高度的警惕，1978 年 12 月 10 日在中央工作会议东北组的发言上，陈云在强调发展旅游事业的时候，提出要防止意志薄弱的人在这个时候被收买的问题。在十二届二中全会上，针对执政条件下中国共产党内部可能产生的腐败，陈云强调“党在全国执政以前，在敌人统治下的地下党，那时作一个党员就有杀头的危险，根本谈不上什么物质享受；在苏区的党和解放区的党，大家忙于打仗和支援战争，另外，也没有什么物质可以享受。党在全国执政以后，从中央到基层政权，从企业事业单位到生产队的领导权，都掌握在党员手里了。党员可以利用手中掌握的各种权力为自己谋取私利。”[4]这些论述充分表明了陈云对改革开放初期可能产生的腐败现象的高度警惕。

在反腐败的问题上，社会中总会存在一些不同的认识，其中有种代表性的观点就是认为腐败是经济发展的润滑剂，反腐败工作可能打击面过大影响经济发展，反腐败工作要适可而止，这种观点给反腐败工作会带来很大的思想阻力。在改革开放初期，陈云再次执掌国民经济工作，高度警惕产生的各种腐败现象。针对在经济体制改革过程中社会上出现的认为“经济要搞活，纪律要松绑”，“要多栽花少栽刺”的观点，[5]陈云在给中央纪委常委会的报告中指出“党性原则和党的纪律不存在松绑”的命题；针对社会上出现的有领导干部子女因经商带来的不正之风，陈云在 1985 年中央纪委第六次全会作的书面发言中指出“一说对外开放，对内搞活，有些党政军机关和干部子女就蜂拥经商。据十几个省市的调查，从去年第四季度以来一下子就办起两万个这样那样的公司”，[6]进而主张对领导干部子女经商行为进行严厉打击。针对改革开放初期一批老党员、老干部丧失党性，严重违反纪律的情况，陈云在 1985 年召开的全国党的代表大会上再次提醒全党要重视党风问题，“一是各级党组织要重视，二是各级领导干部，特别是高级干部要重视，在以身作则、维护党纪的问题上，没有退居二线和退休、离休”[7]。

二、标本兼治、内外兼修

腐败的成因很多，既有经济社会发展落后之因，也有相关体制不完善之弊，这就决定了治理腐败是一个系统性工程，需要从多方着手，多管齐下，切勿以为解决腐败问题仅仅是抓几个腐败分子、处分几个害群之马就万事大吉了，既要通过坚定理想信念、加强党性修养来实现自我净化，又要通过净化滋生腐败的社会土壤来提供外部保障。我们既要看到对内搞活、对外开放带来的普遍繁荣，同时也要看到商品交换原则侵入党内带来的种种隐患。正如恩格斯在为《法兰西内战》1891年版写作的导言中指出，路易·波拿巴建立的第二帝国固然使得整个资产阶级的繁荣与财富达到了前所未有的程度，但在这个时候贪污舞弊和普遍的盗窃也有极大发展，干这些事情的人们麇集在皇帝宫廷周围，从繁荣中所来的财富中抽取巨额的红利。[8]恩格斯这段话形象地揭示了一个深刻的道理，那就是经济发展和繁荣仅仅是现代国家治理的一个标准，清明廉洁的政治才是国家长治久安的重要保证。我们不能因为市场经济的不良后果来否认市场本身，但必须高度警惕这种消极影响，积极应对。为此，陈云保持头脑清醒，改革开放初期很早就注意到“对外开放不可避免地会有资本主义腐朽思想和作风的侵入。这对我们的社会主义事业，是直接的危害”。[9]在《中共中央关于经济体制改革的决定》起草的过程中，陈云清醒地意识到了在经济改革初期由于体制机制不完善可能产生的制度缝隙，在1984年10月8日中央政治局扩大会议的讲话中指出“这次改革涉及的范围很广，在进程过程中，一定会出现我们难以预见的问题。对改革中出现的一些消极现象，陈云认为不必大惊小怪，但是要保持警惕。”[10]邓小平对陈云的看法表示高度赞同，在1980年中共中央工作全会闭幕会上，他指出：“陈云同志说过，经济工作搞的好不好，宣传工作搞的好不好，对经济形势和政治形式能否稳定发展，关系很大。”[11]这充分表明我们当时的中央领导集体开始深刻认识到了改革开放带来的考验，在经济建设的同时也开始注重政治工作。

打铁还需自身硬，陈云不仅能够注意到外部消极因素入侵带来的不良后果，同时更能看到中国共产党自身存在的问题，在中央纪委贯彻落实《关于党内政治生活若干准则》的第三次会议上，陈云提出了“执政党的党风是有关党的生死存亡的问题”，这说明陈云从一开始就把反腐败工作放在了整个党的建设系统工程中去审视和思考。早在民主革命时期，陈云就严格要求党员，提出了“党员质量重于党员数量”的伟大命题，在《怎样做一个共产党员》中明确提出了共产党员的六条标准。1985 年 3 月 15 日，陈云在听取中纪委常务书记王鹤寿、书记韩光关于即将召开的中央纪律检查委员会全国工作会议的设想时指出：要研究一下，为什么那么多的党员，多年的老党员，在这些歪风刮来时，自己顶不住，一下子就卷进去了，还跟着跑，各级党组织和党的纪检部门要想到，只是查处违法乱纪的案子不行，更重要的是加强共产党员的党性教育、自觉遵守党的纪律的教育，这是党的建设的一个根本性问题。[12]

标本兼治，既要纯洁外部土壤和环境，更要提高党自我净化、自我革新的能力。自我净化，首要是要坚定理想信念，补足共产党人的精神之钙。“对马克思主义的信仰，对社会主义和共产主义的信念，是共产党人的政治灵魂，是共产党人经受任何考验的精神支柱”。[13]早在改革开放初期，陈云就重视领导干部的理想信念教育，针对有个别人提出的“共产主义渺茫论”，陈云明确指出，这个观点是不对的，共产主义不是遥遥无期，而是遥遥有期，社会主义就是共产主义的第一个发展阶段。为此，陈云不仅坚守马克思主义的信仰，而且要求纪检部门和全党同志一起“提高共产党员的党性觉悟，坚定保持共产主义的纯洁性，要同一切违反共产主义理想的错误言行，进行坚决斗争”。[14]在 1985 年党的全国代表会议上，针对一些党员理想信念丧失，一切向钱看的思想，陈云指出要把“共产主义思想的教育、四项基本原则的宣传，作为思想政治工作的重要内容，这种宣传教育不仅不能够减弱，还要大大加强”。[15]其次，陈云认为治理腐败重在预防，即通过加强党员的党性修养和教育来惩治腐败。在陈云的要求下，中央纪委和党的各级纪委先后采取一系列的措施，加强对党员的纪律教育、党性教育，防患于未然；最后，陈云还提出要严肃党内政治生活，在党内营造出民主的氛围来，这样才有利于保持党的勃勃生机。陈云的认识后来逐渐成为全党的共识，中央纪委 1987 年在向党的十三次代表大会做的工作报告中指出，“只是就事论事，不能从根本上遏制不正之风的。不从改变思想作风这个根本点上着手，就难以改变一些党员搞不正之风的错误行为。加强党性教育、加强党的思想政治工作，是执政党建设的最主要课题。[16]

三、坚持原则，雷厉风行

2013 年，在十八届中央纪委第二次全体会议上，习近平总书记强调“腐败是社会毒瘤。如果任凭腐败问题愈演愈烈，最终必然亡党亡国。我们党把党风廉政建设和反腐败斗争提到关系党和国家生死存亡的高度来认识，是深刻总结了古今中外历史教训的”。[17]从毛泽东开始，中国共产党的几代领导集体都主张对腐败行为要严厉打击，绝不手软。十一届三中全会以来，伴随着全党工作重心的转移，以及全方位对外开放的展开，外部世界的一些不良风气开始侵入到党内。经济特区的兴办，一方面对外搞活了经济，但另一方面也使得走私等一系列经济犯罪猖獗，党内有不少干部也陷入其中。当时领导干部的经济犯罪，主要体现在三个方面：第一是一些干部利用职权和工作之便，公开或者半公开进行走私贩私；二是某些领导干部纵容包庇犯罪分子，使得一些集体和国营单位，甚至有关国家机关也参与走私；第三是这些走私案件牵涉到的资金大的惊人。[18]在 1981 年底到 1982 年上半年，在广东、福建等地发生了严重的走私现象，引发了中央的高度关注，国务院在 1981 年发出了《关于加强市场管理、打击投机倒把和走私活动》的指示，同年国务院、中央军委又发出了《关于坚决打击走私活动的指示》，但是在当时的党内甚至一部分领导干部当中对反对腐败的认识不清楚，错误地认为政策不明、人多面广、这类问题不好处理，来路不正、用处正当、为了集体没装腰包，对违法犯罪行为甚至故意放纵，因此当时的腐败状况在不断蔓延。[19]1982 年 1 月 5 日，在一份反映广东一些地区走私活动猖獗的信访简报上[20]，陈云给予了这样的批语，对于严重的经济犯罪，我主张要严惩严办几个，判刑几个，以至于杀几个罪大恶极的，雷厉风行、抓住不放，并且登报，否则党风无法整顿。[21]他对身边的工作人员说，要收复失地！紧接着，中共中央就这个问题发出了《紧急通知》，这份通知指出，有鉴于全国范围内有相当多的一批干部出现了走私贩私、贪污受贿的行为，中央常委要求对于这些问题全党一定要抓住不放、雷厉风行加以解决；对于情节严重的犯罪干部，必须依法逮捕，给予最为严厉的法律制裁，特大案件的处理结果要登报。中央立即马上采取行动，派人到广东、福建等省采取紧急措施以遏制腐败。[22]紧接着，中央召开了广东、福建两个省的座谈会，会后形成了《广东福建两省座谈会纪要》，对腐败的形势有了更为深刻的认识，惩治腐败的力度也进一步加大。到了 1983 年 4 月底，全国揭露并立案各类经济犯罪 19 万 2 千件，涉及党员 7 万 1 千多件，在已经结案的 13 万 1 千多件中，依法判刑近 3 万人，被开除出党 8 500 多人。[23]陈云不仅注重打击党员的经济犯罪，对于一般党员的日常违纪，也主张严肃处理。针对农村一些党员提出要补发党员培训误工费的要求，陈云明确指出，一切集训、开会要钱的人，不能成为共产党员，不要再给集训时的误工补贴，凡是要求误工补贴的一律开除党籍。[24]针对在查办案件中遇到的阻力，陈云毫不畏惧，不怕得罪人，他说反腐败是他的责任，他准备让打黑枪，损子折孙。[25]这充分展现了一个老一辈无产阶级革命家敢于担当、无畏无惧的高尚情怀。

陈云坚持原则、雷厉风行的特点尤其是体现在他对待广东海丰县委书记王仲案的态度上。据后来办案人员的披露，从 1980 年 7 月到 1981 年 8 月，王仲以“作价样品”“照顾领导”“外出需要”等借口，先后通过缉私管理人员从汕尾镇、海丰县公安局汕尾分局、汕尾边防检查站等缉私物资仓库拿走手表 263 只、收录机 17 部、电视机 1 台、电风扇 2 台及其他物品一部。王仲侵吞的物资，按海丰县当地零售价折算，计 58 141 元。自 1979 年下半年至 1981 年 7 月，王仲先后收受和索取 6 名申请去港人员的贿赂，计有电视机 6 台、收录机 2 部、电冰箱 1 台，共折价 11 608 元。王仲接收贿赂后，多次向县公安局下“指示”、批条子、授意、说情、为行贿者积极活动，使 11 人提前获准去香港。不仅如此，王仲不能够约束自己的家人，还唆使自己的妻子、儿女把贪污所得在市场出售，谋取暴利。[26]应该说，王仲身为县委书记，应该领导打击走私，纯洁好干部队伍，保卫祖国的利益不受损害，但是他却带头纵容走私，收取大量贿赂，败坏了当地的党风，使得海丰成为了当时有名的“远东国际市场”。这期案件被揭露后，陈云高度重视，多次听取案情汇报，其间有一些人为王仲求情，说王仲是一个老同志了，也为改革开放的进行作出了巨大贡献，希望对他减轻处罚。陈云认为，面对改革开放带来的腐败高发态势，如果不能够从严惩处，不利于今后反腐败工作的顺利进行，主张对王仲进行严惩。在 1983 年 1 月 17 日，在汕头市举行的审判大会上，王仲被依法判处死刑。王仲案之后，一些地方的领导干部纷纷表示，要从王仲案中吸取教训，要坚决抵制腐蚀、端正党风。[27]应该说，雷厉风行、杀一儆百并不是反腐败工作的一种常态，但却是腐败高发期应对腐败的一种必要举措，有力地遏制了当时腐败蔓延的态势。

四、明确责任，正人必先正己

党的十八大以来，以习近平同志为核心的党中央反复强调党风廉政建设责任制，提出要加强党对于党风廉政建设和反腐败工作的统一领导，明确党委负主体责任，纪委负监督责任，制定切实可行的责任追究制度。[28]针对一些党委重经济轻党建的现象，总书记指出要“抓党建作为最大政绩”。对党委主体责任的内容，也有了明确定位，那就是“主要是加强领导，选好用好干部，防止在选人用人上出现的不正之风和腐败问题；强化对权力运行的制约和监督，从源头上防止腐败；领导和支持执法机关查处违纪违法问题”[29]。对于严明反腐败工作的责任，陈云很早有开始了思考。十一届三中全会上，陈云在刚刚担任中纪委第一书记的讲话中就指出“对争取党风的根本好转，各级党委和纪委负有重大责任。各级党委在抓物质文明建设的同时，要抓精神文明建设；抓思想政治工作的同时，严肃党纪、政纪，党风才能根本好转”。[30]在1985年中纪委六次会议上，陈云再次强调了党风廉政建设的责任制问题，他指出“对于危害社会主义建设、败坏党风的歪风邪气，听之任之，除了追究为非作歹的个人之外，还要追究那个单位，那个地区党委的责任，包括纪委的责任”。[31]对于当时影响比较大的海南岛汽车案、晋江地区的假药案，陈云也主张追究当地党委在打击经济犯罪方面失职的责任。

对于中央纪委的职能的定位，陈云指出纪委不仅要查办腐败案件，更要维护党规党法、整顿党风。不仅如此，陈云还领导了从中央到地方各级纪检组织机构的重建工作，逐步规范了党委和纪委之间的职能关系，确立了纪委工作的双重领导体制。陈云还注意加强中央纪委的集体领导，认为应该选入一些年富力强的同志。更为重要的是，陈云高度注重加强纪检监察系统干部自身的队伍建设。 正人必先正己，从事执纪监督的队伍如果偏出一尺，反腐败工作就会偏出一丈。在中央纪委十八届五中会议上，习近平总书记就提出了严防纪检监察队伍干部出现“灯下黑”的重要命题。1980年中央十一届五中全会专门通过了中纪委《关于工作任务、职权范围、机构设置的规定》，对纪检监察人员提出几点要求，那就是“要坚持党的原则，保持和发扬党的优良作风，做遵守党规党法的模范。要实事求是，密切联系群众，听取群众的呼声。”[32]1982年在中纪委全会上陈云就对纪检干部队伍提出了明确的要求，“要把纪检干部队伍本身的干部选好，用好。”他明确给纪委干部提出了要求，“要做纪律检查工作的干部，应当是有坚强的党性，有一股正气的人；应当是能够坚持原则，敢于同党内各种不正之风和一切违法乱纪行为作坚决斗争的人；而不应当是在原则问题上‘和稀泥’，做和事佬、老好人的人。”[33]

在改革开放初期，陈云对于中国共产党的反腐败工作有着巨大的理论贡献，体现了高超的领导艺术和战略思想。反腐败不仅需要有勇气和决心，也需要有智慧和策略。在当下中国共产党人依然面临着与腐败做斗争的任务，尽管我们今天所处的历史方位、面临的环境与当时不同，但陈云在惩治腐败中的经验仍然值得我们借鉴和学习，是我们反腐倡廉重要的经验资源。

（作者单位：清华大学高校德育研究中心）

参考文献：

[1] 代表性成果有王学俭：《陈云的反腐倡廉思想及现实意义》，《马克思主义研究》2005年第4期，张星星：《陈云党风廉政建设思想与反腐倡廉建设》，《陈云与当代中国》第二辑，当代中国出版社2014年版；潘春玲、彭庆红：《陈云反腐倡廉思想及现实启示》，《思想教育研究》2015年第6期；朱佳木：《陈云党建思想对全面从严治党的现实意义》，《党的文献》2016年第5期；李正华：《陈云从严治党的结构性特征》，《河南师范大学学报》2016年第4期等。

[2]《毛泽东文集》第3卷，人民出版社1996年版，第394—395页。

[3][31]《陈云论党的建设》，中央文献出版社1995年版，第213页，第302页。

[4][6][7][14][15][21][24][30]《陈云文选》第3卷，人民出版社1995年版，第331页，第355—356页，第351—352页，第348页，第352页，第273—274页，第332页，第356—357页。

[5]《陈云人生纪实》下，凤凰出版社2011年版，第789页。

[8]《马克思恩格斯选集》第3卷，人民出版社2012年版，第46—47页。

[9]《缅怀陈云》，中央文献出版社1995年版，第53页。

[10][19]《陈云传》下，中央文献出版社2005年版，第1686页，第1720页。

[11]《邓小平文选》第2卷，人民出版社1993年版，第363页。

[12][33]《陈云文集》第3卷，中央文献出版社2005年版，第541页，第511—512页。

[13][28]《十八大以来重要文献选编》上，中央文献出版社2014年版，第80—81页，第505—506页。

[16]《中国共产党党风廉政建设文献选编》，中国方正出版社2001年版，第292页。

[17]《习近平关于党风廉政建设和反腐败斗争论述摘编》，中央文献出版社2015年版，第5页。

[18]《陈云与中央纪委》，中国方正出版社2005年版，第150—151页。

[20]根据这份简报所披露，深圳、汕头、湛江、广州等地出现的走私活动猖獗，不正之风蔓延，很多领导干部带头走私获利。

[22]《新时期反腐败斗争大事记》，中共党史出版社2005年版，第17页。

[23]《关于打击经济领域中严重犯罪活动工作的报告》，《人民日报》1983年7月27日。

[25]朱佳木：《论陈云》，中央文献出版社2010年版，第13—14页。

[26]关于王仲案的报道，参见人民日报1983年1月18日第1版：《执法犯法贪污受贿情节恶劣后果严重　前海丰县委书记王仲昨天被处决》

[27]参见人民日报1983年1月23日第4版：《国法不容藐视 恃权渎法者戒　厦门人民检察院副检察长谈王仲堕落为死刑犯的教训》1983年1月24日第3版。

[29]《习近平关于全面从严治党论述摘编》，中央文献出版社2016年版，第221—222页。

[32]《中国共产党反腐倡廉文献选编》，中央文献出版社2001年版，第101页。

陈云对纪检机关恢复重建和新时期党风廉政建设的贡献

方　芳

陈云是以毛泽东同志为核心的党的第一代中央领导集体和邓小平同志为核心的党的第二代中央领导集体的重要成员。陈云在20世纪30年代初期就担任党中央的领导工作，是我们党内较早从事纪律检查工作的中央领导人之一，十分重视党风廉政建设，并在党的十一届三中全会以后担任了两届九年的中央纪律检查委员会第一书记，为纪检机关恢复重建和新时期党风廉政建设做了大量开创性工作，提出了一系列有深远影响的思想，作出了突出贡献，丰富和发展了党关于党风廉政建设的理论。

一、陈云在纪检机关恢复重建中的贡献

（一）领导健全中央和地方各级纪检组织机构

粉碎“四人帮”后，1977年党的十一大通过的党章，恢复了在中央和县以上设立纪律检查委员会的规定。1978年12月，党的十一届三中全会根据历史的经验教训，决定健全民主集中制和党规党法，严肃党的纪律，重建中央纪律检查委员会，选举陈云为中央纪律检查委员会第一书记，邓颖超为第二书记，胡耀邦为第三书记，黄克诚为常务书记。会后中央纪委召开了第一次全体会议，陈云亲自主持开幕会议并作了重要讲话。他明确指出：“党的中央纪律检查委员会的基本任务，就是要维护党规党法，整顿党风。”[1]会议在总结历史经验教训的基础上，讨论并拟定了关于党内政治生活的一系列准则，讨论和通过了《中共中央纪律检查委员会关于工作任务、职权范围、机构设置的规定》以及《中央纪律检查委员会通告》，这次会议的召开，标志着新时期党的纪律检查

机关正式恢复，开创了新时期纪检工作的新局面。之后，中央和地方各级纪律检查委员会重建工作陆续开展。1979 年 3 月 9 日，中央纪委与中央组织部联合发出了《关于设立纪律检查委员会有关问题的通知》，就省、地、县和中央各部、委、局成立纪律检查机构的问题作了规定。同年 4 月，中央纪委与中央组织部又联合下发了《关于迅速建立健全各级纪律检查机构的意见》，要求迅速建立健全各级纪律检查机构，并对纪委内设机构、人员编制、建立时限等作出了明确的规定。截止到 1982 年党的十二大召开前，全国 90% 左右的县团级以上党委建立了纪检机构。国务院各部、委、办、局除新成立的机构外，其余都设立了纪检组织。1982 年党的十二大党章还对县级以下基层组织纪检机构设置做出了规定，党的各级纪律检查机构得到进一步加强。这使得纪律检查机构从上到下成立完整的系统。在党的十二大选出的中央纪委全体会议上陈云指出："要继续建立健全党的纪律检查部门，县以上单位的党委，过去凡是没有建立纪律检查机构的，要尽快建立；已经建立的，有些还要加强力量。"[2]作为两届中央纪委第一书记的陈云为此作出了重要贡献。

（二）领导完善新时期纪检机关领导体制和部署主要职责

党的十一届三中全会后，恢复重建的各级纪委仍然沿用八大以来的领导体制，即在同级党委的领导下工作。但是随着党风廉政建设的深入开展，这种单一的领导体制的弊端逐渐显现出来，与新时期党的纪检工作面临的形势和任务不相适应，一些党委对纪检工作不理解、不重视、不支持，特别是某些党内存在严重问题的党委，更是给纪检工作造成了一定的干扰。对此，陈云给予了极大的关注。1980 年 2 月 21 日，在陈云的领导下，中央纪委第二次全会正式向党中央递交了《关于改变省、市、自治区以下各级党委纪委领导关系的请示报告》。2 月 22 日中共中央批准了这个请示报告，同意"将省、市、自治区和省、市、自治区以下各级党的纪律检查委员会的领导关系，由受同级党委领导改为受同级党委和上级纪委双重领导，而以同级党委领导为主。国务院各部、委、局党组纪律检查组或纪律检查委员会的领导关系亦采用上述双重领导原则"，1982 年党的十二大以后，各省、市、自治区纪委的名称由"党委纪委"改为"中国共产党省（市、自治区）纪律检查委员会"。十二大《党章》规定：党的地方各级纪律检查委员会在同级党的委员会和上级纪律检查委员会的双重领导下进行工作。党的纪检机关双重领导体制由此被确立下来。

党的纪检机关恢复重建后，面临的形势和任务发生了很大变化，既要解决因“文化大革命”造成的冤假错案等历史遗留问题，又要适应改革开放的新要求，抓好党风建设，陈云对此作出了具体部署。一是平反冤假错案。早在1978年11月中央工作会议上，陈云就明确提出：“对有些历史遗留问题，影响大或者涉及面很广的问题，是需要由中央考虑和作出决定的。对此，中央应该给以考虑和决定。在复查干部时，被复查的人要有充分申述意见的机会。应该相信，党对所有被复查的干部将实事求是地作出合乎事实的结论”[3]。之后，在陈云的亲自关心下，刘少奇、薄一波、彭德怀、瞿秋白、潘汉年以及张闻天、黄克诚、陶铸、王鹤寿、马寅初等人的一系列案件得到复查和纠正。二是整顿党风，对党风问题，陈云非常重视。他指出：“执政党的党风问题是有关党的生死存亡的问题。因此党风问题必须抓紧搞，永远搞。”[4]他还说：“应当看到，要在十年内乱后实现党风的根本好转，特别是要在我们党执政的情况下长久保持好的党风，任务还非常重，因此中纪委和各级纪委今后的主要工作，仍然是协助中央和各级党委切实抓好党风的整顿。”[5]三是查处违纪违法案件。严肃查处违纪违法案件和整顿党风密切联系。1982年1月，陈云在中纪委编印的一份反映广东一些地区走私活动猖獗的信访简报上批示：对严重的经济犯罪分子，我主张要严办几个，判刑几个，以至杀几个罪大恶极的，并且登报，否则党风无法整顿。1985年9月陈云在中纪委第六次全体会议上指出：“目前，党风、社会风气方面，还存在许多严重问题，实现党风、社会风气的根本好转、任务还很重。中央纪委和地方各级纪委的工作是：无论是谁违反党纪、政纪，都要坚决按党纪、政纪处理；违反法律的要建议依法处理。各级纪委必须按此原则办事，否则就是失职。”[6]在陈云的亲自过问下，中央纪委查处了一批大案要案。比如，1984年1月至1985年3月，广东省海南行政区党委和政府的一些主要领导干部，目无组织纪律，违反中央的方针政策，批准和支持所属公司大量进口和倒卖汽车等物资。1985年7月，中央纪委查清了这起严重违法乱纪事件，并经党中央和国务院批准海南行政区党委和政府的有关领导受到党纪、政纪处分。四是加强党性教育。陈云非常重视党员干部教育问题。1985年3月，在同中纪委负责同志谈话中，他指出：“全国纪律检查工作会议要研究一下，为什么那么多的党员，甚至多年的老党员，在‘有令不行，有禁不止’的歪风刮来时，自己顶不住，一下子就卷进去了，跟着跑，跑着干，这是什么原因？这些老党员的党性到哪里去了？从党的建设的角度看，这是个值得严重注意的问题，发展下去，不就关系到党的生死存亡吗！这个情况，反映了我们一部分党员的党性有问题。由此想到，各级党组织和党的纪律检查部门只是查处违法乱纪的案件不够，更重要的是要加强共产党员的党性教育和自觉遵守党的纪律的教育。”[7]

围绕党的中心任务开展纪律检查工作，陈云要求各级纪委成为促进改革的重要力量，保证和促进社会主义经济体制、政治体制改革和精神文明建设的健康发展。围绕党的中心任务开展工作，保证党的政治纲领和政治目标的实现，是党的纪律检查工作的基本职责。

（三）领导加强纪检干部队伍建设

陈云长期担任党的组织工作，对党员干部队伍建设作出了重要贡献。早在抗日战争时期，在《怎样做一个共产党员》一文中他就提出了共产党员的六条标准。“文化大革命”后，陈云又非常关心中青年干部的选拔培养问题，提出要“成千上万地提拔中青年干部”，并指出“一方面要大胆加快提拔中青年干部，一方面又要严格把好政治标准这一关。”他提出：“五湖四海，再加一个德才兼备，这是我们提拔干部的大方针。……德才兼备，才干固然要有，但德还是第一。我希望政治局、书记处要注意这样一个问题。”[8]对于纪检干部队伍，陈云更是提出了具体的标准。1982 年，在中纪委全会上，陈云指出：“要把党的纪律检查队伍本身的干部选好，用好。做纪律检查工作的干部，应当是有坚强的党性，有一股正气的人；应当是能够坚持原则，敢于同党内各种不正之风和一切违法乱纪行为作坚决斗争的人；而不应是在原则问题上‘和稀泥’，做和事佬、老好人的人。”[9]陈云提出的纪检干部要“党性坚强，坚持原则，敢于斗争”的要求，成为纪检干部队伍建设的基本准则。1982 年，为贯彻中央严厉打击经济领域中严重犯罪活动的要求，中央纪委成立了贯彻中央紧急通知办公室，增设机构，调派人员，全力以赴查办案件，前后共调了 400 多名干部。对办案人员，陈云要求非常严格。他说“纪委的干部，必须有坚强的党性，必须有一股正气，不是那些过去‘四人帮’提出的头上长角身上长刺那样的人。”[10]指出：党的各级纪律检查委员会应当成为党委领导这场斗争的坚强有力的办事机构。

二、陈云对新时期党风廉政建设的贡献

陈云作为两届中央纪委第一书记，对改革开放初期党风廉政建设和反腐败

工作从指导思想、主要任务、工作重点等各方面都作出了重要贡献。

（一）提出了"纪律检查工作要保证和促进改革的健康发展"的重要论断

1986 年 10 月，陈云在会见中纪委委员讲话中指出："全党纪检部门，要从纪检工作上保证和促进社会主义经济体制、政治体制改革的健康发展。党的各级纪检工作部门，不仅要对妨碍、破坏改革的人和事坚决反对和纠正，而且要使纪检工作成为促进改革的重要力量。"[11]这一论断成为新时期纪检工作必须坚持的"围绕中心，服务大局"这一原则的渊源，为新时期纪检工作指导思想提出了最核心的内容。陈云还提出"纪检工作应该研究新情况，适应新情况。党性原则和党的纪律不存在'松绑'的问题。没有好的党风，改革是搞不好的。共产党不论在地下工作时期或执政时期，任何时候都必须坚持党的纪律。"[12]

（二）提出了抓党风必须落实责任制

1985 年 9 月，在中纪委六次全会上，陈云指出："有些违反党的方针政策的事，违法乱纪的事，如果仅是某一个人的错误行为，那是个人的问题，但是如果哪个单位，哪些地区的歪风邪气大量存在，而又长期未得到纠正，那就显然不只是个人的问题，而是同那个单位，那个地区的党委领导有关。对于危害社会主义建设，败坏党风、社会风气的歪风邪气，熟视无睹，听之任之，除了追究那些为非作歹的个人外，还要追究那个单位，那个地区的党委的责任，包括纪委的责任。"[13]陈云初步提出和阐述了建立党风廉政建设责任制的思想。

（三）提出了既要查办案件，又要从教育、制度、监督等方面做好预防工作

1986 年，针对改革开放以来出现的党风和社会风气问题，中央提出了《关于社会主义精神文明建设指导方针的决议》，陈云在研究贯彻执行这个决议的中纪委全会上指出："社会主义精神文明建设是有关整个社会主义建设成败的大问题，党的纪律检查部门和各级党组织必须重视在执政党的条件下对党员的政治思想教育和党性教育。"[14]他指出："我们在抓物质文明建设的同时，必须抓精神文明建设，两个文明一起抓。我们是社会主义国家，我们既要有高度的物质文明，也要有高度的社会主义精神文明，这是我们永远要坚持的奋斗方向。"[15]早在 1985 年，陈云就提出纪检部门不能光查案件，"更主要的是要加强共产主义党性教育和自觉遵守党的纪律的教育"。针对"文化大革命"中民主集

中制被破坏的问题，陈云提出："党内民主集中制没有了，集体领导没有了，这是'文化大革命'发生的一个根本原因"[16]。在中纪委第一次全体会议上阐述纪委的基本任务时，他专门举了列宁、斯大林和"延安整风""文化大革命"的例子，把维护党纪党法，整顿党风和发展党内民主，维护党的民主集中制联系起来。为此，他亲自主持和起草了《关于党内政治生活的若干准则》《关于高级干部生活待遇的规定》等一系列重大的党规党法。这些主要法规，对全面恢复和进一步发扬党的优良传统和作风，健全党的民主生活，维护党的纪律，起到了重要作用，他提出："为维护党的纪律，每个党员、每个组织，都应该自觉自愿地接受其他党员和上下周围组织的监督，同时诚恳虚心地接受群众监督。"[17]对于党内监督，陈云经常强调民主集中制，他说："有同志提不同意见，党组织应该允许，这是党的事业兴旺发达的好现象。提第一次我们欢迎，提第二次我们也欢迎，提第三次，我们还是欢迎。这样我们这个党就会立于不败之地，就会兴旺发达，大有希望。"[18]不怕人家讲错话，就怕人家不说话。讲错话不要紧，要是开起会来，大家都不讲话，那就天下不妙。逢人只说三分话，未可全抛一片心，这种现象是非常危险的。

（四）提出了新时期党性、党纪党风宣传教育的四条经验

1987年1月召开的全国纪检系统教育工作会议，对中央纪委及党的各级纪委开展党性党纪党风宣传教育，概括了以下四条经验。第一，立足于"维护党规党法，整顿党风"的基本职能开展宣传教育。着重从维护和执行党的十一届三中全会以来的路线、方针和政策，坚持改革开放，坚持四项基本原则，履行全心全意为人民服务的根本宗旨，贯彻执行党的民主集中制，进行政治纪律、组织纪律、财经纪律、职业纪律、党内重要规章制度等方面端正党风的宣传教育；第二，发挥纪检机关固有的优势，开展有别于组织、宣传等部门职能、富有纪检特点的党性党纪党风宣传教育。在表彰和宣传先进典型方面，着重总结宣传抵制歪风，端正党风、遵纪守法，保持正气、伸张正义的先进党组织和模范党员的经验和事迹；在遵纪守法的宣传教育方面，着重进行典型案例警戒的宣传教育。第三、依据《党章》赋予纪委的职能，在党委的统一领导下协助同级组织、宣传等部门，开展党性党纪党风的宣传教育；第四，动员和依靠全党、全社会的力量，开展形式多样，生动活泼的党性党纪党风宣传教育。加强新时期党性党纪党风的宣传教育，使各级党组织和党员干部拒腐防变的思想道德防线不断筑牢。

（五）提出了领导干部要带头遵守党的纪律，管好子女

党风清、政风廉，陈云首先做到家风严。早在革命战争时期，陈云就清醒地提出："当权的大党，领导干部很可能成为官僚。要坚决防止和克服官僚主义。"[19]"严格地遵守党的纪律为所有党员及各级党组织最高责任，无特殊人物，无特殊组织。领导干部、领导机关必须成为严守党纪的模范。"[20]改革开放后，针对党风方面出现的问题，陈云提出："现在确有少数党员、党员干部，特别是个别老党员、老干部，不能坚持党性原则，遇到歪风，跟着干，各级领导干部，特别是高级领导干部要重视。要真正身体力行、作出榜样。"[21]1986 年 1 月，陈云在一份反映中国科学院花 160 多万元购买高级小轿车的简报上批示：自己有车，还向下属单位要新的高级车，这样的事，在高级干部中，可能不仅这几位同志。我建议，做表率首先以中央政治局、书记处和国务院的各位同志做起，凡是别人（或单位）送的和个人调换的汽车（行政机关配备的不算），不论是谁，一律退回，坐原来配备的车。陈云深知，领导干部不仅要管好自己，还要管好家属。早在 1949 年 6 月，中华人民共和国即将成立之前，在给一位革命同志的子女回信中，他指出："此外，我以父兄的责任还要叮嘱你一件事，就是千万不可以革命功臣的子弟自居，切不要在家乡人面前有什么架子或者有越轨违法行动，这是决不允许的，你们必须记得共产党人在国家法律面前是与老百姓平等的。我与你父亲既不是功臣，你们更不是功臣子弟。这一点你们要切记切记。你们必须安分守己，洁身自爱，丝毫不得有违法行为。我第一次与你通信，就写了这一篇，似乎不客气，但我深觉有责任告诫你们。"[22]改革开放后，针对少数党员干部子女与不法分子勾结经商，破坏经济秩序问题，陈云严肃指出："党的高级领导人员，在教育子女的问题上，给全党带好头。决不允许他们依仗亲属关系，恃权谋利，成为特殊任务人物。"[23]

改革开放初期陈云为纪检机关恢复重建和新时期党风廉政建设做出的大量开创性、奠基性的工作。他高度重视改革开放条件下党的思想建设、制度建设和社会主义精神文明建设，主持制定了《关于党内政治生活的若干准则》，提出"执政党的党风问题是有关党的生死存亡的问题"的著名论断。他提出的一系列党风廉政建设的思想，在今天，对坚定不移全面从严治党，不断提高党的执政能力和领导水平，夺取反腐败斗争的压倒性胜利，仍然具有重要的指导意义。

（作者单位：陈云纪念馆）

参考文献：

[1][4][6][8][12][13][15][16][18]《陈云文选》第3卷，人民出版社1995年版，第240页，第273页，第356页，第317页，第275页，第356页，第338—339页，第274页，第275页。

[2][3][11]《陈云年谱（修订本）》下卷，中央文献出版社2015年版，第351页，第255页，第448—449页。

[5][9][14]《陈云文集》第3卷，中央文献出版社2005年版，第511页，第511—512页，第547页。

[7]《陈云论党的建设》，中央文献出版社1995年版，第291页。

[10][21][23]《陈云传》（下），中央文献出版社2005年版，第1726—1728页，第1738页，第1738页。

[17][19][20][22]《陈云文选》第1卷，人民出版社1995年版，第197页，第221页，第196页，第396页。

论陈云高度重视思想政治工作的历史经验

陶　蕾

陈云作为毛泽东同志为核心的第一代中央领导集体和邓小平同志为核心的第二代中央领导集体的重要成员，有着丰富的思想政治教育经验，在长期的革命战争、社会主义改革和现代化建设中逐渐形成了自己的思想政治教育理论体系。他常说“思想政治工作是其他工作的灵魂”，要“坚决地破除往昔中国人民普遍‘不谈政治’的现象。”[1]陈云始终认为思想政治教育在业务工作中是必不可少的一部分，是业务工作和其他一切工作的生命线和“灵魂”。因此，他十分重视思想政治工作。本文分别论述了陈云对党内、军队、工人和农民的思想政治教育工作的高度重视，并指出他的这些政治教育思想对当今党的思想政治教育及其工作仍然具有重要的指导意义和借鉴价值。

一、陈云高度重视党内的思想政治工作

中国共产党是领导中国人民革命和建设事业的核心领导力量。高度重视党的思想建设工作即党内思想政治工作，对于夺取我国革命和建设事业的伟大胜利，具有决定性的意义。陈云无论在战争年代还是在和平建设时期，都特别重视抓好党内的思想政治教育工作。党的建设包括思想建设、组织建设和作风建设等方面。在党的建设中，陈云特别重视党的思想建设，始终把思想建设放在党的建设的首位，这是陈云建党思想和实践的突出特点。

（一）注重党性教育，提高思想认识

陈云非常重视党内的思想政治教育，特别是加强党性修养的教育。陈云入党之初，曾立下誓言，要“为共产主义奋斗到底”，并且有详细的解释，他说：

"为共产主义奋斗到底——到死了为止。这九个字似乎很容易念的一句口号。但脑筋里想一下，这九个字就很沉重，尤其是'底'字。这里头有三件事情：共产主义，为共产主义奋斗，为共产主义奋斗到底。"[2]

陈云不仅以身作则，而且也以此要求全党同志。早在1938年6月瞿秋白纪念会上，陈云就指出："追悼烈士的意义在于鼓励大家学习他们的精神，继续他们的未竟事业。无论新党员还是老党员，都要慎重考虑这样几个问题：第一，对共产主义是否信仰？信仰动摇还是坚定？第二，干革命是临时干还是干到底？顺利时干还是遇到困难时也干？第三，愿意还是不愿意为创造共产主义的新时代而牺牲？牺牲包括牺牲家庭和财产、丈夫或妻子，被捕、遭受拷打甚至被杀头，也包括职位下降等等。所以'牺牲'二字容易说，但不容易做……因此必须树立坚定的阶级立场。"[3]1939年5月30日陈云在《怎样做一个共产党员》一文中具体列出共产党员的五个部分：党员的成分、入党手续、恢复党籍或重新入党、候补党员。五个部分较为完整全面而深刻阐明了不仅应为党在各个时期的具体任务而奋斗，而且应为共产主义实现而奋斗到底的革命的人生观；不仅要坚信共产主义的必然实现，而且必须有不怕牺牲、不怕困难和奋斗到底的决心。

当陈云看到党内部分领导干部骄傲自满、目无组织纪律的现象时提出严厉批评，他说："有的党员同志，做不得大官。当了大官就昏头昏脑，闹独立，只看到个人，忘记了全党的力量。个人的作用有，但很小。"[4]"集体主义与个人主义就是表现党性与非党性"。[5]为此，陈云非常注重党员思想上入党，这对我们党有特殊重要的意义。因为，在一个半殖民地半封建社会的旧中国，在一段相当长的时期内，出身于农民和其他小资产阶级的党员在我们党的队伍中占了很大比例，这是历史发展的必然现象。他们加入到党内来，一方面壮大了党的队伍和革命的力量，另一方面，也会把农民的小农意识和各种非无产阶级的思想带进党内。在这种情况下，就要着重解决党内存在的无产阶级思想同非无产阶级思想、主要是同农民和其他小资产阶级思想的矛盾。陈云坚持在党内开展党性修养教育，用共产党员的党性原则去教育党员不仅要在组织上入党，更重要的是要在思想上入党，使原来出身于农民和其他小资产阶级的党员，抛弃原来的阶级立场，转变原来的世界观，而站在无产阶级的阶级立场上来，确立马克思主义的世界观。只有这样，才能使党员不仅在组织上而且在思想上真正成为无产阶级先锋队的战士，从而始终保持我们党的先进性、纯洁性。

坚持原则，分清是非是陈云倡导的加强党性修养，提高思想认识的另一个重要体现。陈云善于在党内开展批评与自我批评教育，号召党员和领导干部主动拿起这个武器，“人家当面提意见，不要红脸，标准在于讲的是不是真理。对于党员来说，只要对，就应该接受；不对的可以批驳。不管是谁讲的，都应该采取这种态度。如果有这样的人，他说他没有缺点，批评他不接受，那将来一定要在政治上跌跟头”。[6]因此，在党内开展党性教育时，“应该容许人家提出批评，也容许反驳。但是，态度方式要适当，例如不能追究人家的动机”。[7]例如，1961 年 9 月 1 日，陈云在北京主持召煤炭工作座谈会上对党员和领导干部不敢承担责任，不敢讲真话，丧失党性原则时严厉指出：“真事说不假，假事说不真，真理总归还是真理，历史实践是会证明谁是谁非的”。[8]

严于律己，清正廉洁是陈云加强党性修养，提高思想认识的又一鲜明立场。1986 年 1 月 22 日，陈云将中纪委办公厅反映中国科学院花一百六十余万元购买小轿车一事的简报批转胡耀邦、胡启立，并在批语中指出：“自己有车，还向下属单位要新的高级车，这样的事，在高级干部中，可能不仅这几位同志。中央要求北京的党政军机关，在实现党风和社会风气根本好转中做表率。我建议，做表率首先从中央政治局、书记处和国务院的各位同志做起。在这件事上，得罪点人，比不管而让群众在下面骂我们要好。”[9]

（二）注重党风建设，从严治党

1978 年 12 月，党的十一届三中全会，陈云担任中共中央纪律检查委员会第一书记长达九年之久。在这期间，他不仅开创了新时期党的纪律检查工作的新局面，同时也对执政党的作风建设做了许多有益的探索。

陈云要求全党必须提高警惕，把反腐倡廉建设纳入党的日常工作之中。在 1980 年 11 月中共中央纪律检查委员会召开第三次贯彻《关于党内政治生活的若干准则》座谈会上，陈云严肃地提出了三条意见：“第一，执政党的党风问题是有关党的生死存亡的问题。因此，党风问题必须抓紧搞，永远搞。第二，纪律检查委员会的工作会有困难，但是经过统一认识，是可以解的。第三，必须实事求是，查清事实，核实材料，再处理问题，并和本人见面。”[10]邓小平肯定陈云意见，他说：“极少数党员、干部的不正之风，非常不利于恢复党在群众中的威信。我赞成陈云同志讲的，执政党的党风问题是有关党的生死存亡的问题。”[11]可以说，陈云是较早地从关系执政党的生死存亡的角度提出党风建设的极端重要性的党内理论家。

陈云主张对贪污腐化分子要毫不手软，坚决查处，以正党风。改革开放以后，经济领域的不正之风和违法乱纪行为，当时突出表现为走私贩私活动。特别是广东、福建等东南沿海城市实行特殊政策后，走私活动十分猖獗。不少企业、事业单位和机关、团体、部队的一些人参与此类违法活动，大发横财。这些现象的存在严重败坏了党的领导形象，引起了陈云的高度重视。1982 年 1 月 5 日，陈云将中央纪委报送的题为《广东一些地区走私活动猖獗》的一份简报批给胡耀邦、邓小平、赵紫阳、李先念，并指出："我主张要严办几个，杀几个，判刑几个，并且登报，否则党风无法整顿。"[12]

陈云十分强调党员和领导干部要起模范带头作用，遵守党的纪律。他指出，端正党风的关键是提高党员素质，尤其是提高中高级党员领导干部素质。"党性原则和党的纪律不存在'松绑'的问题，没有好的党风，改革是搞不好的。共产党不论在地下党时期或者执政时期，任何时候都必须坚持党的纪律。"[13]

所以，陈云十分重视党员干部的建设。早在延安时期，他担任中组部部长时就提出"党员的质量重于数量"这一著名论断。他认为，提高质量不仅仅是洗刷落后分子，还必须加强党内教育，增加知识，在政治上不断提高自己。"这种质量的提高，远胜于数量上的发展。培养这样成千上万的干部，并且保存起来，使用到革命决战关头，实在是无敌的力量。"[14]在此后的几十年中，陈云也一直关注着党的干部队伍建设。并且，他围绕着党的干部队伍建设这一主题，先后撰写和发表了大量的文章。至今，这些论述仍然闪耀着智慧的光辉，对于今天党的干部队伍建设有着重要的指导意义。

二、陈云高度重视农民、工人的思想政治教育工作

（一）高度重视农民的思想政治教育工作

中国的新民主主义革命从某种意义上说是无产阶级（通过中国共产党）领导的农民革命。是"一部中国共产党领导人民进行革命、建设和改革的历史，从某种意义上说，就是中国共产党人探索和解决农民问题的历史"。[15]陈云在长期的革命斗争实践中逐渐深刻地认识到了在中国这样一个以农民为主体的国家里，要想最终取得革命的彻底胜利，就必须大力发动和组织农民参加革命。因此，陈云非常注重对农民的思想政治教育工作。

他说："据我观察，农民是小事小气，大事大方。为了革命而拼命的时候，农民同志往往比知识分子勇敢，舍得牺牲。而没有工农化的知识分子，在小事上大方，碰到大事就有些小气。"[16]应当说，陈云的这个评价还是很客观和中肯的。中华人民共和国成立后，为了克服经济困难，从农民手中调集了大量的粮棉等物资，作为打击投机商人的资本。农民帮助国家渡过了一个又一个难关。

农民固然是工人阶级天然的同盟军，对中国革命和建设作出了巨大的贡献。但是，几千年流传下来小农意识等思想对社会进步必然是有阻碍作用的。"严重的问题是教育农民。"[17]

但是这个过程是一个非常漫长的过程，因此，在对农民进行思想政治教育时，"切不可操之过急"，"要农民诉苦，提高觉悟，并对其进行时事政策教育"。[18]

陈云认为，"农民的一些问题在我们有的同志看来是小事，可在农民看来是大事。我们不仅要帮群众解决大的问题，也要帮群众解决小的问题"。因为，谁能真正让农民过上好生活，谁就能够赢得农民的衷心拥护。当赢得了农民的支持和拥护之后，我们党对农民进行的社会主义思想教育就会很容易被农民所认可和接受，进而内化为本身的主体自觉意识。所以，陈云深信，经过扎实细致的社会主义思想教育与社会主义革命和建设的伟大实践锻炼，农民的社会积极性是可以不断提高的。

（二）高度重视工人的思想政治教育工作

在长期的革命和社会主义建设生涯中，陈云始终把工人阶级作为中国革命和建设的领导阶级，坚持充分相信和依靠工人阶级的方针，注意教育工人并提高他们的思想觉悟，组织和引导工人群众参加革命和建设，调动广大职工生产和管理的积极性。他说："首先使工人认清工人阶级是新民主主义社会的领导阶级，自己是企业主人翁的一分子。过去是为日寇、国民党资本家创造利润而劳动，现在则是为人民大众、为自己而劳动。"[19]

陈云非常注重普及工人的文化知识。早在《中央苏区的劳动运动中》一文中，陈云就提出："提高工人的文化、政治水平是苏区工会的重要基本工作之一；工人要管政须有文化。"[20]他还说："对干部要加强教育，增加他们的政治认识与科学常识。"[21]陈云还提出："我们的工程师不光是学校毕业的学生能当，还要挑选政治觉悟高、工作好、肯用功、有上进心的工人，到学校去学习，提高他们的文化科学水平，把他们的生产经验与科学原理结合起来，这样就一定可以培养出许多优秀的工人工程师。”[22]

陈云也非常关心工人利益，改善工人生活。陈云在中华人民共和国成立前夕的第六次全国劳动大会上提出：“凡是有关工人切身利益的一切问题，都要帮助解决。现在国民党统治区的工人生活还是很苦的，他们还受着剥削压迫，没有自由；解放区的工人虽然得到了民主，生活还是不好。”[23]他力主将国民党遗留下来的职员实行包下来的政策，“三个人的饭五个人匀着吃，房子挤着住。这样做，是为了保证工人有饭吃，促进经济的发展”。[24]在陈云看来，只有工人的经济地位改善了，才能提高工人的觉悟，发挥工人参加革命的积极性。反之，片面地只对工人进行教育，试图提高工人的觉悟，其效果是不明显的。只有这样，才能使职工把自己的劳动同本阶级的历史使命联系起来，以最大的劳动热情对待生产和管理。

三、陈云高度重视军队中的思想政治教育工作

陈云一生中主要的工作重心在于党的组织工作、党建工作、纪检工作和领导经济建设等方面。事实上，陈云思想政治教育的主体部分也恰恰蕴藏于这几个部分，但是，不可否认，陈云在党的军队建设过程中，也有较为深刻的思想政治教育的论述。他在举世闻名的中国工农红军长征中，担任过红五军团中央代表、军委纵队政委、渡江（金沙江）司令部政委。他在具有重要战略意义的东北解放战争中，转战北满和南满，担任过中共中央北满分局书记兼北满军区政委、东北局副书记兼东北民主联军副政委、南满分局书记兼辽东军区政委、东北军区副政委。这些经历为陈云的军队思想政治教育思想产生提供了广阔的实践平台。

（一）陈云高度重视红军在长征时期的思想政治教育工作

陈云在红军长征时期的思想政治教育工作主要体现在 1936 年 5 月 15 日，他在中国共产党在巴黎出版的《全民月刊》上发表的《关于红军长征和遵义会议情况的报告》一文中。在该文中，他指出，要对红军战士进行政治思想教育。他说：“教育红军战士打仗的原因，使每一个红军战士知道为什么要打仗。”“西征第一阶段所犯的第三个错误，就是纯军事性质的错误。我们仿佛总是沿着一

条用铅笔在纸上画好的路线，朝着一个方向直线前进。这个错误很大。”[25]

因此，陈云非常重视对军队的思想政治教育，重点是加强党对红军的领导。长征时，为了顺利渡过金沙江，党中央和革命军事委员会成立了渡江司令部，负责渡江行动。所有部队都必须服从这个司令部的指挥。陈云担任这个司令部的领导工作。经过紧张的组织和严格的纪律教育，红军战士全部顺利渡江。渡江过后，陈云说：“这次渡江再次证明我们红军战士服从纪律，组织严密，觉悟很高。”[26]他还说：“如果没有真正正确的党的领导，我们就不会取得这样的成就。在领导工作中，当然也有错误和失败，但我们的力量恰恰在于我们能够及时地发现并纠正这些缺点。我们在中国西部的远征之所以取得胜利，首先要归功于党的领导的正确和坚强。”[27]

（二）陈云高度重视西路军的思想政治教育工作

1937 年 5 月 1 日，陈云同滕代远等到达星星峡，与李先念、李卓然等西路军领导干部汇合。随后在庆祝“五一”大会上向大家讲话，转达了中共中央的关怀和问候。他说：“革命斗争有胜利也有失败，只要保存了有生力量，今后仍然会发展壮大。凡是到这里的人，都经过了千难万险的锻炼，是多少黄金也换不来的。现在的几百人，以后可以扩充成几千人上万人。”[28]

随后，陈云和滕代远每星期都会给连以上干部作两三次报告，讲党的抗日民族统一战线的新政策、共产国际七大的精神和国际形势，还利用晚上时间先后同三十多名团以上干部个别谈话，强调要讲团结，先不急于究及西路军失败原因，相信党中央会在适当时机正确处理这一问题。并鼓励大家不要为暂时的失败灰心丧气，要看到未来的胜利前景，并提出严守秘密、遵守纪律、尊重当地民族风俗习惯、执行与盛世才的统一战线政策等要求。陈云的发言鼓舞了战士们的士气，激发了斗志，调动了将士们的革命热情。

陈云还十分重视对西路军进行文化知识的学习和教育。陈云在领导西路军入疆进行休整期间，要求组织部队学习文化。按照原有文化程度，将战士分为甲乙丙三班，分别学习初中、小学课程和进行扫盲；高中级干部则学习三角、几何、代数，以及俄文、英文，为赴苏学习作准备。教材靠从书店中买和自己编；教员则以“能者为师”的原则，由文化程度高的人担任。另外，陈云安排的学习内容主要有政治，包括中国革命的基本问题、列宁主义问题、党的历史以及西方史和政治经济学、语文和英文等内容。

（三）陈云十分重视东北解放战争时期人民解放军的思想政治教育工作

陈云在东北的三年多时间中，除了做好军事工作外，还在东北解放区和根据地开展了卓有成效的思想政治教育工作。

陈云首先强调要对全党全军进行东北革命形势和革命目的教育。他认为，只有首先搞清了东北革命形势和革命目的，才能避免工作中的盲目性和随意性。他说："（目前东北的形势是）停停打打，停的局面不会很长，国民党力量只要一准备好就会再打。和平只能是力量较量的结果，是打出来的。所以，搞好部队建设，主要是抓政治工作，解决部分指战员的思想作风和群众观念问题。要使大家认识到'破坏一次群众纪律等于军事上打一次败仗'。"[29]经过客观冷静分析敌我态势，陈云认为在东北的苏军提供援助，是争取中国共产在东北优势的有利条件之一。但是，"我们要达到这一目的，还须经过一个与国民党进行艰苦斗争的过程。必须防止干部中以为不经过严重斗争而可以取得全满洲的想法，竭力避免把一切希望寄托在苏联的援助上，以苏联对我们援助一时增减而发生盲目的乐观或悲观失望的情绪。必须严密注意干部中由于进入城市而生长起来的享受腐化倾向"。[30]经过陈云在部队中持续进行关于东北革命形势和革命目的教育，使广大军队干部和战士以及地方干部认清了当前的形势，避免了工作中的盲动主义。

陈云还认为人民解放军要树立群众观点，应在干部中反复说明东北斗争形势，使干部认识东北斗争的尖锐性和长期性，认识到能否发动农民是东北斗争成败的关键，农民不起来，则我军在东北有失败的可能。陈云还强调共产党员为人民服务的责任，号召他们走出城市，丢掉汽车，脱下皮鞋，换上农民衣服，不分文武、不分男女、不分资格，一切可能下乡的干部要统统到农村中去，并确定以能否深入农民群众为考察共产党员品格的尺度。"所有军队人员必须有充分的群众观点，军队必须协同地方武装进行群众工作，严格遵守三大纪律八项注意，严格注意纪律的检查，任何破坏群众纪律的行为都是等于在军事上打了败仗，应充分发扬我军既善于打仗又善于发动群众的光荣传统。"[31]陈云把人民军队能否树立群众观点，能否有效发动人民群众视为能否在东北解放战争中取得胜利的决定性因素。

陈云还提倡"诉苦教育"。1947 年 6 月 6 日，陈云在中共中央南满分局和中共辽宁省委于临江召开的直属机关千人干部大会上，作了关于目前形势与任务的报告。他提出了在农民中通过诉苦提高阶级觉悟，真正认识与地主斗争的必要性和斗争胜利的可能性。接着，陈云又将“诉苦教育”推广到部队中。同年6月，他在东北民主联军辽东军区师以上军政干部会议上，听取了第三纵队领导关于部队开展诉苦教育问题的汇报，并同萧劲光、肖华等予以肯定。三纵早在同年2月即发现和推广了该纵某部三连通过启发战士诉苦，提高阶级觉悟，从而增强部队战斗力的经验。这一经验经辽东军区首长肯定后，在军区各部队得到迅速推广。1947年9月28日，东北民主联军总政治部将三纵这一经验上报中央军委。毛泽东对报告进行修改后，批转全军推广，对部队思想政治教育起了巨大推动作用。通过在部队中广泛开展“诉苦教育”，极大地提高了战士的阶级觉悟和革命热情，对提高整个军队的战斗力起到了持久的推动作用，使我军的政治思想教育提高到了一个新的水平，这是理论和实际相联系的一个重大发展和创造。在三大战役中，创造了极为丰富的战时政治工作经验，尤其是大兵团作战的政治工作经验。思想政治工作保证了解放战争的胜利，保证了夺取新民主主义革命的最后胜利。

四、陈云思想政治工作的现实意义

陈云高度重视思想政治工作，不仅体现在对党、对军队、对工人和农民的身上，而且还体现在他工作的各个领域中。他的许多观点及其实践即使在今天看来依然焕发出时代的生机和活力，为我们党今天开展思想政治教育提供了鲜活的范本。

（一）陈云的思想政治工作强调要深入开展反腐倡廉教育

陈云高度重视思想政治教育的反腐倡廉功能。他曾经指出，在党内，忽视精神文明建设，忽视思想政治工作，就不可能有好的党风；在社会上，忽视精神文明建设，忽视共产主义思想教育，就不可能有好的社会风气。因此，各级党委只有在抓物质文明建设的同时，抓精神文明建设；在抓思想政治工作的同时，严肃党纪、政纪，党风才能根本好转。

新形势下，做好思想政治工作，其着力点在于进行反腐倡廉的预防教育，其工作重心在于营造一种优良的廉洁文化。优良的廉政文化具有鲜明的时代特征、特定的舆论导向、持久的影响效力、极强的文化渗透能力和广泛的群众基础。在全社会弘扬廉政文化，加强廉政文化建设，通过一系列中国特色、中国气派的风格和老百姓喜闻乐见的形式来营造浓郁的廉政文化氛围，潜移默化地熏陶滋养受众，可在全社会形成廉洁奉公、以廉为荣、以贪为恶、以贪为耻的道德风尚，充分发挥廉政文化扶正祛邪、激浊扬清的作用，为我国反腐倡廉模式转型提供思想基础和价值支撑。

（二）陈云的思想政治工作注重民主性，符合思想政治教育的规律

陈云是党内力主实行民主集中制的坚定倡导者。他呼吁党内生活既要有民主，又要有集中。党的任何一级组织，允许不同意见存在，允许有不同意见的辩论，这样可以少犯错误。假如，一个人讲了算，一言堂，一边倒，这不是好事。这是讲民主方面。但是，又必须要有集中，少数服从多数，全党服从中央，否则什么事情也做不了，一事无成。没有民主不好，没有集中也办不了事。不经交换意见，是不可能集中的，形式上集中了也难免出错误。不民主，只集中，必然愈不能集中；多交换意见，反而容易集中。

陈云无论是做党务工作，群众工作，还是财经工作的思想政治教育，都非常注重民主性，因为他深深知道思想政治教育工作是中国共产党的政治优势，是推动社会主义革命、建设和改革发展，实现社会主义现代化宏伟目标的重要法宝。新时期，加强和改进党的思想政治工作必须要充分发扬民主。思想政治工作要充分发扬民主是社会主义民主的本质要求、是社会主义市场经济发展的必然要求、是现代信息科学技术发展的客观要求。

（三）陈云的思想政治工作坚持实事求是的思想路线

实事求是的思想路线是马克思主义的基本立场，也是思想政治教育必须坚持的基本原则。思想政治教育要坚持实事求是的思想路线，就是要立足于教育对象的思想实际和思想政治教育的客观实际，通过调查研究，搞清楚思想政治教育内部及其与外部的联系，从中探寻思想政治教育的内在规律，以此指导思想政治教育活动，以提高思想政治教育的针对性和实效性。

陈云是党内公认的严格坚持实事求是的领导人之一，可以说，实事求是是陈云一生所奉行的原则。今天，党的思想政治工作必须遵循实事求是的路线，坚持和发扬理论与实际相结合的原则和作风，使思想政治工作取得实实在在的实效。

（作者单位：陈云纪念馆）

参考文献：

[1][14][19][22][23][30][31]《陈云文选》第1卷，人民出版社1995年版，第1页，第203页，第354页，第385页，第362页，第244页，第311页。

[2][4][5][18][20][21][25][26][27]《陈云文集》第1卷，人民出版社2005年版，第77页，第513页，第322页，第602页，第215页，第132页，第6页，第15页，第28页。

[3][16][28]《陈云年谱》(修订本)上卷，中央文献出版社2015年版，第258页，第424页，第233页。

[6][7][8]《陈云文集》第3卷，人民出版社2005年版，第53页，第54页，第376页。

[9]《陈云年谱》(修订本)下卷，中央文献出版社2015年版，第442页。

[10][12]《陈云文选》第3卷，人民出版1995年版，第273页。

[11]《邓小平文选》第2卷，人民出版社1994年版，第358页。

[13]陈云在中纪委《加强纪律检查工作，保证改革顺利进行》的报告稿上的批语，1984年10月17日。

[15]《中国共产党农村思想政治教育史》，中国社会科学出版社2007年版，第1页。

[17]《毛泽东著作选读》(下册)，人民出版社1986年版，第684页。

[24]薄一波:《若干重大决策与事件的回顾》(上卷)，中共中央党校出版社1991年版，第14—15页。

[29]《陈云传》(上)，中央文献出版社2005年版，第409页。

新时期陈云对党内干部交接班工作的历史贡献

江　丹

接班人问题是国际共产主义运动中一个重要的战略问题，即使在今天也值得深入研究。陈云作为以毛泽东同志为核心的党的第一代中央领导集体和以邓小平同志为核心的党的第二代中央领导集体的重要成员，他不仅在多个场合突出强调这一问题的重要性，甚至还专门撰文论述此类问题。新时期陈云多次指出加强中青年干部队伍建设的重要性和紧迫性，并提出了“成千上万地提拔中青年干部”等思想，为党内交接班工作作出了重要贡献。其中一些措施对于我们今天加强中青年干部队伍建设和搞好党内交接班工作仍然具有深刻的现实启示。

一、“文化大革命”后陈云为党内交接班工作积极酝酿和准备

“文化大革命”刚刚结束的一段时期，由于受“左”的思想长期影响和束缚，党的事业在前进中出现了徘徊的局面，并且遗留下来许多大是大非的问题。为了保证党的事业健康发展，确保党的事业后继有人，陈云从以下几个方面入手进行了积极的酝酿和准备：

（一）支持邓小平复出工作，巩固党内核心决策者的权威和地位

1956年的中共七届七中全会上，在酝酿八大人选时，毛泽东同志特别向全会推荐了陈云和邓小平，并称他们是“少壮派”，预言今后他们要登台演主角。粉碎“四人帮”不久，在基层干部和群众中就有这样的议论：天安门事件不是反革命事件，应该平反，邓小平应该恢复原职。但当时党中央主要领导人坚持“两个凡是”的错误主张。他们认为，撤销邓小平党内外一切职务是毛主席定

的，批邓也是毛主席定的，凡是毛主席决定的，就要坚不能改变。党内许多同志在这个敏感问题上不敢或者不愿意冒险与中央领导唱对台戏。

在这种情况下，陈云挺身而出，两次提出让邓小平重新出来工作。1977 年 3 月 10 日至 20 日，中共中央召开中央工作会议。这是粉碎“四人帮”之后不到半年召开的重要会议。3 月 13 日，陈云在中央工作会议西南组会议上作书面发言，在发言中指出他对天安门事件的看法：1. 当时绝大多数群众是为了悼念周总理。2. 尤其关心周恩来同志逝世后党的接班人是谁。3. 至于混在群众中的坏人是极少数。4. 需要查一查“四人帮”是否插手，是否有诡计。他坚持认为邓小平同志与天安门事件无关。“为了中国革命和中国共产党的需要，听说中央有些同志提出让邓小平同志重新参加党中央的领导工作，是完全正确、完全必要的，我完全拥护。”[1]陈云的发言对当时中央领导触动很大，是触及“两个凡事”的要害问题，决定对外封锁陈云的发言。会议工作人员找到陈云，提出让他按照中央主要领导的讲话口径修改发言稿，然后再下发，陈云断然拒绝。他说：“要发简报，就照我讲的，一个字不改地发。”结果，陈云这份书面发言未能在会议简报上刊登，但陈云的讲话很快就在全体与会人员中间传开了，引起了很大反响。第二天，华国锋在全体会议上讲话，虽然强调了“两个凡是”的方针，但回应了陈云提出的问题。一方面坚持认为天安门事件是反革命事件，说粉碎“四人帮”后继续“批邓、反击右倾翻案风”是正确的；另一方面，为了缓和气氛，他又表示：经过调查，邓小平根本没有插手天安门事件，要在适当时机让邓小平出来工作。华国锋的表态意味着中央在恢复邓小平职务的问题上开始松口了。

在此情况下，陈云趁热打铁，于3月17日在中央工作会议西南组发言时说：“时机成熟的时候，让邓小平同志出来工作，我很赞成。”[2]陈云的发言既肯定了华国锋关于让邓小平出来工作的表态，又得到了与会全体同志的支持。不久，陈云的提议就从北京传开了。党内、党外很多同志以不同的方式表示了对陈云意见的赞同，很快在全党和全国形成了让邓小平重新出来工作的舆论。

在这种情况下，华国锋也认真考虑了让邓小平复出的问题。1977 年 4 月 10 日，邓小平致信中共中央，提出必须用准确的、完整的毛泽东思想指导全党。经华国锋批示，中共中央于 5 月 1 日向全党转发了邓小平的这封信，向全党表达了不久即让邓小平复出的信息。同年 7 月，中共十届三中全会决定恢复邓小平中共中央副主席、中央军委副主席、国务院副总理、中国人民解放军总参谋长等职务。8月，在中共十一大上，除选举华国锋为党中央主席外，还选举叶剑英、邓小平、李先念、汪东兴为副主席。十一届三中全会召开时，邓小平已经成为实际上的领导核心。邓小平复出以后不负众望，以科技、教育为突破口，大刀阔斧地推动和支持各方面的拨乱反正，党和国家的政治生活很快出现了新的气象。由于邓小平重新担任中央主要领导人，这对于我党在20世纪70年代后期逐步改变方针政策，最终确定正确的路线方针政策，具有决定性的意义。

（二）力主平反冤假错案，为接班人培养和选拔营造安定团结的政治环境

从20世纪50年代中后期起，阶级斗争扩大化的"左"倾思潮逐渐支配了国家正常的政治生活，接连不断的政治运动制造了大量的冤假错案。"文化大革命"时期极左思潮更是大肆泛滥，形成"打倒一切"的造反狂潮。到"文化大革命"结束后，被立案审查的干部就占国家干部总数的17%，中央副部级和地方副省级以上的高级干部被立案审查的有75%。这是一个极其沉重的政治包袱。平反冤假错案是消除"文化大革命"灾难性后果最为迫切的任务，是实现安定团结的政治局面、完成拨乱反正的任务极为关键的一环。

陈云从参加工作以来，一直抵制制造冤假错案，早在延安时期他亲自处理了冤假错案影响较大的"湖西事件"。目睹"文化大革命"时期的局面陈云心中很是着急，在自身处境比较艰难的情况下，坚决表示"对于那些犯了一般性质的错误，而被当成右倾机会主义的，要恢复名誉"。他还指出："真事说不假，假事说不真，真理总归还是真理，历史实践是会证明谁是谁非的。"[3]"文化大革命"结束后，陈云在1978年中央工作会议上率先提出平反冤假错案，这与陈云一直抵制冤假错案的态度是一致的，并且陈云为此做了积极的准备和努力。当时党和国家的许多领导干部都陷入冤假错案之中，尤其是刘少奇一案更成为党史上最大的冤案。1977年9月26日、27日，陈云前往中国革命博物馆审查《中共党史陈列》，再次提到了刘少奇，并且指出所谓刘少奇的"和平民主新阶段"问题，这句话不要再提了，这是见之于文件的。陈云讲这些话，具体涉及了对刘少奇历史功过的评价问题，其中心意思就是：过去我们给刘少奇定的所谓"罪名"，其中是有问题的，这为他后来提出为刘少奇平反作了很好的铺垫。在当时"两个凡是"的压制下，陈云能指出这个问题确实难能可贵。

此外，陈云还为其他领导干部的冤案进行呼吁。例如，1978年1月3日，陈云就转送胡耀邦关于王鹤寿"历史问题"的来信一事，致信华国锋、叶剑英、

邓小平、李先念、汪东兴，指出：王鹤寿是1937年国共合作时我党从国民党监狱中要出来的，在审查党的七大代表资格时，从当时的所有材料看，他的历史是清楚的。建议由中央组织部把他的材料再审查一次，并把他调到北京治病。在陈云的建议下，王鹤寿从外地回到北京，并恢复了党的组织生活。

1978年4月，陈云致信中央有关领导："陶铸是坚持到国共合作、七七抗战后由我们党向国民党监牢中要出来的。因陶铸问题而牵累到一大批省级部长级干部，弄清陶铸问题，非常必要。"指出：此案牵涉到一大批省部级干部，弄清陶铸问题非常必要，建议由中央组织部主持，会同专案组，将全部案卷和有关人员都调到北京，再审查一次。邓小平和李先念等都同意了这个意见。1978年的中央工作会议陈云在东北组第一个站起来发言，他先是表态完全赞同将工作重点转移到社会主义建设上来，他再次强调："安定团结也是全党和全国人民关心的事。"

陈云率先从几件事情入手，提出平反冤假错案问题，在党内产生了重大影响。正是在陈云的推动和支持下，中央逐步开展了平反冤假错案的工作。平反冤假错案工作的完成，是党的实事求是路线的胜利，历史上的是非得到了公正的评价，国家的社会关系得到了调整，大大提高了党的威信，为党内接班人培养奠定了前所未有的安定团结局面。

（三）呼吁全党深刻认识交接班问题的迫切性与重要性

斯大林曾经指出："在正确的路线提出之后，事情的成功就取决于组织工作，取决于正确地挑选人才。"新时期一开始，陈云就说一直在思考国际共产主义运动问题，其中思考最多的就是党内中青年干部的选拔和培养。一方面，在"文化大革命"中，"党内的骨干差不多都被打倒了"。另一方面，十年内乱中间一批"头上长角、身上长刺"的"三种人"混入党内并被提拔到各级领导岗位上来，使得党的干部队伍很不纯洁，党的九大更是指定林彪为党的接班人。这些都严重影响了党的干部队伍建设，党的事业后继有人的问题成为刻不容缓的战略问题。1981年5月，陈云在杭州写了《提拔培养中青年干部是当务之急》一文，分送邓小平、胡耀邦和中组部部长宋任穷，提出要"成千上万地提拔培养中青年干部"。"党的干部交接班问题历来是党的一件大事。这在国际共产主义运动中有过严重的教训，在中国党内也有过严重的教训。"[4]

针对这种情况，陈云从党和国家的利益出发反复强调解决党内领导干部交接班问题的迫切性。1979年3月25日，陈云在主持国务院财政经济委员会第一次会议时指出，要“找一个，两个，三个，四个，或者五个年轻一些的，四十岁到五十岁的干部，到财经委员会工作。要有一点工作经验的，人数也不要多。这些人不是当秘书，而是在我们这里当‘后排议员’”。[5]他从老同志的现实困难出发进行论述，“我们这些人都快要‘告老还乡’了，解放时，我四十五岁。那时，可以三班倒、四班倒，上午、下午开会，晚上同周总理谈，午夜去找毛主席，安排得满满的。现在我一个星期只能工作两个半天，多了不行。如果还要那样干，无非是向‘八宝山’开快车就是了。”[6]1982年9月，在十二大上，陈云又从党的事业是否能够顺利进行的战略高度，语重心长地提醒全党注意解决好领导干部的交接班问题。他指出：“应当清醒地看到，由于种种原因，我们党的干部队伍相当长时间以来就存在程度不同的老化问题，存在青黄不接的问题。这个问题不解决，或者解决的不好，共产主义事业在中国就有可能出现曲折。每一个同志，尤其是每一个老同志，都应当认识到这个问题的严重性与迫切性。”解决好干部队伍的交接班问题，是摆在全党面前的一个重要任务。

对干部队伍建设的严峻形势，陈云提出解决问题的现实路径。他强调当前干部队伍建设的紧迫任务是，成千上万地提拔培养德才兼备的年轻干部，让他们在各级领导岗位上经受锻炼。之所以必须这样做，他认为有三个主要原因：一是中央各部委、各省区市，需要大批中青年干部，成千上万是工作的需要；二是只有成千上万地选拔好的中青年干部，才能保证干部交接班的顺利进行；三是有成千上万的德才兼备的中青年干部坐镇，兴风作浪的人才搞不起大乱子。陈云的呼吁得到邓小平、胡耀邦等中央领导同志的鼎力支持。邓小平也非常赞成陈云尖锐地提出成千上万地选拔培养中青年干部这个问题。邓小平进一步诠释道：成千是形容词，上万才是实质。选上来的人，经过淘汰，过七八年，可准备接班。[7]“我们最大的事情是什么？国家的政策，党的方针，我们当然要过问一下，但是最大的事情是选拔中青年干部。我们两个人的主要任务是要解决这个问题。”[8]陈云与中央其他领导人的相互支持和配合，推动了大规模提拔中青年干部工作的顺利开展。

二、十一届三中全会后陈云为党内提拔和培养年轻干部殚精竭虑

1978年，陈云在十一届三中全会上重新担任中央副主席。随着拨乱反正工

作的深入，重新设立中央书记处具体领导党政军各项工作，培养造就接班人尤其是党中央的接班人，成为十分重要而紧迫的战略任务。陈云认为必须采取严格的措施提拔培养中青年干部。

（一）坚持干部队伍的“四化”选拔标准

陈云一贯强调选拔干部要坚持德才兼备的标准，并做过深刻阐释。鉴于“文化大革命”的教训，陈云强调严格掌握选拔干部的政治标准。改革开放后，面临新的形势，他强调指出，选拔干部，首先要注重的是德。他认为在“文化大革命”中追随林彪、江青反革命集团造反起家的人、帮派思想严重的人、打砸抢分子这“三种人”不能进领导班子，不能作为后备干部的人选。随后，他又在此基础上加进两种人，即反对中共十一届三中全会路线的人和在其他方面违法乱纪的人。也就是说，“五种人”不能作为干部选拔培养对象。他进一步强调：“我们用干部，要五湖四海，平常不熟悉的干部也要用。就地取材是很重要的一条原则。”[9]

与此同时，他提醒注意领导班子的年龄构成和专业构成问题。年龄结构合理就是要保持干部特别是高级领导干部队伍的梯级结构。陈云提出干部队伍三个梯队的配备问题：“现在主持中央日常工作的同志也是六十岁以上的人了，他们和我们这些七十岁以上的人相比，年龄间隔不大。就是说，第一梯队和第二梯队的年龄距离太近了。因此，要抓紧选拔五十岁上下、特别是四十岁上下的优秀干部，趁我们还在的时候，把第三梯队也建立起来。这是党和国家的大计。”[10]他指出，要提拔的中青年干部的年龄应在50岁、40岁左右，且多数应是40岁左右、40岁以内的人。其次，专业结构要合理。在大力培养中青年干部的时候，既要注重年轻化革命化，又要突出知识化专业化。首先要培养一批技术干部到各级领导机关里来，同时还要培养能写文章的人，花大力气提高现有干部的文化理论水平。党校是提高干部理论水平、文化水平的专门学校，很好地培养适应现代化建设需要的“四化”，因此要加强党校教育，使广大党员干部坚定社会主义共产主义信念，这样才能确保社会主义事业不断取得胜利。这些想法得到邓小平等人的支持，被邓小平在《党和国家领导制度的改革》的讲话中引用和肯定。陈云、邓小平等中央领导同志提出的干部“四化”建设思想，后来被正式写进《关于建国以来党的若干历史问题的决议》，进而被写入党的十二大通过的党章，成为新时期干部队伍建设的指导方针。

（二）通过多种方式加强对年轻后备干部的培养

培养合格的、适合需求的后备干部，是提拔、使用后备干部的前提和基础。陈云为此做出诸多思考。1980 年 2 月，十一届五中全会重新设立了书记处，这是党中央为实现领导集体年轻化及时采取的一个重要举措。以便让中央政治局常委摆脱日常小事，更集中精力于国家大事，也可以使年老同志减轻工作。邓小平在全会上强调："当前最重要的还是选好接班人。"陈云支持设立中央书记处，他还郑重地提出："书记处和全党的一个重要任务，是要在各级选择合格的年轻干部。"同时，他强调被选进的人，党性要强，要有干劲，要有一定的工作经验。为了加强后备干部培养的针对性和实效性，陈云提出各级党组织应把中青年干部放在设立的秘书处、研究室等辅助工作机构及相应的岗位上接受锻炼。这些做法应作为长期训练和选拔干部的一种制度。

陈云认为，对选拔培养的中青年干部还要加强帮助和管理，老干部做好传帮带工作。对老干部来说，主要精力不是用来处理日常工作，而是在重大问题上出主意、把关，做好传帮带工作。对于退出一线的老同志，无论是退到二线还是离休、退休，都要支持中青年干部的工作，担负起传帮带的任务。老干部只有完成了这项任务，才算对党和革命事业尽了最后一把力。其次，他还高度重视党校教育在后备干部培养中的重要作用。陈云还强调让后备干部在不同岗位上接受锻炼，全面增长才干，使他们尽快成才。多种多样的培养途径，增强了后备干部培养的效果，使大批后备干部得以快速健康成长。

成千上万地提拔中青年干部，需要各级党委组织部门设立专门管理中青年干部的机构，从组织上有力推动干部交接班工作的顺利开展。陈云为此首倡县以上各级党委成立青年干部管理机构。他对青年干部管理机构提出三点要求：第一，包括领导在内的每个成员都要是好的；第二，这个机构的干部要由三个部分组成，即一个正派且水平比较高的老干部、"文化大革命"中表现优秀且德才兼备的"逍遥派""文化大革命"中表现优秀的红卫兵；第三，机构成立后不要忙着去提拔干部，首先要花三到五个月的时间把机构建好。这一倡议得到邓小平的鼎力支持。邓小平说，"陈云同志讲组织部要专门设立一个管理中青年干部的机构，这是很重要的。"这一思想，随后很快在中共中央组织部印发的《关于建立青年干部管理机构的通知》和《关于青年干部管理机构工作人员任免审批手续的通知》中得到集中体现，成为各级党委组织部门设立青年干部管理机构的指导思想。各级青年干部管理机构的设立，为遴选各级领导班子的后备干部、推进干部“四化”进程提供了重要组织保障。

（三）推动建立干部离退休制度，使干部交接班在制度化轨道上进行

坚定不移地破除干部领导职务终身制，大规模地选拔年轻干部，实现干部队伍的新老合作和新老交替。这两项举措为实现党的思想、政治路线，为推进社会主义改革开放和现代化建设事业提供了坚强的组织保证。

年老干部的“退”和后备干部的“进”，是干部交接班过程中的两个方面，任何一方面没有做好，干部交接班工作就无法顺利进行。为了让老干部渐次退出领导岗位，让年轻干部走上工作一线，1980 年 8 月中共中央、国务院作出在县级以上单位设置顾问的决定。为了给全党老干部作表率，9 月，陈云、邓小平等在五届全国人大三次会议上主动辞去国务院副总理职务。但在一段时间内，这项工作收效并不大。主要原因在于：一方面，一部分在“文化大革命”中受到迫害的干部，重新复出工作不久，让他们很快退下来，思想上一时难以接受；另一方面，受论资排辈、求全责备等旧的选拔人才观念的影响，一些老干部对中青年干部感到不放心。另外，设置顾问只能解决小部分老干部的问题，大部分老干部的离退休问题并没有得到解决。陈云立刻注意到这一问题，为了推动干部离退休工作，陈云召集中共中央组织部、解放军总政治部有关负责人座谈老干部离退休问题，并主持起草《关于老干部离退休问题座谈会纪要》。其基本思想是，设置顾问委员会或当顾问，是一种办法，但只能解决少部分人的问题。整体上解决的根本办法是实行干部离退休制度。

陈云等中央领导同志的这一想法，受到中共中央的高度重视，加快推动干部离退休制度建设在中共中央领导层达成一致共识。建立干部离退休制度工作，得以进一步深入推进。1982 年 2 月，中共中央作出《关于建立老干部退休制度的决定》。《决定》指出，实现新老干部的交替，已成为摆在全党面前的一个重大课题，是党和国家制度改革的重要组成部分。此后，大批老干部渐次退出领导岗位，大批年轻干部走上领导岗位。从 1982 年到 1988 年，全国有 340 万名老干部离退休，有近 64 万名中青年干部走上县处级及其以上领导岗位，多数领导班子年龄梯队结构基本形成，干部交接班取得显著成效。

三、结语

培养和选拔成千上万中青年干部是陈云同志在新时期提出的一个具有战略意义的根本措施。陈云关于党内接班人的思想，涉及选拔标准、培养方式、保障工作等内容，具有系统性和前瞻性，为确保新时期党和国家各级领导权掌握在忠诚于马克思主义的干部手中，作出了独特贡献。从选拔标准看，全面建成小康社会，实现中华民族伟大复兴，对领导干部提出了新的更高要求。好干部的标准，在当前具体表现为要突出政治标准，提拔重用牢固树立"四个意识"和"四个自信"、坚决维护党中央权威、全面贯彻执行党的理论和路线方针政策、忠诚干净有担当。从培养方式看，进一步加大各级党员干部的教育培训和实践锻炼力度，不断强化素质提升工程。坚持更新教育培训理念，优化教育培训方式，采用"请进来"与"走出去"、理论培训与实践锻炼等相结合的办法，科学组织开展干部教育培训工作。从保障工作看，后备干部的保障工作是确保年轻干部选拔质量和实效的关键环节。当前，后备干部队伍建设工作正处于加强和改进阶段，在新形势下要健全管人育人机制，有效把干部管理科学规范起来。建立科学的干部选用制度、完善干部管理监督制度、落实组工干部激励机制等，加强制度建设才能取得显著成效。陈云关于接班人的思想不仅在理论上丰富和发展了马克思主义干部理论，而且在实践中指导新老领导集体的交替工作。在当今中国特色社会主义进入新时代乃至将来，这一理论都有重大的战略指导意义。

（作者单位：陈云纪念馆）

参考文献：

[1][2][5][6]《陈云年谱》（修订本）下卷，中央文献出版社2015年版，第229页，第229页，第272页，第272页。

[3][4]《陈云文集》第3卷，中央文献出版社2005年版，第285、376页，第508页。

[7]《邓小平文选》第2卷，人民出版社1994年版，第385页。

[8][9][10]《陈云传》（下），中央文献出版社2005年版，第1705页，第1745页，第1715页。

学好哲学　终身受用

——陈云谈学习哲学

蒋永清

用马克思主义哲学教育和武装全党是中国共产党人思想上建党的一条宝贵经验。“学哲学、用哲学，是我们党的一个好传统。”陈云是党的第一、二代中央领导集体的重要成员，他带头学习哲学，认为“哲学是马列主义根本中的根本，是观察问题的观点（唯物论），是解决问题的办法（辩证法），随时随处都用得到”。陈云学习哲学的孜孜不倦和学以致用，在党内可谓有口皆碑，传为佳话。

在重要关头提倡学习哲学

在党内，陈云看问题敏锐，能抓住要害。他有一句口头禅，哲学学得不好，就是“眉毛胡子一把抓”，不懂得抓主要矛盾。在重要历史关头，陈云提倡学习哲学，就体现出他作为一个政治家准确把握时代脉搏的判断力和远见卓识。

为了完成改革开放新时期党在指导思想上拨乱反正的任务，1981 年 6 月中共十一届六中全会通过了邓小平主持起草的《关于建国以来党的若干历史问题的决议》。陈云积极配合邓小平的工作，并在 1981 年 3 月邓小平上门征求意见时，提出了学哲学的建议。他首先讲延安整风时毛泽东亲自给他讲了三次要学哲学，接着提出，当前“在党内，在干部中，在青年中，提倡学哲学，有根本的意义”，“只有掌握马克思主义哲学，思想上、工作上才能真正提高”。邓小平接受了这个建议，《历史决议》稿在吸收后作了相应的表述。这对当时全党确立马克思主义的思想路线起到了重要作用。

20 世纪 80 年代中期以后，随着对内搞活、对外开放和经济建设的快速发展，思想战线呈现出日益复杂的局面。1987 年初中央调整了领导班子。7 月，陈云同新的领导班子负责人作了一次交谈，他说：我国有现在这样的局面，来之不易，“要把我们的党和国家领导好，最要紧的，是要使领导干部的思想方法搞对头，这就要学习马克思主义哲学”。要善于听取不同意见，“学习哲学，可以使人开窍。学好哲学，终身受用”。他希望新的领导班子能够带头组织学哲学，并提出“现在我们在新的形势下，全党仍然面临着学会运用马列主义、毛泽东思想的立场、观点、方法分析和解决问题这项最迫切的任务”。

陈云在重要历史关头提倡学习哲学，对于我们深入理解习近平同志的有关讲话精神有着重要的启迪作用。2013 年 12 月 3 日，习近平同志在中共中央政治局第十一次集体学习时发表讲话，强调要推动全党学习历史唯物主义的基本原理和方法论，就是在党的十八届三中全会对我国全面深化改革作出总体部署的重要历史关头提出的。当前，国内外环境发生极为广泛而深刻的变化，我国发展面临一系列突出矛盾和挑战，解决这些问题，关键在于深化改革。这个时候提出学哲学，就是要求我们要学习和掌握社会基本矛盾分析法，深入理解全面深化改革的重要性和紧迫性，把社会基本矛盾作为一个整体来观察，全面把握整个社会的基本面貌和发展方向，不断把对中国特色社会主义规律的认识提高到新水平。

“十五字诀”的独特体会

陈云提倡学哲学，首先他自己带头学哲学，而且堪称楷模。陈云学哲学非常刻苦，也很有成效。延安时期，他在中组部组织六人学习小组（主要学哲学），亲任小组长，从来没有欠读一章一段。白天处理公务，上山搞生产，晚上在油灯下学习。有时从书记处开会回来天已蒙蒙亮，但照旧参加当天部机关的学习讨论。秘书回忆说，陈云“从不打扑克，也不跳舞，一有空就看书学习，学习起来很认真。认真地读原著，认真地读参考书籍，认真地做笔记。学习中有不理解的地方，就虚心向理论界的同志请教”。因此，尽管陈云的学历不高，只有小学程度，但由于他刻苦钻研，挤时间学习，仍然取得了超常的成就。习近平同志也在讲话中提出，“党的各级领导干部特别是高级干部，要原原本本学习和研读经典著作，努力把马克思主义哲学作为自己的看家本领”。陈云这种刻苦钻研经典原著的精神，很值得今天的领导干部学习。

天道酬勤，在革命实践积累和理论学习思考相结合的基础上，陈云在学习哲学上取得了独特收获，这就是“十五字诀”，即“不唯上、不唯书、只唯实，交换、比较、反复”。他自己多次解释说：“这十五个字，前九个字是唯物论，后六个字是辩证法，总起来就是唯物辩证法。”这“十五字诀”是陈云对于自己学习和运用马克思主义哲学的理论认识和实践经验的高度概括和精辟归纳，代表了他的哲学思想的最高境界，也是对毛泽东哲学思想的丰富和发展。

有了这“十五字诀”，陈云看问题时常提到哲学的高度，并尖锐地指出问题的实质。进入 1983 年以后，随着经济体制改革的深入，一些不够清醒的倾向在蔓延，甚至当时有同志也怀疑“一五”计划搞 156 个重点建设项目是不是走了弯路，对此，陈云在 3 月中央政治局常委和中央书记处书记会议上提了批评意见，并从哲学的高度指出“这种看法不是历史唯物论，是唯心主义”。他还由此提出独特的工作方法，这就是：“领导机关制定政策，要用百分之九十以上的时间作调查研究工作，最后讨论作决定用不到百分之十的时间就够了。”所以，他坚决反对那种走马观花式的调查研究的方法，而是倡导深入基层、扎根民众、实实在在解决问题的调查研究。

习近平同志在讲话中也强调了学习历史唯物主义的重要性，指出“改革开放只有进行时、没有完成时，这是历史唯物主义态度”。他还指出要按照客观规律办事、提高解决问题的本领，强调“要坚持一切从实际出发，按照客观规律办事，一张蓝图抓到底，抓好打基础利长远的工作”。

学以致用，最重要的是把现实问题解决好

有人常说，学习哲学没有用，因为哲学离现实太远，解决不了实际问题。陈云却不这么看，他常以自己的亲身经历说明学哲学的重要性和实用性，强调一个人无论从事什么工作，有还是没有唯物辩证法和历史唯物主义的世界观、思想方法，工作起来大不一样。1983 年 7 月，他同秘书说，延安时期学哲学前，我的讲话、文章缺少辩证法；学习后，讲话写文章就不一样了，就有辩证法了。同月，他又在同评弹界人士谈话时说，在延安学了几年哲学，从思想理论上把王明的一套“打倒”了；在“文化大革命”期间学了几年，从思想理论上把陈伯达的一套“打倒”了。

学哲学不仅能在思想理论上把王明、陈伯达的一套“打倒”，更重要的是能在现实生活中把实际问题研究好、解决好。陈云长期领导经济工作，是中国社

会主义经济建设的开创者和奠基人之一。在日理万机的财经战线上，他没有陷入具体烦琐的日常事务中，而是跳出表面现象的框框，以宽广的世界眼光、深邃的历史高度，谋划中国革命和建设中的重大问题，提出许多具有长远影响的真知灼见。能做到这一点，与他长期孜孜不倦地学习哲学是密不可分的。

建设中国特色社会主义的新时期，陈云积极支持和推动邓小平倡导的改革开放，并以自己长期领导经济工作的丰富经验，提出了许多影响深远的重要思想，如关于按经济规律办事和进行必要的国家干预的观点，关于“无农不稳”“无粮则乱”的观点，关于国民收入分配中积累和消费的比例要适当、一要吃饭二要建设的观点，关于中央应该集中必要的财力的观点，关于中央的政治权威要有中央的经济权威作基础的观点，关于要十分重视和认真对待社会上存在的各种消极现象、物质文明和精神文明要一起抓的观点等。这些执政理念和思想观点，对建设中国特色社会主义具有长期的重要意义，也是陈云学习哲学“学以致用”、解决实际问题的生动体现。

习近平同志在讲话中也提出要着重解决现实问题。他说，“要解决我们面临的突出矛盾和问题，仅仅依靠单个领域、单个层次的改革难以奏效，必须加强顶层设计、整体谋划，增强各项改革的关联性、系统性、协同性。”这样做的目的就是要“产生综合效应”。理解习近平同志的讲话精神，关键是要认识到，“空谈误国，实干兴邦”，不能指导解决现实问题的理论和学习就是空谈。当今世界和中国都正在发生深刻变革，这为深化马克思主义哲学研究提供了新的机遇和广阔空间。学习哲学，并用以分析当今世界、研究当代中国，从改革开放和中国特色社会主义的伟大实践中汲取思想养分、进行总结概括，更好地揭示人类社会发展规律和社会主义建设规律，这样学哲学才不是“空谈”，才能推动党和人民事业取得一个又一个胜利，不断开辟当代中国马克思主义发展的新境界。

（作者单位：中央党史和文献研究院）

试论陈云在中国革命历史几个转折点上的重要作用

李国胜

陈云在20世纪30年代初就担任党中央的领导工作，经历了中国共产党领导人民进行革命、建设、改革各个历史时期几乎所有重大事件，参与了党中央在不同历史时期一系列重大决策和实施，在中国革命历史几个重要转折点上作出了重要贡献。

一、在遵义会议上的正确抉择

1934年10月，中央革命根据地第五次反“围剿”战争失败，迫使红军放弃革命根据地，中央红军主力开始长征。长征初期，由于“左”倾教条主义者的错误指挥，红军在突围过程中损失惨重，特别是湘江战役的惨败。党和红军的许多领导人和广大干部战士逐渐认识到，第五次反“围剿”的失败和红军战略转移中受的挫折，是排斥了毛泽东为代表的正确领导、贯彻执行错误的军事指导方针的结果，强烈要求改换领导，改变军事路线。在这种形势下，召开一次政治局会议，总结经验教训，纠正领导上的错误的条件已经成熟。1935年1月15日至17日，中共中央在遵义召开政治局扩大会议。毛泽东作长篇发言，对博古、李德军事指挥上的错误进行了分析和批评，并阐述了中国革命战争战略战术问题和今后军事上应采取的方针。毛泽东的发言得到了周恩来、朱德、张闻天、王稼祥等大多数与会者的支持。会上改组了中央领导机构，增选毛泽东为政治局常委，取消博古、李德的最高军事指挥权。遵义会议结束了王明“左”倾冒险主义在中央的统治，组成了实际上以毛泽东为首，周恩来、王稼祥参加的三人军事指挥小组，确立了以毛泽东为代表的新的中央的正确领导。这次会议是中国共产党历史上一个生死攸关的转折点，为胜利完成长征奠定了基础，并标志着中国共产党经过十几年的锻炼开始走向成熟。

长征期间，陈云任中央政治局委员（有资料上记载为常委），在红五军团任中央代表，后任军委纵队政委，遵义会议时任遵义警备司令部政治委员。现有的关于遵义会议的材料没有关于陈云在会上发言的详细记载，但从有关材料看，无疑陈云在会上是坚决支持毛泽东的正确主张的。

他后来回忆说："毛主席在会上讲得很有道理，内容就是《中国革命战争的战略问题》那篇文章讲的那些。"[1]陈云还回忆说："我在五军团时总觉得在困难中以团结为是，到黎平会议知道毛、张、王与'独立房子'的争论内容，团溪时洛甫（张闻天）找我谈过一次，告诉我五次'围剿'时错误中的损失。所以，遵义会议上我已经很了解几次军事指挥之错误，（是）赞成改变军事和党的领导的一个人。"[2]在遵义会议上陈云听了毛泽东的长篇发言及张闻天、王稼祥等人对博古、李德的批评后，对导致第五次反"围剿"失败和长征初期严重受挫有了比较深入的认识，他认为"毛主席在会上讲得很有道理"，"毛主席讲，人是要吃饭的，路是人走出来的，子弹是要打死人的，李德他们不懂。"[3]他说："过湘江的历史不能再重演了，'三人团'的领导必须改变，博古作为党内主要负责人，再领导下去是有困难的，希望大家慎重考虑。"[4]正如张闻天所回忆："陈云是反对左倾机会主义路线，拥护毛主席的正确路线的。"会议参加者之一伍修权（时任翻译）后来提到这段历史时曾说过："周恩来的提议（改变错误领导，推举毛泽东为领导人）得到朱德、王稼祥、张闻天、刘少奇、陈云等同志积极支持。"[5]

最为重要的是，陈云为我们留下了一份亲自撰写的《遵义政治局扩大会议传达提纲》。提纲介绍了会议召开的背景、讨论的内容、得出的结论和作出的决定，指出：遵义政治局扩大会议的召集是基于湘南及通道的各种争论而由黎平会议所决定，目的是：（一）决定和审查黎平会议所决定的暂时以黔北为中心建立根据地的问题；（二）检阅在反对五次"围剿"中与西征（中央红军长征初期，有时称为西征，后统称为长征）中军事指挥上的经验与教训。扩大会议认为，当时党的政治路线一般是正确的，一切在苏区内部的后方工作是模范的，但军事指挥是基本上错误的，而军事指挥是党的总的政治路线的主要部分。[6]提纲指出："在这一时期中，党内军委内部不是没有争论，毛张王（指毛泽东、张闻天、王稼祥）曾经提出过许多意见，就是恩来同志也曾有些个别战役上的不同意见，但是没有胜利地克服这种错误。至于各军团——尤其是一、三军团的首长不知有多少次的建议和电报，以及每个战役的'战斗详报'，提出他们的作战意见，可惜完全没有被采纳。”[7]提纲除写明毛泽东被选为中共中央政治局常委等各项决定外，还记述了与会者的态度、会后常委内部的两次分工，以及改变北渡长江、在成都西南或西北建立根据地决定的理由。从这份提纲可以看出，陈云在会上是支持以毛泽东为代表的正确路线的。根据这份提纲的记载，遵义会议后，陈云和毛泽东、张闻天三人被指定为遵义会议内容的主要传达者，仅此一点也可以确证陈云是毛泽东的坚定支持者。提纲中指出：“决议发出以后常委各同志——毛张陈（指毛泽东、张闻天、陈云）——均到各军团干部会中传布决议。在一切会议中对于政治局扩大会决议是积极的拥护的。”[8]另外，提纲中充满了对错误路线的有力批评，由此也可以看出陈云的态度是非常鲜明的。

从陈云到莫斯科向共产国际汇报红军长征和遵义会议情况来看，他是支持毛泽东正确主张的。遵义会议结束后不久，陈云奉命离开长征部队，几经辗转到达上海。之后，他前往莫斯科向共产国际汇报红军长征和遵义会议的情况。1935 年 10 月 15 日，陈云在共产国际执委会书记会议上，详细报告中央红军长征经过和遵义会议情况。在谈到遵义会议时，陈云着重指出：“我们在这次会上纠正了第六次反‘围剿’（指第五次反‘围剿’）最后阶段与西征第一阶段中军事领导人的错误。大家知道，军事领导人在这一阶段犯了一系列错误。现在，这些错误得到了彻底纠正。建立了坚强的领导班子来取代了过去的领导人。党对军队的领导加强了。我们撤换了‘靠铅笔指挥的战略家’，推选毛泽东同志担任领导。”[9]他还指出：“我们党能够而且善于灵活、正确地领导国内战争。像毛泽东、朱德等军事领导人已经成熟起来。我们拥有一支真正富有牺牲精神、英勇无畏、为实现共产国际总路线而斗争的干部队伍。”[10]陈云这个报告，不久被人整理成题为《英勇的西征》的文章，于 1936 年春发表在共产国际机关刊物《共产国际》（中文版）第一、二期合刊上。

二、建立北满根据地和坚持南满的重大历史贡献

抗战胜利后，中国共产党不失时机地进军东北，决战东北，经略东北，使东北成为全国第一个全部解放的大区，加速了夺取全国胜利的进程。这一辉煌的胜利成为中国革命历史上一个重要的转折点。陈云作为中共中央政治局委员、东北局重要领导人之一，全程参与领导了这一过程。在东北，陈云的贡献是多方面的，但对东北解放战争全局产生重大影响的突出贡献，笔者认为应该是进

入东北初期关系东北党政军存亡的初创北满根据地和坚持南满斗争。

陈云是最早、最系统地提出建立巩固的东北根据地的领导人，在东北党的战略重心转变过程中起到了重要作用。中共中央初期对东北的战略方针是“向北发展，向南防御”，“发展东北我之力量并争取控制东北”。但随着形势的发展变化，中共独占东北已不可能。于是，中共中央致电东北局，提出“让开大道，占领两厢”，建立东北根据地的方针。陈云从进入东北一开始，就认识到建立巩固的根据地的极端重要性。1945 年 11 月 2 日，中共中央决定组建中共中央北满分局，决定由陈云任中共北满分局书记。由陈云主持起草的给中共中央的电报说：“我们必须承认，首先独占三大城市及长春铁路干线以独占满洲，这种可能性现在是没有的。因此当前在满洲工作的基本方针，应该不是把我们的全部注意力集中于这三大城市，而是集中必要的武装力量，在锦州、沈阳前线给国民党部队以可能的打击，争取时间。同时，将其他武装力量及干部，有计划地主动地和迅速地分散到北满、东满、西满，包括广大乡村、中小城市及铁路支线的战略地区，以扫荡反动武装和土匪，肃清汉奸力量，放手发动群众，扩大部队，改造政权，以建立三大城市外围及长春铁路干线两旁的广大的巩固根据地。我们必须经过战争及根据地之建立，以达到包围歼灭大城市之敌及钳击长春铁路干线，使我们能够在同国民党的长期斗争中，取得全局的优势。”[11]对于北满，他在电报中不仅指出抓紧北满根据地建设的重要性，而且回答了从哪些地区开始建立根据地的问题。他认为：“由于北满是处于南满的后方，因此，我们认为北满工作的中心，应该放在广大的乡村、中小城市及铁路支线的几个根据地的建立。如以珠河、牡丹江为中心，以佳木斯、依兰为中心，以绥化、北安为中心，以洮南、三肇为中心，以讷河、龙江为中心，建立若干根据地。我们的兵力、干部、资财必须主动地向那些地区转移，以造成我们前进和后退的阵地。”[12]这份电报同中共中央提出的“让开大路，占领两厢”，把工作重心放在建立根据地上的战略方针是完全一致的。在陈云主持下，北满分局及其所属的各省工委，立刻将主要工作转到建立巩固的北满根据地上来。当时创建北满根据地的主要工作是：迅速壮大武装力量，摧毁敌伪势力，建立各级人民政权；发动群众开展反奸清算、减租减息和分配敌伪土地的斗争；恢复和发展工农业生产，培养干部与支援前线等。陈云把发动群众看成是一切工作的根本，发动群众首先是反奸清算，减租减息，实行初步的民主改革。同时，加紧整顿和扩大部队，进剿土匪。至 1946 年 4 月，北满五省的各级政权相继建立，并建立了省军区、军分区和各级地方武装。5 月中旬，整个北满地区的土匪大部分已被歼灭。在此期间，群众已初步发动起来，有些参加了共产党；大批知识分子参加各项工作；工农业生产都在恢复与发展；土地改革开始展开。新创建的北满根据地已初具规模，为建立巩固的北满革命根据地奠定了扎实的基础。

1946 年 11 月，蒋介石制定了东北新的作战计划，就是“南攻北守、先南后北”的战略方针，企图先吃掉南满根据地，然后全力进攻北满。南满根据地不足四万人的中共军队，被国民党军队的 10 万余人压缩在长白山脚下的狭长地带，南满根据地进入了解放战争以来最艰苦的岁月。就是在这样的背景下，为统一和加强对南满地区的领导，坚持南满的解放战争，中共中央东北局决定，并经中共中央批准，时任中共中央政治局委员、中共中央东北局副书记、东北民主联军副政治委员的陈云（当时北满分局与东北局已合并）到南满组建南满分局（亦称辽东分局），陈云任书记兼辽东军区政治委员。关于是否坚持南满，在南满的领导层中有不同的意见。有的主张坚持南满，有的则主张向北满撤退，与北满主力会合，认为南满坚持不住了，甚至南满的主力部队三、四纵队已做了在必要时开过松花江，与北满部队会合的准备。在随后的半个多月时间里，陈云经过认真的调查研究，分析形势，认为南满必须坚持，因为南满的战略地位对于东北全局是至关重要的。其一，敌人的战略方针是“先南后北”，我军如果北去，正中敌人下怀，解除了敌人的后顾之忧。而坚持南满，则牵制敌人的有生力量，打乱敌人“先南后北”的进攻计划。其二，南满也能够坚持，因为南满根据地有广大的人民群众作为军队的强大后盾，且得到了各根据地的配合与支持。其三，坚持南满要立足于战争，以战求存。在认真分析了各方条件后，陈云坚定了坚持南满根据地的信心。12 月 11 日，在辽东军区前线指挥所，辽东军区师以上干部召开了军事会议，这就是后来著名的七道江会议。在会上大家争论最激烈的还是坚持南满或撤到北满，出现了重大分歧。军区党委请陈云来参加会议，是去是留，请他最后定音。陈云在广泛听取同志们的意见后说：“东北的敌人好比一头牛，牛头牛身子是向北满去的，在南满留下了一条尾巴，如果我们松开这条尾巴，那就不得了，这头牛就要横冲直撞。南满保不住，北满也就危险了；如果我们抓住了牛尾巴，那就了不得，敌人就进退两难，因此，牛尾巴是关键。”[13]陈云循循善诱，全面分析了“留”和“撤”的利害关系，说明了坚持南满的重要性和可能性。最后他说：“我来南满就是为了和大家一起坚持南满斗争，你们让我来拍板，拍板就是坚持南满，我们在背靠沙发（指苏联、朝鲜的支援）的形势下向前进，虽然是艰苦奋斗地向前进，还是比退到北满最后被敌人打出国境再打回来合算。我们不走了，都留在南满，一个也不走，留下来打，要在长白山上打红旗，摇旗呐喊！”[14]这些话落锤定音。这是关键时刻最重要的一个决定，历史证明这一决定是非常及时、正确的，也是陈云对坚持南满斗争的一大贡献。后来，经过四个月的艰苦奋战，南满军民取得了“四保临江”战役的胜利，保卫、巩固和扩大了南满根据地，彻底粉碎了敌人的战略计划，为中共军队战略反攻奠定了坚实基础，推动了东北解放战争胜利的进程，并对全国解放战争产生了重大影响。

三、为巩固新生政权在稳定经济秩序方面的突出成就

1949 年初，随着辽沈、淮海、平津三大战役的相继胜利，国民党的主力部队已基本上被歼灭。此时，在西柏坡的中共中央领导人考虑的重点已不再是战争或军事问题了，而是随着军事上的节节胜利而来的严峻的经济形势。长年的战乱，使得本就贫穷落后的中国疲惫不堪，民不聊生，全国工农业生产遭受极为严重的破坏，恢复经济绝非易事。首先就是人才问题，在长期的革命战争中，党内涌现出了大批杰出的军事指挥人才，但懂经济的却少之又少。中共中央领导同志开始迫切地感觉到当务之急必须首先物色一位懂经济的帅才，领导全国的经济工作，以迅速恢复经济，发展生产。周恩来果断地向毛泽东提出：调陈云回中央主持财经工作。

7 月 12 日，陈云主持召开中央财政经济委员会成立会议，中财委正式成立。中财委由中共中央财政经济部与华北财经委员会合并组成，陈云任主任，薄一波任副主任。

在筹备建立中财委的时候，陈云已开始考虑处理全国性的财政经济问题。他认为：“我们过去在这方面经验很少，甚至在许多问题上是没有经验的。最早红军时代谈不上什么经济问题，就是有个把事务长，以后有了根据地，再后有了边区政府、人民政府，也有了供给机关、贸易公司等等，一步步地扩大。以前没有大城市，现在有了大城市，有了国际贸易问题。”[15]上海是中国最大的城市，是长江流域的龙头，是全国的经济中心。陈云要解决全国的经济问题，首先从指导处理上海的经济问题开始。

上海解放的第二天，上海市军管会就发布《关于使用人民币及限期禁用金

圆券的规定》，以人民币一元兑金圆券十万元。开始工作十分顺利，但投机商利用人们长期以来形成的担心钞票贬值的心理，掀起银元投机风潮。银元成为上海市场上实际使用的本位币，人民币只起辅助作用。有的商号还拒绝以人民币作商品标价，把人民币排斥在市场之外。华东财委和上海市委向中央报告后，采取多种措施仍不能控制局面。陈云看到上海方面的报告后，主持起草了《中共中央关于打击银元使人民币占领阵地的指示》下发各地。得到毛泽东同志赞同并接到《指示》后，上海市军管会查封了证券交易所大楼，逮捕了二百多名证据确凿的银元投机操作者，对银元投机活动是一个决定性的打击。除上述政治手段外，陈云在为中央起草的《指示》中还提出了一系列经济手段，为根绝银元投机发挥了极为重要的作用。由于政治手段、经济手段、宣传攻势三管齐下，上海在“银元之战”的交锋中取得了胜利，为日后经济的恢复与发展创造了良好的开端。

由于投机者由银元投机转向大米、纱布和煤炭投机，上海物价开始猛涨，经济状况进一步恶化。华中局急电中央，希望在上海召开会议，谋求对策。中央决定由陈云在上海主持有华东、华中、东北、西北五个大区的财经部门领导干部参加的会议，研究解决的办法。2 月 27 日，会议在上海开幕，陈云主持了这次会议，并作了重要讲话和总结，这就是后来著名的“上海财经会议”。会议详细研究了在全国范围内克服当年财经困难、力争财经状况好转的问题，提出全国支援上海、上海支援全国，以及保证上海这个最大城市的重要物资供应办法。陈云认为：“当时解决上海问题和稳定全国物价的关键是抓住‘两白一黑’（即大米、纱布、煤炭）。因为这三样东西是城市的命根子，是一时都不能缺的，也正因为如此，这些往往是投机分子和游资冲击的主要对象。由于煤炭相对来说难以搬运和保存，只要我们能保证运输，问题不是很大，因此‘两白一黑’的关键是大米和纱布。”[16]对此，陈云明确指出：“粮食和纱布，一个是吃，一个是穿，是市场的主要物资，我掌握多少，即是控制市场力量的大小。人心乱不乱，在城市中心是粮食，在农村主要靠纱布。”[17]陈云在会上提出了一系列具体解决问题的措施：（一）精简节约。由于精简人员困难较大，所以不用减员而用减薪的办法。（二）在新解放的乡村抓紧征粮，新解放的城市抓紧收税。（三）发行公债。（四）中财委从全国各地调集物资，首先保证上海需要的粮食、棉花、煤炭，稳住上海，恢复生产。[18]会议后，各地迅速落实实施，东北、华中等地的粮食源源不断地运往上海。

上海财经会议除解决上海问题外，还有一个重要任务，就是探讨解决全国经济问题的办法。陈云作为党的高级领导人，总是善于从全局和战略高度看问题。他在会上强调："我们面临的财政经济困难是胜利中的困难，解决这一困难必须从全局出发。我们不但要注意克服目前的困难，而且要从全国范围来考虑财经问题的解决。否则，就要影响到国计民生。"[19]严格地说，统一全国财政经济的工作是从1950年3月开始的。但事实上，陈云进关后不久，在稳定物价的过程中，即对这个问题予以了高度重视。上海财经会议上，陈云提出了统一支出，首先统一货币发行。他认为，中央既已确定人民币为各解放区的本位币，就必须由中央集中统一发行。各地所需要的货币量，一律由中央决定。他在会上还提出对重要物资进行统一调拨，这对当时稳定全国物价是极为重要的。要统一支出，就必须统一收入。陈云提出了实行财政、税收、公粮、贸易及各主要经济部门管理的基本统一。在一封以他和薄一波的名义发给中南、西南、西北等大区财委的电报中，陈云还分析了统一的理由："（甲）支出方面。五六百万主力部队与大行政区直属部队是必须按月由中央（通过大行政区）开支的，其开支到今天为止主要靠货币发行。（乙）收入方面。公粮、税收均在县、市、省的手里，收的多寡迟早，中央无法确实掌握。而公粮变卖及现金税收，又恰恰是今后按月季回笼货币的主要手段。（丙）关内币制已统一，汇兑、交通已畅通，一遇金融、物价风潮，必然牵动全国，除东北外无一地区能自保。"[20]

1950年3月，陈云为政务院起草了《关于统一全国财政经济工作的决定》。陈云又为《人民日报》起草了《为什么要统一财政经济工作》的社论，对人们存在的一些疑问进行了解释。曾经四分五裂的中国，在不到几个月的时间内，就实现了财政经济的统一。这些工作，为建立新中国的经济制度，为此后稳定物价、统一财经、恢复国民经济奠定了重要基础。对此，毛泽东给予了很高的评价。薄一波曾回忆："到一九五〇年四月，全国经济状况开始好转，出现收支接近平衡、市场物价趋向稳定的可喜现象。记得有一次我向毛主席汇报工作时，说道陈云同志主持中财委工作很得力，凡看准了的事情总是很有勇气去干的。毛主席听后说，哦，过去我倒还没有看出来。我又重复讲了一遍。毛主席听了，没有说话，他顺手拿起笔来，在一块纸上写了一个'能'字。我问道，你写的这个'能'字是否指诸葛亮在《前出师表》里叙述刘备夸奖向宠的用语：'将军向宠，性行淑均，晓畅军事，试用于昔日，先帝称之曰能。'毛主席点了点头。后来，毛主席还说过，平抑物价、统一财经，其意义不下于'淮海战役'。"[21]

四、十一届三中全会前后卓越的历史功绩

党的十一届三中全会及此前的中央工作会议，结束了粉碎“四人帮”后党和国家工作的徘徊局面，实现了建国以来党的历史上具有深远意义的伟大转折。实际形成了以邓小平同志为核心的党中央第二代领导集体。在这个领导集体中，陈云与邓小平曾是以毛泽东同志为核心的党中央第一代领导集体的成员。正是由于陈云所处的这一特殊地位，以及他的丰富经验与巨大威望，使他在这次会议的会前、会中、会后，为准备确立和确立三中全会路线，以及巩固三中全会路线的确立，都发挥了积极而独特的作用，作出了不可磨灭的贡献。

粉碎“四人帮”后，要使党和国家真正从“文化大革命”造成的困境中摆脱出来，打开一个全新的局面，首先必须拨乱反正，其中最主要的是恢复实事求是的思想路线。因此，陈云认为关键在于要解决两件大事：一是为1976年的天安门事件平反；二是恢复邓小平的职务，使他重新回到党和国家、军队的领导岗位上来。然而，1977年2月7日《人民日报》发表社论，公开亮出“两个凡是”的错误方针。1977年3月，中央工作会议召开。陈云、王震等不顾高压分别发了言。陈云事先写好了发言稿，只讲了这两件大事，但发言后，会议简报组却删去了为天安门事件平反和恢复邓小平工作的内容。陈云坚决表示：要登简报就全文登，搞“摘要”不成。最终这篇发言在压制下未能在简报上刊出。但尽管如此，陈云等人的意见还是不胫而走，产生了强大影响。在舆论的压力和叶剑英、李先念的促进下，会议临近结束时，华国锋不得不表态，说“要在适当时机让邓小平出来工作”。听到这句话，陈云马上在小组会上追加了一句：“适当时机，我赞成。”1977年7月，党的十届三中全会终于恢复了邓小平的中央委员、中央政治局委员和常委、中央副主席、中央军委副主席、国务院副总理、解放军总参谋长的职务。毫无疑问，这是十一届三中全会得以重新确立马克思主义路线的最为重要的前提条件。

十一届三中全会前的中央工作会议于1978年11月10日开幕。这次会议本来并没有诸如重大历史遗留问题、真理标准讨论问题、对中央人事调整问题等触及“两个凡是”方针的问题。但代表们讨论最多、最热烈的恰恰是这些问题，并且都取得了突破性进展。之所以发生这个变化，基本原因是以邓小平为代表的党的正确力量在会前两年时间的准备，而直接原因是陈云在东北组的发

言。他在发言中提出了解决重大历史遗留问题：薄一波等61人所谓叛党集团问题；陶铸、王鹤寿、彭德怀等人的平反及遗留问题，天安门事件的性质问题等。陈云的发言，当即得到东北组代表的赞成，第二天这篇发言在简报上全文刊出，引起会议的强烈反响。华东组、华北组、西南组、西北组、中南组五个组纷纷发言表态支持陈云。陈云的发言扭转了会议方向，以至于北京市委经政治局常委批准，于11月14日作出决定，认为天安门事件完全是革命行动。这一决定公布后，在会内形成了新一轮冲击波，使"两个凡是"的防线进一步崩溃。在这种情况下，中央政治局作出了为天安门事件、"二月逆流"、薄一波等61人案、彭德怀问题、陶铸问题、杨尚昆问题平反，对康生、谢富治问题进行审理等。至此，党的实事求是的思想路线取得了重大的决定性胜利，为统一全党思想、实现工作重心转移发挥了重要作用。

三中全会后，国务院在讨论国民经济年度计划时，感到问题很多，难以确定下来。邓小平建议国务院成立一个财经委员会，请陈云任主任，主持全国财经工作。中央政治局常委会通过了这个提议。在五届人大二次会议上，时任中央政治局常委、中央副主席、中央纪律检查委员会第一书记的陈云当选为国务院副总理，再次出掌全国的经济工作。陈云根据国情和从按比例发展的要求，明确指出，国民经济比例失调的情况相当严重，要用两三年，最好是三年的时间，对国民经济进行调整。在不久后的中央工作会议上正式确定，用三年时间，对国民经济实行"调整、改革、整顿、提高"的八字方针。落实这一方针，不仅关系到经济的健康方针，也关系到三中全会路线的贯彻和发展。到了1981年底，农轻重的比例基本趋于合理，积累与消费的关系有了很大的改善，财政收支大体做到了平衡，物价也恢复了稳定。事实证明，这次调整为后来的全面改革和经济腾飞创造了十分稳定而宽松的环境。

陈云在确立毛泽东的历史地位，坚持和发展毛泽东思想方面也起了重要作用。1981年6月27日，中共十一届六中全会通过的《关于建国以来党的若干历史问题的决议》(以下简称《历史决议》)，是党的历史上具有深远意义的重要文献。陈云在由邓小平亲自主持进行《历史决议》起草过程中，提出了不少重要思想，他的这些思想，为《历史决议》的最终形成作出了重要贡献。在《历史决议》的起草过程中，陈云先后多次找起草小组负责人谈话，这些谈话是围绕着5个问题来阐发的：第一，起草《历史决议》首先要解决好正确评价毛泽东、确立毛泽东的历史地位，坚持和发展毛泽东思想。第二，建议增加回顾建国以前28年历史的段落。第三，陈云说："毛泽东最伟大的功绩是培养了整整一代人，包括我们在内。"第四，提倡学习马列著作、毛泽东著作，重点是学习哲学，强调实事求是思想路线的重要性。第五，决议要经得住历史检验，论断要合乎实际。决议稿吸收了陈云的上述重要意见。《历史决议》集中了邓小平、陈云乃至全党的智慧，对"文化大革命"以来长期困扰人们的混乱思想进行了清理，澄清了许多重大历史问题的是非，使全党思想达到了高度统一，为继承坚持和发展毛泽东思想，进而为建设有中国特色社会主义理论的确立奠定了重要的思想基础，为邓小平理论的形成和发展开辟了广阔的道路。

我们研究陈云的丰功伟绩，一方面是对老一辈革命家的缅怀和崇敬，另一方面就是要学习他一以贯之的崇高的思想，即不忘初心、牢记使命的高贵品格，指导我们在新时代，要更加紧密地团结在以习近平同志为核心的党中央周围，继承和发扬老一辈革命家的优良传统和作风，紧紧围绕"四个全面"战略布局，万众一心，攻坚克难，坚定不移沿着新时代中国特色社会主义道路前进，为实现"两个一百年"宏伟目标、实现中华民族伟大复兴的中国梦而努力奋斗。

（作者单位：中共驻马店市委）

参考文献：

[1]《陈云年谱》（修订本）上卷，中央文献出版社2015年版，第193页。

[2] 陈云：《我的自传》，手稿，1940年7月10日。

[3][4][8][9][10][11][12][13][14][15]《陈云传》（上），中央文献出版社2005年版，第167页，第167页，第170页，第168页，第192页，第423页，第423—425页，第481—482页，第482—483页，第612—613页。

[5][6][7][16][18][19][21]《陈云人生纪实》，凤凰出版社2011年版，第102页，第102页，第102页，第385页，第383页，第392页，第774—777页。

[17]《陈云年谱》（修订本）中卷，中央文献出版社2015年版，第104页。

[20] 薄一波：《陈云的业绩与风范长存》，《人民日报》，1996年4月10日。

试述陈云晚年的光辉思想及其伟大历史贡献

——重温《当前经济工作的几个问题》

吴志平　王胜华

1988年，作为中共第一代、第二代中央领导集体中重要成员和中共党内最著名的经济"操盘手"的陈云敏锐认识到中央一线领导在价格改革等方面急于求成连出错拳，深感隐忧，他在多个不同场合态度鲜明地反复强调了他在1980年12月党的中央工作会议上就曾提出的观点："我看现在还是国家补贴、低工资的办法好。不补贴，大涨价，大加工资，经济上会乱套。"并在同姚依林、李鹏等先后谈话中再三提醒，但是他的意见没有被采纳，导致严重的通货膨胀和社会秩序不稳定。据中共十三届中央委员、原国家计委副主任房维中回忆："赵紫阳在十三届三中全会的讲话稿中加了一句：'看来，我们还是见事迟了，抓得晚了。'"[1]历史已经过去30年，我们重温1988年陈云与中央多位负责人谈话，回顾和梳理陈云关于重视粮食生产、注重经济平衡、生产不能过分透支、维护中央权威、提高生活水平与兼顾建设、合理使用外债、加强和依靠党的领导等方面的论述，从中领悟陈云晚年的光辉思想及其伟大历史贡献，有着重大的现实意义。

一、"粮食问题始终是一个大问题"，必须高度重视粮食问题，信守"无农不稳、无粮则乱"方针

陈云历来十分重视"三农"问题，对正确解决"三农"问题进行了不懈的探索，形成了他独具特色的"无农不稳、无粮则乱"的农业发展思想。第一，农业是国民经济的基础，粮食是农业的基础，发展农业生产关键是解决粮食问题。第二，农业生产中必须尽可能地发挥市场的作用。第三，解决农业问题必须运

用价格机制。第四，保护农民切身利益是确保农业增产的重要措施。第五，农业和环境资源要协调发展。尤为重要的是陈云清醒认识到当时国家粮食问题和农民问题，多次强调农业问题是全国人民的吃饭穿衣问题。经济不摆在有吃有穿的基础上，建设和发展是不稳固的，必然还要回头补课。扩大农副土产品的购销，不仅是农村问题，也是目前活跃中国经济的关键。城市的繁荣是农村经济转动的结果。而农业问题，首先是粮食问题。粮食是稳定市场最重要的物资。这是我国一大经济问题，也是一大政治问题。粮食定，天下定；粮食紧，市场紧。陈云一再告诫我们，我国"真正的问题是农民问题"，"农业问题是全国的大事"，"对于这样关系全国六亿多人民的大事，关系整个社会主义建设的大事，是不能不关心的"，"先把农民这一头安稳下来"，"摆稳这一头，就是摆稳了大多数，七亿多人口稳定了，天下就大定了"。[2]因此，现代化建设必须坚持"一要吃饭，二要建设"的原则，必须坚持以农轻重为序，把农业放在第一位。"工业不能挤农业，城市不能挤农村，而要让农业，让农村"，任何时候"不能让农民喘不过气来"[3]。"现在有些农民对种粮食不感兴趣，这个问题要注意。"他要求党内要注意粮食问题："发展乡镇企业是必要的。问题是'无工不富'的声音大大超过了'无农不稳'。十亿人口吃饭穿衣，是我国一大经济问题，也是一大政治问题。'无粮则乱'，这件事不能小看就是了。"[4]

二、"无论是农业生产，还是工业生产，都相当普遍地存在着一种掠夺式的使用资源的倾向，应当引起重视"

大家现在都感觉是我们环境出了问题，我们的生态出了问题，食物也不安全。早在 20 世纪 80 年代，陈云对中国粮食安全问题就有过人的清醒认识。1980 年代末，粮食生产存在不少问题；一是耕地数量逐渐减少，影响粮食安全。耕地是发展粮食生产的基本条件之一。近年来由于农业产业结构调整，非农建设占用耕地，耕地开垦后备资源有限，导致耕地数量不断减少。为了提高农民经济收入，很多农民将耕地改种经济作物，挖塘养鱼，发展畜禽养殖。农民的收入得到了提高，但是严重减少粮食生产面积，保护耕地和粮食安全生产、农民增收之间成为新的矛盾，同时非农建设占用耕地的进度逐年加大，土地供需矛盾日益突出。二是使用化肥、农药越来越严重。化学合成肥料形成依赖后，农业就放弃了依靠本土资源的做法，不再养育各种生物以保持土地肥沃，致使土壤有机质严重透支。陈云针对当时国家粮食生产及供需矛盾严重情况，特别告诫一线中央领导人要注意粮食安全问题，无论是农业生产，还是工业生产，都相当普遍地存在着一种掠夺式的使用资源的倾向，应当引起重视。

三、"中央的政治权威，要有中央的经济权威作基础"

经济基础决定上层建筑的性质。有什么样的经济基础，或早或晚就会有什么样的上层建筑。在经济活动中，中央应该集中必须集中的权力。

陈云认为，我们国家是在过去遗留下来的落后贫困的基础上进行现代化建设，必须坚持集中统一，维护中央的权威。在这个前提下，调整中央与地方的关系，防止过分集中和过分分散这两种倾向。新中国成立初期，统一全国财经工作，治理恶性通货膨胀，实行有计划的经济建设，都要求集中。但是，集中不能过分，必须考虑到我国人多、地大、各地情况不一样这个事实。集中统一和因地制宜，这两方面都要兼顾。

改革开放初期，针对不少地方都想开口子搞经济特区，外贸竞相降价，盲目地重复建设，过多修建楼堂馆所，特别是中央财政出现较多赤字等情况，他指出：现在是"四十四路诸侯，千百万藩王"，太分散了。这种局面只能是"皆大小欢喜"、既小又暂时。调动各方面的积极性，搞活经济是对的，但权力太分散就乱了，搞活也难。在我们这样一个人口众多、各地情况又千差万别的大国里，搞建设、谋发展，怎样处理好中央与地方的关系，调动好中央与地方两个积极性，是一个经常遇到的问题。在中央与地方的关系中，涉及的几个主要关系就是集中与分散、集中统一与因地制宜、中央权威与地方分权的问题。在处理这些关系时，都应按照统筹兼顾的原则办理，也就是要按照唯物辩证法办事。中央与地方构成了一个上下结合的国家统一体，中央是这个统一体的主要方面，是起主导和决定性作用的，因此，分散要服从集中的要求，因地制宜要促进集中统一，地方分权要维护中央权威。而陈云关于这个问题的论述，反复阐明的就是这些原则要求。他再三提醒："中央的政治权威，要有中央的经济权威作基础。没有中央的经济权威，中央的政治权威是不巩固的。"[5]同时，他对非生产性建设、特别是楼堂馆所建设搞得太多，不顾实际盲目跑到北戴河去盖楼堂馆所的现象进行了严厉批评。

四、“永远不打赤字财政”“最基本的是财政平衡”

在国民经济恢复时期，新中国面临财政经济的严重困难，基于此，陈云把财政、信贷、物资的平衡看作是克服各种困难的关键，并于1950年在《关于统一国家财政经济工作的决定》中，提出全国财政经济工作必须统一以及系列相关措施。不久，陈云发表了《建设规模要和国力相适应》的重要讲话，提出了实现国民经济的综合平衡需要着重解决两个问题，即建设规模要和国力相适应、国民经济的比例关系。在陈云的综合平衡理论体系中，“三大平衡”是实现国内经济平衡的基本条件，即实现了“三大平衡”，就有可能实现或基本实现国民经济的一系列平衡关系。

1987—1988年是一个经济扩张的阶段，物价指数在前一期经济扩张的拉动下，持续走高，上升到了改革开放以来的第一个历史高点。以1985年的物价指数为基点，1986年的物价指数上涨6.0%，1987年的物价指数上涨13.7%，1988年的物价指数上涨34.8%。[6]此次通货膨胀的主要原因依然是政府为了满足社会固定资产的投资增长要求和解决企业的资金短缺问题，从1986年开始加大政府财政支出，不断扩大政府财政赤字，特别是1988年实行财政的“包干”体制以后，社会的需求进一步猛增。与此同时，为了解决政府赤字问题，货币连年超经济发行，到1988年第四季度，市场中的货币流通量为2 134亿元，比上年同期上涨46.7%。[7]由于货币的超量发行，市场货币的流通量剧增，引发了物价的猛烈上涨，货币贬值。同年5月政府宣布物价补贴由暗补转为明补，6月份政府一再表示要下决心克服价格改革的障碍，7月份政府尝试着开放了名牌烟酒的价格。这一系列措施加剧了居民的不确定性心理预期，引发了1988年8月中旬的抢购风潮和挤兑银行存款的现象。1988年第四季度末的零售总额比上年同期上涨20.3%，8月份银行存款减少了26亿元，官方宣布的通货膨胀率达到18.5%，导致了1988年银行为了防止挤兑大幅度提高存款利率，8年期的存款保值补贴利率高达24%，几乎超过了任何产业能够产生的利润。银行提高了存款利率却没有同时提高贷款利率，因为那时候财政和银行还不分家，于是1988年造成了将近500亿元的赤字直接进入财政，就造成了1988年年底、1989年年初，财政公布的赤字高达500亿元[8]。由于财政受不了，政府要求银行大幅提高贷款利率，但接着就是流通企业受不了。全国陷入三角债，导致了生产全面停滞！

这就是发生在20世纪80年代末的滞胀形态的大危机，随之而来的是任何大危机都会有的风波。为了整顿严重的通货膨胀，中央对经济实行全面的“治理整顿”，其措施之严厉堪称改革开放以来之最。

之前，陈云在多种场合提出，要有计划按比例发展。然而当时中央主持工作的领导没有采纳，导致出现严重经济危机。所以，这次与中央主要负责人的谈话，陈云又再三告诫要扭转混乱的经济局面，首先要靠财政平衡、特别是中央财政平衡。要控制票子发行规模，票子发行的权力要高度集中。

五、“在历史上起过作用的办法，现在不应该全部照搬，但也不能一概否定”

陈云十分重视总结和运用历史经验，在主持全国财经工作时经常把国内外经济建设的历史经验、教训作为制定政策的依据。

他强调，总结历史经验首先要端正指导思想，指导思想错了，不可能总结出真正的经验。他认为，要重视别人的经验，更要重视自己的经验；要重视成功的经验，更要重视失败的经验。在历史上起过作用的办法，现在不应该全部照搬，但也不能一概否定，在改革中，不能丢掉有计划按比例发展经济这一条，否则整个国民经济就会乱套。他认为，从长期来看，国民经济还是要有计划按比例地稳步前进，这样做，才是最快的速度。否则，造成种种紧张和失控，难免出现反复，结果反而会慢，欲速则不达。国民经济按比例发展，就是一个重要的经济规律。如果不按比例发展，各个产业之间、经济种类之间的协调与平衡就会被打乱，就会造成经济的困局与危机，哪里还谈得上加快经济的发展呢？

为此，陈云联系历史来说，三年恢复国民经济，赶上蒋介石22年。有计划地开展社会主义建设以来，中间虽有曲折，但发展也不算太慢。而美国的发展，“从华盛顿时代算起，到现在近二百年”。[9]

六、“提高人民生活水平，要掌握一定的幅度，要兼顾建设，量力而行，不能过高、过快”

在如何处理国家建设规模和人民生活需要的关系问题上，陈云历来反对两种错误倾向：一种是片面强调高积累，重建设、轻消费；另一种是片面强调高消费，重生活、轻建设。他认为，经济建设和人民生活必须兼顾，必须平衡。在相当长的一段时间内，这种平衡大体上是个比较紧张的平衡。建设也宽裕，民生也宽裕，比较困难。搞建设，增加就业，一部分农村人口转入城市，就要多吃、多穿、多用，社会购买力就要提高，商品供应就会紧张。所谓紧张的平衡，就是常常有些东西不够。因而，在安排好人民生活的基础上进行建设，兼顾人民生活和经济建设，是陈云一个十分重要的经济思想。

改革开放以后，随着生产力的发展，要求提高人民生活水平的呼声很高。陈云认为，人民生活水平需要改善，也可以改善，但改善的幅度要很好研究。搞经济建设的最后目的，是为了改善人民的生活。但是，像我们这样一个经济落后而正在进行建设的国家，人民生活水平只能在生产发展的基础上逐步提高。如果只顾加快建设，一味提高积累，而不顾人民的生活保障，就会挫伤人民的积极性，失去人民的支持，即便经济建设一时搞上去了也要垮下来；同样，只顾改善人民生活，搞高消费、铺张浪费，人民的生活和国家的发展都会失去源泉和基础而没有希望。他强调，现在我国还是低工资、高就业、加补贴的办法好。这是保障社会安定的一项基本国策。粮食的收购价高，销售价低，国家要补贴。从微观经济看，这是不合理的，似乎是不按经济规律办事。但我国是低工资制，如果国家不补贴，大涨价，就必须大大提高工资，经济上也会乱套。即使是发达的资本主义国家，对某些产品也是实行补贴的。当然，通过改善经营管理，提高经济效益，可以逐步减少一些不合理的补贴。总之，片面强调高积累或高消费，都不符合中国的发展实际，都行不通，最终都要出大问题。

七、“对储蓄搞保值是必要的”“外债可以借，但要尽量少借，要从实际出发”“要用得好，还得起”

20 世纪 70 年代初，中美关系解冻，打破了西方长期以来对我国实行的禁运封锁政策，许多西方国家都希望和中国做买卖。再加上那时候布雷顿森林条约解体，美元和黄金脱钩，国际金融市场出现了游资，可以向发展中国家贷款、投资。同时，发达国家正在进行经济结构调整，把耗能高、污染多的产业向发展中国家转移。国内由于“四人帮”已被粉碎，从国外进口设备、吸引资金的禁忌没有了，可以放心大胆地向国外借款、引进设备。这种情况也是促使中央和各地一些头脑发热的原因，他们认为只要国内制造不了的设备就可以进口，只要外汇不够就可以借外债。

同时，当时中央主要负责人和其他一线领导人在价格改革上急于求成，试图高价格闯关。1988 年新春伊始，各种涨价的小道消息便在坊间流传，各种商品的价格也在悄悄地陆续上扬，民众的心理就开始发生波动。3 月份，国家即将对一些主要农副产品零售价格进行调整的消息传出，部分地区的民众（主要是一些大城市）出于对涨价的担忧，开始抢购商品，从而刮起 1988 年的第一波抢购狂潮。国营商场的肉、蛋、糖等副食品在很短的时间内就被抢购一空。上海在数日之内，商场里的食盐、食油、肥皂等日用消费品即告售罄。就连火柴也不例外。5 月份，国家决定放开四种主要副食品的零售价格，果然证实了此前坊间的流言，民众的神经再次被触动，抢购之风又起。与第一次抢购风潮不同的是，这一次绝大部分商品的价格都随着抢购风而直线飙升。四种主要副食品之外的各种商品也大都乘机涨价，政府的红头文件完全失去了效力。7 月 28 日，国家决定对 13 种名烟名酒放开市场价格。当天起，全国各大城市就出现了抢购名烟名酒的风潮。北京、上海、天津的商店在开门的几个小时内，库存的烟酒就被抢购一空。8 月初，有小道消息盛传，从 9 月 1 日起，各种商品将全面涨价。抢购风潮又起。8 月 19 日清晨，中央人民广播电台播发"价格闯关"的消息。当天就出现抢购狂潮。这一次抢购风潮波及面非常广，抢购风不仅发生在大城市，而且迅速席卷全国中小城市和部分乡村地区。

突如其来的全国性抢购风潮，加上脱笼而出的通货膨胀之虎，使整个社会的经济秩序陷入一片混乱之中。严峻的形势不仅引起了国际国内的普遍关注，也导致了广大民众的严重不安，影响社会的安定和广大民众对改革的信心。如何应对这一复杂而又危险的局面，成为摆在中央决策层面前的头等大事。作为第一代领导人中负责经济工作的陈云，对此忧心忡忡，他同姚依林、李鹏等谈话，对物价连涨五年表示非常担忧和怀疑，反复告诫每年物价上涨百分之十，办不到；作为国家宏观决策的领导人，脑子里要有数字；理顺价格短期内难以办到，物价上涨后，不拿工资的农民怎么办？为此，在与中央主要负责人谈话中他再次强调从根本上采取稳定市场物价措施。

陈云并不是不赞成借外债，而是在经济重大比例关系没有理顺的情况下，主张借外债要考虑国内资金的配套能力和外债的还款能力，量力而行，必须考虑到还款能力和国内的配套能力。陈云对中央主要领导人说:“外债可以借,但要尽量少借,要从实际出发,用得好,还得起。”[10]

八、“目前财政经济遇到一些困难,在克服这些困难的过程中,必须加强和依靠党的领导,特别是党中央的核心领导作用。”

陈云一直强调,像我们这样一个人口众多的大国,要稳定,要建设,离不开党的领导。这是中国的历史、中国的国情所决定的。而一个党要想把国家领导好,离不开中央的权威。这不仅是政治上的需要,也是经济建设的需要。我们知道,搞好经济,需要宏观控制。那么,谁代表宏观呢?当然是最高领导机关。在一个国家,处在宏观位置上的,能够用宏观的眼光来看各种问题的,也只有党中央和国务院。如果中央没有权威,各个省都按照自己的想法去做,令行禁不止,这个国家的经济怎么可能搞得好呢?1988 年出现财政经济遇到一些困难和严重通货膨胀,陈云认为必须加强和依靠党的领导,特别是党中央的核心领导才能很好解决。这是陈云的谆谆告诫,也可以说是陈云的政治遗言。

这些年的事实证明,维护党中央的权威是我们国家政治稳定、经济稳定,以及在这种稳定前提下进行现代化建设必不可少的最重要的条件。有了党中央的权威,才可能集中力量办大事,才可能维护好社会的稳定。

习近平总书记在十九大报告提出“不忘初心,牢记使命”,今天,我们重温陈云这些论述,对于坚持习近平新时代中国特色社会主义思想,构建中国特色现代化经济体系,自觉维护习近平总书记党中央的核心、全党的核心地位,维护党中央权威和集中统一领导,全面建成小康社会、建设社会主义现代化国家,具有深远而重大的现实意义。

(作者单位:中共株洲市委党史办、中共株洲市天元区委党史办)

参考文献:

[1] 杨明伟:《晚年陈云》,现代出版社 2015 年版,第 218 页。

[2][3][4][5][10]《陈云文选》第 3 卷,人民出版社 1995 年版,第 236 页,第 236 页,第 349、350 页,第 366 页,第 367 页。

[6][7]《1988年国民经济和社会发展统计公报》，1989年2月28日。

[8] 温铁军：中国的三次经济危机都转嫁到了农村，《东方经济评论》，2017年9月27日。

[9]《改革开放三十年重要文献选编》，中央文献出版社2008年版，第510页。

陈云与朱德对中共第一代领导集体形成和发展的历史贡献

杜　娟

中国共产党在领导中国伟大革命实践中形成了以毛泽东同志为核心的党的第一代中央领导集体，陈云和朱德是这个集体中的两位重要成员。他们于20世纪30年代在苏区相识，在此后长期的中国革命和建设过程中，二人各尽其责、各显其才，不仅为中国新民主主义革命和社会主义建设事业奉献了毕生精力，建立了不朽功勋，同时也为中共第一代领导集体的形成、发展、成熟和巩固发挥了积极作用。

一、苏区相识，共同推动党的第一代领导集体的初步形成

20世纪30年代初，陈云与朱德在江西中央苏区相识。1931年1月，朱德任中央革命军事委员会副主席、中国工农红军总司令，11月中华苏维埃共和国临时中央政府成立，任中华苏维埃共和国中央临时政府执行委员会委员、军事人民委员、中央革命军事委员会主席。1933年1月13日，中央机关迁往中央苏区，成立新的中央领导机构，推选博古为总负责人。1934年在中共六届五中全会上，陈云被选为中央政治局委员、常委，兼任白区工作部部长。长征途中，朱德担任中国工农红军总司令，在前线负责具体作战指挥，陈云则担任过第五军团中央代表、军委纵队政委、渡河司令部政委等职，负责后卫掩护工作。遵义会议上，二人共同为确立毛泽东的领导地位，实现第一次历史性转折作出了重要贡献。

1934年10月，为了摆脱国民党军队的“围剿”，中央主力红军被迫实行战略大转移，开始长征。长征出发前夕，为了加强部队的政治工作，中共中央同

中革军委决定派陈云担任红军第五军团的中央代表。由于陈云对部队情况不熟悉，过去从没有在部队中任过职，也没有作战经验，受任前，作为中革军委主席、红军总司令的朱德不仅在中革军委驻地梅坑当面向他交待了任务，还特意向他介绍了红五军团的情况。此次见面，朱德给陈云留下了深刻的印象，后来他在文章中这样描述道："一望而知为武人，年将50，身衣灰布军装"，"人亦和气，且言谈间毫无傲慢"。听完朱德的介绍后，陈云才了解到：原来红五军团的前身是宁都起义过来的原国民革命军第二十六路军，是冯玉祥的西北军旧部，能打硬仗，是一支英勇善战的部队。同时他也感到担子很重，压力很大，但在这样危急的时刻，又必须挑起这副重担。于是，他向朱德总司令郑重表示，一定同军团其他领导人一起，坚决完成中央交给的后卫掩护任务。[1]1934年10月10日和18日，朱德和陈云先后从江西出发，踏上了举世闻名的二万五千里长征路。

1935年1月9日，中共中央、中革军委率军委纵队进驻遵义城，陈云任遵义警备司令部政治委员。朱德等中央领导人进驻遵义时，遵义城内的百姓，包括孤儿习艺所、学校学生及商民贫民等，不但没有逃跑，反而成群结队举旗欢迎，旗上还高书"欢迎苏维埃政府毛主席、欢迎红军总司令朱德"。正如陈云后来假托被红军俘虏的国民党军医之口，以"廉臣"为化名撰写的《随军西行见闻录》中写到的一样："朱毛两赤军首领竟在欢迎声与爆竹声中进入遵义城，在城门口空场上与欢迎代表一一握手后，即略略与欢迎之民众讲一些话，并表示感谢欢迎，赤军愿为黔民解除痛苦。"[2]后来，他还写道："毛朱非但是人才，而且为不可多得之天才"，足以见他对毛泽东和朱德的敬仰和钦佩之情。《随军西行见闻录》以旁观者的角度，详细、生动地记述了中央红军在由江西出发长征，行至四川天全、芦山期间的传奇经历，后刊载于中国共产党在巴黎主办的《全民月刊》上，尔后又在莫斯科出版单行本，第一次向国内外传播了中国工农红军长征的真实情况。

1935年1月15日至17日，中共中央政治局扩大会议在遵义召开（遵义会议），会议集中全力解决了当时最紧迫的军事问题和组织问题，主要讨论了"在反对五次'围剿'中与西征中军事指挥上的经验与教训"。会上，博古作了关于反对第五次"围剿"的总结报告，报告中他着重强调失败的客观原因，却"没有显著的把我们在军事指挥上的错误，提到这些原因中的应有的高度"[3]，拒不承认在军事指挥上犯了错误。接着，毛泽东作了长篇发言，阐述了中国革命战争的战略战术问题和今后军事上应采取的方针。

同为中共中央政治局委员的朱德和陈云一同出席了遵义会议，并相继在会上发言，二人坚决不同意博古的总结报告，坚决拥护和支持毛泽东在全党的领导地位。向来温和宽厚的朱德在这次发言中言辞激烈，严正批判了“左倾冒险主义”的错误，他尖锐地指出：“有什么本钱就打什么仗，没有本钱打什么洋仗”，“如果继续这样的领导，我们就不能再跟着走下去。”[4]而陈云对之前博古在军事指挥上犯的错误也很了解，在会上他态度坚决，积极赞成改变军事和党的领导。张闻天回忆说：陈云“是反对‘左’倾机会主义路线，拥护毛主席的正确路线的”。在2015年纪念陈云同志诞辰110周年座谈会和2016年纪念朱德同志诞辰130周年座谈会上，习近平总书记指出：“在遵义会议上，他（陈云）坚定支持毛泽东同志的正确主张，支持会议确立以毛泽东同志为代表的正确领导”，“在遵义会议上，朱德同志坚决支持毛泽东同志的正确主张，为确立毛泽东同志在红军和党中央的领导地位作出了重要贡献”，充分肯定了二人在遵义会议上所发挥的作用。会议最后决定：“毛泽东同志选为常委”，“取消三人团，仍由最高军事首长朱周为军事指挥者，而恩来同志是党内委托的对于指挥军事上下最后决心的负责者。”[5]

这次会议，结束了“左”倾错误在全党的统治地位，确立了以毛泽东同志为核心的新的党中央的正确领导，在最危急的关头，挽救了党，挽救了红军，为胜利完成长征奠定了基础，成为党的历史上一个生死攸关的转折点，标志着中国共产党在政治上走向成熟。对于这一伟大的历史转折，陈云和朱德都颇有感触。会后，陈云撰写了《遵义政治局扩大会议传达提纲》，向红军传达遵义会议情况；10月15日，在共产国际执行委员会书记处会议上汇报时，他说：“我们撤换了‘靠铅笔指挥的战略家’，推选毛泽东同志担任领导……我们党能够而且善于灵活、正确地领导国内战争。像毛泽东、朱德等军事领导人已经成熟起来。”[6]这个报告后来被整理成文，题为《英勇的西征》，署名“施平”，发表在共产国际主办的《共产国际》（中文版）第一、二期合刊上，成为在世界革命阵营内最早宣传红军长征和中共与红军领袖毛泽东、朱德等的珍贵文献。而在26年后，朱德在缅怀这一历史转折时，也不禁动情地写道：“群龙得首自腾翔，路线精通走一行；左右偏差能纠正，天空无限任飞扬。”[7]

朱德和陈云共同推动了新的党中央的初步形成。“在历史上，遵义会议以前，我们党没有形成过一个成熟的党中央。”遵义会议后，我们党的领导集体开始逐步形成。“从毛刘周朱开始，中国共产党才真正形成了一个稳定的成熟的领导集体。以前的领导都是很不稳定的，也很不成熟的。”[8]

二、同心安邦，共同成为第一代中央领导集体的重要成员

从形成和发展的历史轨迹来看，中共第一代中央领导集体与中国革命和建设是紧密联系在一起的。一般学术界认为，从1935年的遵义会议到延安整风运动为初步形成时期，延安整风到中共七大为正式形成阶段，中共七大到中共八大为进一步完善巩固时期，直到1976年朱德、毛泽东和周恩来等中央领导人相继逝世，才正式宣告退出历史舞台。由此可见，从1935年到1976年，中共第一代中央领导集体在党的历史上共存在了41年之久。

在中共第一代领导集体形成和发展过程中，朱德和陈云在党内的领导才能和政治智慧日益凸显，逐渐成长为党的第一代中央领导集体的重要成员。朱德从1935年开始，就一直是中共中央第一代领导集体的主要成员，陈云于1930年六届三中全会进入党的中央领导层，当选为中央候补委员，一直到1987年退出中央领导层，担任中央委员57年，中央政治局委员近50年。从二人的人生经历和贡献来看，相对而言，朱德在军事上的成就无人能及，被称为“中国军人的伟大导师”；陈云则更擅长于经济工作，被誉为党内的经济专家。二人虽然侧重领域不同，职能分工不同，但他们都长期担任党中央的领导工作，参与领导中国革命和建设各项事业的发展，在党的重心工作面前，同心协力，互相支持。无论是革命战争时期，还是和平建设时期，他们都坚定地拥护毛泽东的正确领导，积极推动第一代中央领导集体的萌芽、形成、发展、成熟甚至交接工作，为新民主主义革命和社会主义建设事业建立了不朽功勋。

毛泽东在回忆民主革命时期党的历史时曾说：“中国党在历史上有两个重要会议。一次是1935年遵义会议，一次是1938年的六中全会。”“六中全会是决定中国之命运的”。遵义会议以后，在以毛泽东同志为核心的党的第一代中央领导集体的正确领导下，全党在总结大革命时期、土地革命战争时期经验教训的基础上，结合当时的时代背景，不断学习进步，逐渐走向成熟。1938年10月，中国抗日战争开始进入战略相持阶段。为了总结抗战以来的经验教训，确定党在抗战新阶段的基本方针和任务，解决党内一度出现的右倾错误，适应抗

战形势的重大变化，中共中央于1938年9月16日至11月6日在延安召开扩大的六届六中全会。朱德和陈云作为主席团成员，参加了会议并分别就各方面和各地区工作情况作了发言。在全会上，朱德作了关于华北战场的报告；陈云作了青年工作报告；毛泽东代表中央政治局作了题为《论新阶段》的政治报告和会议结论。最后他们围绕毛泽东的报告，对争取党对抗日战争的领导权问题，统一战线中的独立自主问题，党在抗日阶段的工作重点和军事战略方针问题，党的组织建设和思想建设问题，进行了充分的讨论。他们完全赞同毛泽东对15个月来抗战经验的总结和对当前抗战形势的科学分析，强调健全党的民主集中制和巩固党的团结统一，并要求全党必须努力学习马克思列宁主义理论，通过了《中共扩大的六中全会政治决议案》，批准了以毛泽东为代表的中央政治局的正确路线，进一步确定了毛泽东在全党的领导地位，从政治上、思想上、组织上保证了党中央正确路线的贯彻执行，统一了全党的认识和步调，推动了各项工作的迅速发展。

为了争取抗日战争的最后胜利，1945年4月23日，中共七大在延安杨家岭中央大礼堂开幕。朱德和陈云参加了这个中共第一代中央领导集体正式形成的标志性会议。从1944年5月21日中央政治局会议通过召开中共七大的各项议案开始，陈云作为七大筹备委员会成员，出席了历时近一年的六届七中全会的历次全体会议，参与了中共七大的筹备工作。朱德在中共七大上作题为《论解放区战场》的军事报告，系统总结了党领导武装斗争特别是抗日战争的经验，详细阐述了人民战争的基本特点。6月10日，朱德和陈云在中共七大上当选为中共中央政治局委员，会议还选出了由毛泽东、朱德、刘少奇、周恩来、任弼时五位书记组成的最高领导集体和决策团体，这标志着中国共产党第一代中央领导集体的正式形成。

经过新民主主义革命、社会主义革命和建设长期的考验，中央领导集体日趋完善成熟，地位也更加巩固稳定，并逐步发展成为合理的年龄梯次结构。1950年6月4日，中共中央书记处决定：陈云在任弼时休假期内参加书记处；由毛泽东、朱德、刘少奇、周恩来、陈云组成中共七届三中全会主席团[9]；任弼时去世后，陈云正式递补为中共中央书记处书记。这样，由毛朱刘周陈五人组成的中央领导集体一直延续到了中共八大，中共八大召开前，陈云作为第一召集人，为研究党的八大选举问题和中央机构的组织形式问题做了大量工作，1956年9月，中共八届一中全会选出了以毛泽东为首的新一届中央委员会，推选毛泽东为党中央主席，刘少奇、周恩来、朱德、陈云为副主席，邓小平为总书记，他们六人组成中央政治局常务委员会，第一代领导集体也更加成熟和完善。1958年八届二中全会，又增选林彪为中共中央政治局常委、中共中央副主席。这样，最终形成了由毛泽东、刘少奇、周恩来、朱德、陈云、林彪和邓小平等七人组成的中央领导集体。由此可见，中共第一代中央领导集体的发展变化历程正如邓小平后来所说："在历史上，遵义会议以前，我们党没有形成过一个成熟的党中央……我们党的领导集体，是从遵义会议开始逐步形成的，也就是毛刘周朱和任弼时，弼时同志去世后，又加了陈云同志，到了党的八大，成立了由毛刘周朱陈邓六个人组成的常委会，后来又加了一个林彪。这个领导集体一直到'文化大革命'。"[10]

此后，朱德和陈云作为中共第一代领导集体的正式成员，长期在党和国家的重要岗位上担任领导职务，共同参与党中央一系列重大决策的制定和实施，多次在党和人民事业发展的关键时刻、在党和国家的重大决策中发挥重要作用，共同推动了第一代中央领导集体的完善与巩固。习近平在庆祝中国共产党成立95周年大会上指出："我们深切怀念为中国革命、建设、改革，为中国共产党建立、巩固、发展作出重大贡献的毛泽东、周恩来、刘少奇、朱德、邓小平、陈云等老一辈无产阶级革命家……他们为祖国和民族建立的丰功伟绩永垂史册！"[11]

三、积极宣传，共同维护党的第一代中央领导集体的核心权威

马克思指出，每一个社会时代都需要有自己的伟大人物，如果没有这样的人物，它就要创造出这样的人物来。列宁也说："无产阶级的无条件的集中制和极严格的纪律，是战胜资产阶级的条件之一"，没有极高威望的党的领袖，"无产阶级的意志统一，就只能是一句空话"。因此，"任何一个领导集体都要有一个核心，没有核心的领导是靠不住的。"

中国共产党的领导核心，历来是奋斗实践的产物。陈云曾说："核心领导在实践中经过考验，才能建立起来。"在中国革命和建设的长期过程中，形成了以毛泽东同志为核心的第一代党中央领导集体，总结党的历史经验，没有毛泽东这个领导核心，中国革命就不可能取得伟大成功。因此，维护党的第一代中央领导集体的核心权威，就是维护和服从毛泽东的核心权威。朱德和陈云作为中

共第一代领导集体的重要成员，在中国革命和建设的每一个重大历史关头，不仅坚定拥护毛泽东同志在中央领导集体中的核心地位，维护党中央权威，同党和人民同心同德，还进一步对毛泽东的核心权威和领导地位进行了深入阐述、宣传和维护。

首先，他们都曾明确承认毛泽东的核心领导地位，认为毛泽东在党和人民中的威望，是通过长期的革命斗争实践建立起来的，是全党和全国人民审慎选择的结果。1942 年 7 月 1 日，朱德在纪念党的 21 周年时指出：经过长期革命斗争的锻炼，我们党已经有了自己的最英明的领袖毛泽东同志。他真正精通马列主义的理论，并且善于把这种理论用来指导中国革命步步走向胜利。[12]同年 12 月，在中共中央西北局举行的高级干部会议上的讲话时他进一步明确表示：我们党在 20 多年奋斗中已经产生了自己的领袖，这就是毛泽东同志，这是在历史过程中锻炼出来的，不但在中国，而且世界上都承认他是中国共产党的领袖。[13]1942 年陈云在中共中央在延安杨家岭举行的新年团拜会上也明确指出：中国共产党成立已 20 多年，经历了各种严峻的考验，有成功，有失败。现在看来，最大的成绩，就是我们党培养出了一个领袖，我们选择了这个领袖，就是毛泽东同志。[14]因此，他们真心诚意的拥护党的领袖毛泽东，承认毛泽东在中共第一代领导集体中的核心地位。

其次，他们在宣传毛泽东的历史贡献时，注重将其与中国革命和建设紧密结合起来，认为新中国在社会主义革命方面和社会主义建设方面获得的辉煌成就，都是同中国共产党和毛泽东的领导分不开的。解放战争时期，朱德在全国土地会议上指出："大革命失败后，在毛泽东同志领导下，我们党创建了红军，建立了工农民主政权和革命根据地，深入开展土地革命，从此中国革命走上了正确的轨道。"[15]因此，党的团结是党领导革命走向胜利的基本保证。过去，就是由于有了以毛泽东同志为首的党中央的统一领导和全党的团结一致，并依靠全党的团结，领导和团结着全国人民，才有可能克服我国革命进程中的种种艰难险阻，战胜了国内国外的敌人，完成新民主主义革命，建立了中华人民共和国。[16]

新中国成立后，帝国主义和国民党反动派对我们实行轰炸封锁，扩大灾荒的宣传，并预言说，以毛泽东同志为核心的党的第一代中央领导集体虽然可以带领中国人民取得解放战争的胜利，但是却没有能力带领人民克服财政经济的困难。在这种情况下，朱德和陈云积极维护中共领导核心权威。1950 年 5 月 6

日，朱德在《加强党的纪律检查工作》中说："在我党28年来奋斗的过程中，在毛泽东同志的领导下，曾经纠正了若干较为重大的错误，因而克服了种种困难，保证了党的正确路线的执行，保证了党的政策和决议的顺利实施，使中国革命取得了今天的有重大历史意义的胜利。""如果没有毛泽东同志的正确领导，如果没有毛泽东思想的指导而不断地纠正了各方面的缺点和错误，就不能使党和人民革命事业得到如此迅速而巨大的发展，则胜利的获得也同样地是很难想象的。"[17]陈云也针对中央人民政府成立之后一年以来的情况，对帝国主义和国民党反动派的言语进行了反驳，他说："完全与他们的妄想相反，在毛泽东同志的英明领导下，依靠了全国各民主阶层、民主党派、人民团体、全体人民的支持，适时地决定了正确的政策，在短时期内克服了重重困难，扭转了严重的财政经济的局势。"[18]

除此之外，他们还十分注重宣传毛泽东的思想和著作。1957年，朱德在北京市各界人民庆祝中国人民解放军建军三十周年大会上讲话指出："毛泽东同志在这个时期（指井冈山时期）所写的《中国的红色政权为什么能够存在？》《井冈山的斗争》和《关于纠正党内的错误思想》等文件，就是红军第四军在井冈山地区和赣南、闽西地区的斗争经验的总结。在这些文件中，毛泽东同志把马克思列宁主义的普遍真理创造性地应用到中国革命的具体实践中来，提出了中国共产党的正确的政治路线和军事路线。从此，把中国革命推进到一个新的历史时期，创立了崭新的局面，奠定了革命胜利的基础。"[19]1981年3月，陈云在《对起草〈关于建国以来党的若干历史问题的决议〉的几点意见》中也说："这一时期（指抗日战争时期）毛泽东同志写了许多重要的著作，例如《中国革命战争的战略问题》《实践论》《矛盾论》《抗日游击战争的战略问题》《论持久战》《中国共产党在民族战争中的地位》《战争和战略问题》《新民主主义论》等。我们党里头没有第二个人写出这样好的著作。这是了不起的功绩……毛泽东同志的一整套理论和政策，是总结了陈独秀、李立三、王明的错误教训得出来的，对中国革命的胜利起了决定性的作用。"[20]

即使在改革开放后，陈云依然顾全大局，特别强调要维护党中央的权威，坚持用辩证的观点看待和评价领袖人物。他说："毛泽东同志为我们党、国家和人民建立的不朽功绩是第一位的，他的错误是第二位的；正确地评价毛泽东同志的历史功过、确立毛泽东思想的历史地位，关系到党和国家未来的发展道路。""毛泽东同志在党内的威望，是通过长期的革命斗争实践建立起来的。即使毛泽东同志犯错误的时候，许多老干部被整得那么厉害，可是大家仍然相信他，忘不了他的功绩，原因就在这里。老一代人拥护毛泽东同志是真心诚意的。”[21]

总之，形成、确认、维护、服从党的领导核心，是我们党的优良传统和宝贵经验，是我们推进伟大事业、实现伟大目标的政治优势和力量保障。“如果没有中央的权威，就办不成大事，社会也无法稳定”。在新的历史形势下，党的十八届六中全会上，明确习近平总书记的核心地位，正式提出“以习近平同志为核心的党中央”，一个强大的国家背后要有一个强大的政权，一个强大的政权背后要有一个强大的政党，一个强大的政党必须有一个坚强的领导核心。这是百年中国的启示。[22]

（作者单位：陈云纪念馆）

参考文献：

[1][5][14]《陈云传》(上)，中央文献出版社2005年版，第156—157页，第167页，第332页。

[2]《陈云年谱》(修订本)上卷，中央文献出版社2015年版，第172页。

[3]《陈云文选》第1卷，人民出版社1995年版，第36、37页。

[4] 伍修权：《生死攸关的历史转折——回忆遵义会议的前前后后》，《星火燎原》，1982年第1期。

[6] 陈云：《在共产国际执行委员会书记处会议上关于红军长征和遵义会议情况的报告(1935年10月15日)》，《党的文献》，2001年第4期。

[7]《朱德诗词选》，人民文学出版社1977年版，第168页。

[8][10]《邓小平文选》第3卷，人民出版社1993年版，第298页，第309页。

[9]《陈云年谱》(修订本)中卷，中央文献出版社2015年版，第77页。

[11] 习近平：《在庆祝中国共产党成立95周年大会上的讲话》，《人民日版》，2016年7月2日第2版。

[12]《朱德年谱》中卷，中央文献出版社2006年版，第1105页。

[13]《朱德传》(修订本)，中央文献出版社2006年版，第635页。

[15][16][17][19]《朱德选集》，人民出版社1983年版，第203页，第

326—327 页，第 279、283—284 页，第 357 页。

［18］《陈云文集》第 2 卷，中央文献出版社 2005 年版，第 171 页。

［20］［21］《陈云文选》第 3 卷，人民出版社 1995 年版，第 284、285 页，第 285 页。

［22］刘汉俊：《明确领导核心是党自信与坚定的标志》，《学习时报》，2016 年 11 月 2 日。

思 想 理 论 篇

陈云“综合平衡”方针的再认识

——以“大跃进”、调整期间的经验教训为例

董志凯

理念是行动先导。改革开放以来，从以经济建设为中心、发展是硬道理，到发展是党执政兴国的第一要务；从坚持科学发展、全面协调可持续发展，到坚持“五位一体”总体布局。中国的发展进程也是思路升级、理念更新的过程。

在社会主义市场机制下，我国经济发展的调控机制从综合平衡转向宏观调控；但在发展理念上，综合平衡仍是不可或缺的重要方面。其重要佐证体现在2015年10月，党的十八届五中全会审议通过了《中共中央关于制定国民经济和社会发展第十三个五年规划的建议》中。“十三五”规划《建议》中提出了“五大发展”理念：创新、协调、绿色、开放、共享。其中协调是发展的内在要求，是“制胜要诀”，也是保持经济社会可持续发展的基本前提。协调的目标是补齐经济社会中的短板，解决发展不平衡问题，使事物发展过程出现的复杂矛盾达到相对平衡的状态。这与陈云提出的综合平衡方针一脉相承；而且宏观调控和综合平衡无一例外都强调平衡、取中、不走极端，存在高度一致性。[1]在这样的大背景下，重温陈云综合平衡思想对于深入认识新的发展理念，建设中国特色的社会主义政治经济学具有重要的价值。

一、综合平衡思想的理论渊源

（一）社会总资本再生产中的平衡思想

综合平衡理论来源于社会总资本的再生产。在经济思想史上，英国经济学家配第最早只是偶尔涉猎过从整个社会考察总生产的问题。在配第之后，爱尔兰经济学家坎蒂隆分析过社会总产品再生产和流通问题，他的分析是法国经济

学家魁奈“经济表”的思想来源。魁奈“经济表”是古典经济学家对社会资本再生产和流通进行系统分析的一次重要尝试。英国经济学家斯密、李嘉图、拉姆赛在这个重要经济理论方面也闪烁过一些思想火花，但在总的方面都没有超过魁奈。[2]马克思在经济思想史上第一次制定了社会总资本再生产和流通的科学理论，即经济增长理论。马克思创立社会总资本再生产和流通理论经历了20多年的漫长历史过程。他在1881年写成的《资本论》第二卷第八稿中，明确提出并详细阐述了社会资本扩大再生产和流通的实现过程和实现条件。主要包括：社会资本简单再生产的实现条件或平衡条件，社会资本扩大再生产的实现条件或平衡条件，社会资本再生产的实现条件或平衡条件在无政府状态下会转变成再生产过程失常的条件。马克思的社会资本再生产和流通理论，是经济思想史上最早的经济增长理论，是科学的经济增长理论。[3]

陈云的综合平衡理论源于马克思。马克思关于社会资本再生产和流通平衡条件的理论，马克思关于未来社会有可能按照客观比例通过计划对生产进行社会调节的理论，是陈云综合平衡理论的思想渊源。对此，陈云本人曾经说：“计划工作的规则：有计划按比例。这一思想来之于马克思。”[4]他又说：“在社会主义革命还没有在一个国家胜利以前，马克思就设想过社会主义经济将是有计划按比例发展的，这个理论是完全正确的。”[5]陈云把马克思的理论与中国社会主义经济建设的具体实践相结合，创造性地提出了综合平衡理论。

（二）经济建设方针要听综合部门的意见

“有计划、按比例”来自马克思，苏联的计划经济在国家范围内对此有了首次尝试，陈云则在此基础上提出了综合平衡思想。这是从中国的经济实践中摸索出来的。

1955年，针对各区域、各部门的不同要求和取向，在全国计划会议的总结中，国家计委主任李富春说：根据新的情况，必须全国平衡，统筹安排，增产节约，重点建设。各种计划要建筑在全国平衡上，对各种经济，各个地区都要统筹兼顾。今后三年各种经济均应有所发展，各个地区均应有所发展。增产地方首先要增农业生产，其次根据供产销平衡工业增产。特别强调把艰苦奋斗传统贯彻到建设中去。近年在朴素、节约方面做得很差，财务成本管理不好，生产基建浪费严重。房屋建筑标准过高，必须节约。基建投资至少要减10%，经营管理改善目的是为不断增产节约，提高劳动生产率，提高产量、质量，降低成本，过去忽视财务成本管理，要做劳动调配计划，增减数额，报告中央，统一调配。互相调配不够，才能向外招收新工人。地方工业、公私合营、劳改企业挖掘资金潜在力量，精打细算，利用各项资金，吸收社会游资。贯彻重点建设，首先是重工业和国防。也就是说，计划与比例均要从全国出发，要听各个综合部门的意见。

1956 年 5 月，财政部长李先念致信薄一波、李富春并报周恩来、陈云，提出财政、信贷、物资要综合平衡的意见。1957 年 1 月，陈云在听取各方面意见、总结经验的基础上，在中共中央召开的省、市、自治区党委书记会议开幕会上作财政经济问题的报告，指出：基本建设规模和财力物力的平衡，不单要看当年，而且要前后衔接，避免陡升陡降。所谓财力物力，是指投资、机器和原材料、消费物资、外汇。强调要重视研究国民经济的比例关系，合理的比例关系必须从我国的经济现状和过去的经验中去寻找，绝不能只依靠书本，生搬硬套。在陈云报告中间，毛泽东多次插话。当讲到在物资分配和材料分配哪方面第一、哪方面第二，要搞出一个界限来时，他说："现在，陈云同志搞出了一个界限。他说是先满足轻工业、农业最低限的需要，第二才满足基本建设。没有这一条就没有个界限。"当讲到第一个五年计划是以工业、交通为主，轻工业、农业"行有余力，则以学文"时，他又说："现在要采用你（指陈云——编写者注）讲的第二种方法，是先搞轻工业、农业，行有余力再搞重工业"。[6]陈云的这篇报告就是后来收入《陈云文选》，题为《建设规模要和国力相适应》的著名文章。此后经济理论工作者和经济工作者常说的综合平衡的"三大平衡"和"四大平衡"，都出于其中。"四大平衡"比"三大平衡"多了"外汇平衡"。

1962 年 3 月，陈云在中央财经小组会议讲话中还详细地论述了综合平衡的问题。他说："所谓综合平衡，就是按比例，按比例就平衡了。按短线搞综合平衡，才能有真正的平衡。过去几年，基本上是按长线搞平衡，这样，最大的教训是不能平衡。搞经济不讲综合平衡，就寸步难移。"在陈云讲话时，周恩来还有一段插话，他说：可以写一副对联，上联是"先抓吃穿用"，下联是"实现农轻重"，横批是"综合平衡"。生动地概括了综合平衡的目的和方法。

至此，综合平衡被提到了空前的高度，也得到了空前的重视。

二、陈云综合平衡思想在实践中丰富发展

陈云综合平衡思想在第一个五年计划实施后期就曾多次提及，但其内容丰

富的有机构成则是在“大跃进”及之后的调整中，汲取了丰富的经验与教训之后，在比较、反复中逐步形成的。

（一）积极平衡、消极平衡与综合平衡

1958年2月28日《人民日报》发表社论《打破旧的平衡，建立新的平衡》，其中指出“不断地提高落后的指标和定额，使它适应于先进的指标，向先进的定额看齐，这是积极的平衡”，“总是企图压低先进的指标和定额，使它迁就落后的指标，向落后的定额看齐，这是消极的平衡”。所谓积极平衡就是要从“长边”产品和要素出发进行平衡，突破资源和要素的限制，实现超越国力的高速发展。“采取积极的态度解决不平衡，不断地提高落后的指标和定额，使它适应于先进的指标”，[7]只有这样，才能使国民经济得到“跃进”式的发展。据此，批评综合平衡是消极的平衡，主张用“积极平衡”取代“综合平衡”形成了风气。

在此风气的引导下，为了在“大跃进”运动中完成跃进指标，首先要修改1956年中共“八大”会议上通过的关于第二个五年计划建议的指标，出现了计划的第二本账。

1. 计划可以有两本账吗？

我国从2006年实施的“十一五”开始，五年计划改称五年规划，计划与规划均属于中长期计划，目的在于明了中长期的发展战略与目标。在1956年召开的中共“八大”通过的关于第二个五年计划的建议中已经对第二个五年计划的主要指标作出规定。“大跃进”中提出第二本账、第三本账就是要突破已经规定的指标。

（1）两本账的提出

“大跃进”中的大规模放权并不意味着放弃计划管理，相反，为了加速国民经济的超常规发展，实行了新的计划管理方式。1958年1月召开的中共中央南宁会议前后制定的《工作方法60条（草案）》第九条规定：“生产计划三本账。中央两本账，一本是必成的计划，这一本公布；第二本是期成的计划，这一本不公布。地方也有两本账。地方的第一本就是中央的第二本，这在地方是必成的；第二本在地方是期成的。评比以中央的第二本账为标准。”通过制定三本账，中央一方面可以对生产进行计划管理，另一方面又可以不断提高生产指标，以指标“大跃进”来促进生产“大跃进”。

这种办法的主观愿望是想通过不断提高生产指标给地方造成压力，使各地区在互相的竞争中实现“大跃进”所谓的“积极平衡”。事实上，中央如此做，使得地方层层效仿，如法炮制，都搞起自己的两本账。因此同一个指标，从中央到基层一路下来，已经远远不是两本账，而是多本账了。直接结果就是通过指标的从上往下下达和从下往上汇总，使其被层层加码，直接导致了浮夸、高指标和统计数字的失效。

（2）“两本账”政策的终结

“大跃进”运动导致的经济问题越来越明显地暴露出来。在惨痛的教训面前，1960年7月5日至8月10日，中共中央在北戴河召开工作会议。会议研究了国内经济调整问题。决定以后国民经济计划不再搞两本账，只搞一本账，不搞计划外的东西，不留缺口。

1960年12月31日，财政部向中共中央提出了《关于改进财政体制加强财政管理的报告》。报告指出：“在财政管理和财政体制方面，相当突出地存在着财政纪律松弛，财政管理偏松、资金使用分散和财权分散等现象。”为改变现状，国家财政预算，从中央到地方实行上下一本账，坚持“全国一盘棋”。坚持收支平衡，略有结余，一律不准打赤字预算。凡是未经国家计划部门批准，未纳入国家计划的，不得增加基本建设投资。对各地区、各部门和单位的预算外资金，采取“纳、减、管”的办法进行整顿，加强财政监督，严格财政纪律。凡是没有计划、没有预算和超过规定标准的开支，财政部门一律不予拨款。应当上交国家的收入，必须按时地足额地上交，不得拖欠、扣留或者占用。[8]

至此，通过“两本账”的办法刺激“积极平衡”、批判“消极平衡”的认识与作法，在政策上被否定和制止，“综合平衡”赢得一席之地，为扭转“大跃进”错误造成的困难局面发挥了作用。

2. 建设的规模与速度要不要控制

在“一五”建设后期，陈云就提出了“建设规模要与国力相适应”的著名论断，并且预见到：建设的规模超过国家财力物力的可能，就是冒了，就会出现经济混乱；两者合适，经济就稳定。当然，如果保守了，妨碍了建设应有的速度也不好。纠正保守比纠正冒进要容易些。因为物资多了，增加建设是比较容易的；而财力物力不够，把建设规模搞大了，要压缩下来就不那么容易，还会造成严重浪费。

但是正确的论断在实践中并没有被采纳。在“大跃进”中，指标一再加码，各地竞相扩大建设规模，提高建设速度。在轰轰烈烈的群众运动中，建筑质量问题严重。1959 年 1 月 1 日，陈云致信毛泽东：目前基本建设工程质量很坏，事故很多。总的情况是只图数量，不顾质量；只讲“多快省”，不讲“好”；片面地不适当地强调节约，把不该破除的规章制度也破除了；只注重搞群众运动这一面，放松了业务和技术管理制度这一面；任务很大很急，新工人和设备与之不相适应。在 1 月 6 日列席中共中央书记处会议时，他就基本建设工程管理和工程质量问题讲话，强调基本建设宁可停工待料也不能马虎。[9]再次提出了基本建设规模与速度要控制。在“大跃进”的背景下，“上马容易下马难”。1959 年反右倾后，控制规模与速度更加不可行。直到 1960 年国民经济出现严重困难，苏联撤回全部专家加剧了困难的程度。

这时陈云决心对建设规模与速度进行“伤筋动骨”的调整与控制。他于 1962 年 3 月 7 日、8 日，在中共中央财经小组会议上指出：为了农业、市场，其他的方面‘牺牲’一点，是完全必要的。今年的计划，特别是材料的分配，要先把农业、市场这一头定下来，然后再看有多少材料搞工业。工业也要首先照顾维修、配套，维持简单再生产。满足了当年生产方面的需要，再搞基本建设。有多大余力，就搞多少基本建设。今年如此，今后也要如此，使人民的生活一年一年好起来。要准备对今年年度计划中重工业、基本建设的指标“伤筋动骨”，再不能犹豫了。综合平衡必须从现在开始，开步走就要搞综合平衡。所谓综合平衡就是按比例，按比例就平衡了。按比例是客观规律，搞经济不讲综合平衡就寸步难移。[10]

在极度的困难面前，宁可伤筋动骨，也要综合平衡。这是陈云在调整中的重要思想，明确了处理综合平衡中最棘手的民生与基本建设投资的矛盾。实践证明，这是通过调整渡过困难时期的关键一环。

3. 如何对待地方的积极性？

1957 年以后，随着批判“反冒进”的升级和急于求成思想的发展，曾经以积极平衡理论利用了地方发展经济的积极性，希望由此寻找到一条比苏联更好的道路，更快地实现中国的工业化。这使中央与地方关系出现了中华人民共和国历史上罕见的剧烈起伏和波动。

盲目的跃进需要盲目的放权，盲目的放权又助长了盲目的跃进。地方权力加强后，中央协调不了全面，各自在跃进的旗号下，按照中央的要求和地方的利益，努力建立地方各自的工业体系。到 1958 年冬，经济运行出现了空前混乱，1960年，银行信贷资金达954.4亿元，比1957年增加2.35倍。

残酷的现实使人们的头脑冷静了一些，1959年6月毛泽东指出，“大跃进”的重要教训是没有搞综合平衡，是权力下放太多，强调要搞好国民经济各部的平衡，要适当收回下放的权力。于是中央逐步开始上收地方政府对企业的管理权。这是由所谓“积极平衡”走向“综合平衡”又一个关键环节。

（二）长线平衡、短线平衡与综合平衡

平衡还有一个按长线平衡还是按短线平衡的问题。陈云于1962年3月在调整中指出：“按短线搞综合平衡，才能有真正的综合平衡。所谓按短线平衡，就是当年能够生产的东西，加上动用必要的库存，再加上切实可靠的进口，使供求相适应”。过去几年基本上是按长线搞平衡，这样做的最大教训就是不能平衡。结果，建设项目长期拖延，工厂半成品大量积压。“总之，计划指标必须可靠，而且必须留有余地。只要综合平衡了，指标低一点，也不怕。”这比不切实际的高指标要好得多。“我们应该从现在开始，争取在一定的时间内，使工业产品品种齐全，质量良好，技术先进，适应需要。有了这样一个基础，再前进就比较快了。”[11]

陈云的这一思想与西方经济学中的“木桶理论”颇有异曲同工之处，对于经济可持续发展，具有重要的指导意义。

1. *以人力资本、群众运动为基点的长线平衡*

中国是世界上人口最多的国家，劳动力丰富；革命历史上有长期发动群众、开展群众运动的丰富经验，人力资本与群众运动当时可谓是经济运行诸多因素中的长线。比较而言，工业化所必需的物资、设备、技术、资金等则是短线；在相当长的时期、特别是“大跃进”后的经济困难中，粮食、食品等民生必需品是短线。

早在新中国建立初期，中财委统管财政经济。陈云着重注意三个方面：一是资本主义工商业改造；二是基本建设投资，三是劳动力。他说：对于同国力不相适应的部分，我当时的办法就是“砍”，砍到国家财力、物力特别是农业生产能承担的程度才定下来；如果物资不够，就不准增加人。基本建设和劳动力这两条管住了，计划大体也就管住了。[12]这是当时按短线平衡的典型做法，实践证明是合理的。

1956年陈云指出：财经部门把工资看得不如投资重要，这是思想错误，工

资应该放到一定地位。过去害怕购买力大了物资供应困难，实际情况不如想的严重。今年加得猛一点，把物价津贴放在工资中去。要在部门内平衡，并在地区平衡，加的时候必须好好研究。[13]“大跃进”后的调整时期，如前所述，陈云更加直接地明确指出：按短线搞综合平衡，才能有真正的综合平衡。对于机械工业的发展，制造短线设备，不只要算投资，还要算材料，特别是算关键材料。现在提的意见还不够，没有谈到搞机电，“百货公司”品种不全、周转供应不足的问题，也没有谈到后备材料偏紧的问题。看来生产和基建计划还要缩小，有多少材料干多少事。问题不在于生产数字高低，而在于能否调整好生产秩序。自行设计、采用全新结构的只是个别产品，大量的还是先采用别人的资料。从仿造到创造要一步一步来，按规律搞。[14]

在当时物资严重紧缺的困难环境下，陈云按短线平衡的做法平衡了了市场供求，稳定了社会经济形势。

2. 以农业为短线再平衡

1961年1月14日至18日，中共中央在北京举行了中共八届九中全会。全会听取和讨论了李富春作的《关于1960年国民经济计划执行情况和1961年国民经济计划主要指标的报告》。会议一改以往优先发展重工业的“重、轻、农”次序，要求在编制国民经济计划工作中，要按照农、轻、重的次序安排经济，即先安排农业，再安排工业；先安排好轻工业，再安排重工业；在安排重工业时，又必须先安排好与农业生产直接有关的农业机械、农具、化肥、农药等行业，再安排其他行业。在市场商品供应问题上，要求各有关部门迅速采取措施，帮助轻工业、城乡手工业、家庭副业和郊区农业的发展，增加各种日用品和副食品的生产；同时改进商业工作，活跃农村市场，以便逐步改善商品供应状况。

这是在经济困难、民生危难、市场困乏的背景下按短线平衡的典型案例。

城乡发展不平衡、区域发展不平衡、经济社会发展不平衡是一个长期普遍的现象。历史的教训表明，把握经济新方位，必须谋划经济社会的协调发展，增强发展的平衡性，不让今天的“短板”变成明天的“陷阱”。

3. 不能“单打一”

在“大跃进”中，为了保住钢铁指标，曾经提出搞“一马当先”(即工业上钢铁一马当先)、“四保”(即保钢、保煤、保粮、保棉)。陈云不同意这种“单打一”的做法。1961年9月1日，在中共中央工作会议期间召开的中央局第一书记汇报会上他指出，这只能在特定条件下搞一下。综合平衡与单打一不一样，单打一会打断经济上相互间的联系。他建议《关于当前工业问题的指示》把综合平衡问题单写一条，并指出：综合平衡与抓重点没有矛盾，有计划按比例本身也是有重点的，苏联和我国的第一个五年计划都以重工业为重点。改善农业现状需要许多年，工业支援农业不能着急。国家计委的工作过去主要是搞基本建设，现在工业基础大了，今后要转到搞生产中的综合平衡为主。对生产能力的估计要清醒，不能过分。比如计算铁的生产能力，要以能调拨的数量为准。中国贫矿数量大，要洗选、要烧结，这些现在都跟不上。毛泽东插话说："讲得好，请陈云为'工业指示'写一条综合平衡。"

这是对综合平衡中要以短线为标的的进一步认识。

（三）"大进大出"与外贸外汇的综合平衡

1956 年 5 月，陈云提出"建设规模要和国力相适应"的著名论断并发表同名文章。此后经济理论工作者和经济工作者常说的综合平衡的"三大平衡"和"四大平衡"都出于其中。所谓"四大平衡"，就是在反复强调的财政、信贷、物资平衡之外，又加了外汇平衡。

外汇平衡在国民经济恢复时期与"一五"时期都认真贯彻实施，并基本实现。但在"大跃进"的背景下，1958 年 2 月外贸部门在"对外贸易工作二十四条"中提出了"大进大出"的口号，导致进出口领域经营秩序混乱，造成经济上的损失和政治上的不良后果。在调整中，外贸管理强调集中统一，加强综合平衡。在安排外贸计划中，坚持"以出定进，以进养出，进出平衡"的原则，[15]使对外贸易走上正常发展的轨道。

三、新常态下综合平衡思想与协调发展的关联

2014 年 5 月，习近平在考察河南的行程中，第一次提及"新常态"，意味着中国经济进入与前二十余年高速度发展的不同形态。综合平衡曾经是计划经济的指导方针，在新的形势下成为宏观调控的目标之一，并在五大发展理念中以"协调"为发展理念提了出来。

我国经济发展城乡、区域之间发展不平衡，经济建设和国防建设发展不平衡，物质文明和精神文明发展不平衡，都是长期存在的普遍现象，都要通过协调理念采取多种调控方式，使事物及其矛盾达到一种相对平衡的状态。其中的

“三去一补”——“去产能、去库存、去杠杆”以及“降成本”“补短板”，与当年陈云从大局出发，实施“综合平衡”的方针比较，既有对计划手段的变革，也有对经济调整的扬弃及一脉相承。

譬如，2016年底召开的中央经济工作会议指出：稳是主基调，稳是大局，在稳的前提下要在关键领域有所进取，在把握好度的前提下奋发有为。实施积极财政政策，要在把握稳与进的平衡中提高政策实施效果。

又如供给侧结构改革要“虚实平衡”。中央经济工作会议提出，供给侧结构性改革的主攻方向是提高供给质量，着力提升整个供给体系质量。实体经济是供给体系的主体内容，提高实体经济供给质量，无疑是供给侧结构性改革的重中之重，不但有利于扭转我国经济中的“实虚失衡”问题，而且事关能否跨越“中等收入陷阱”。当前，我国经济步入工业化后期并呈现出明显经济服务化趋势，2013年我国服务业占比超越工业成为第一大产业，2015年第三产业占比超过50%，经济“去实体化”的内在结构演进风险在不断加大。再加之中国实体企业面临着发达国家的高端挤压和新兴经济体低端挤出的国际环境，实体企业面临着巨大的下行压力。保证实体经济这一根基，成为“十三五”时期综合平衡、稳步发展的重大任务。[16]

再如，农村土地“三权分置”要平衡效率与公平。土地经营权的放活及经营预期的长期稳定体现“效率”要求，维护农民集体收益分配权则是社会“公平”的需要，推进农村土地“三权分置”，要在具体操作上设计出一套合理地平衡农民集体收益分配权与经营关系长期稳定的可行性方案，切实维护农民利益。[17]

城乡、地区发展不平衡、不协调造成的恶果之一，便是群体性突发事件和国家维持社会稳定费用的不断增多：20世纪90年代，我国的群体性突发事件年均1万起：近年来上升到年均10万起。为此，2012年国家公共安全支出达7 200多亿元，比军费开支还要多500多亿。把“协调”列入五大发展理念，就是要使上述这种不协调、不平衡的发展转向协调发展。

在新的形势下，重温陈云反复强调的“综合平衡”，体味其中的经验教训，仍然能够给予我们新的启示。

（作者单位：中国社会科学院经济研究所）

参考文献：

［1］《94 岁经济学家刘国光警告：社科院一些重要研究领域甚至有见底的危险！》,《中国社会科学报》2017 年 4 月 12 日。

［2］吴易风:《陈云的综合平衡理论及其现实意义》,《马克思主义研究》2005 年第 3 期。

［3］吴易风:《陈云的综合平衡理论及其实践意义》，载《陈云百年纪念——全国陈云生平和思想研讨会论文集》上，中央文献出版社 2006 年版，第 444 页。

［4］［5］《陈云文选》第 3 卷，人民出版社 1995 年版，第 244 页，第 244 页。

［6］《陈云年谱》(修订本)中卷，中央文献出版社 2015 年版，第 523 页。

［7］《人民日报》1958 年 2 月 28 日。

［8］《当代中国的经济体制改革》，中国社会科学出版社 1984 年 8 月第 1 版，第 101 页。

［9］［10］［11］［12］［14］《陈云年谱》(修订本)下卷，中央文献出版社 2015 年版，第 2 页，第 129 页，第 129 页，第 130 页，第 109 页。

［13］《薛暮桥笔记》1956 年。

［15］《当代中国对外贸易》，当代中国出版社 1992 年版，第 187 页。

［16］黄群慧:《提高供给质量化解“虚实”结构失衡》，中国经济网 2017 年 2 月 13 日。

［17］刘长庚、王玉喜、彭青梅:《稳步推进农村土地“三权分置”》,《中国社会科学报》2017 年 2 月 15 日。

陈云的核心意识与邓小平理论的形成

李正华

在改革开放和社会主义现代化建设新时期，在邓小平理论形成过程中，陈云坚定维护邓小平在中央领导集体中的核心地位，维护党中央权威。陈云的言行，模范地体现了共产党人的核心意识，为邓小平核心地位的确立、为邓小平理论这一马克思主义中国化的重要理论成果的形成发挥了重要的积极作用。

2015年6月12日，习近平总书记在纪念陈云同志诞辰110周年座谈会上的讲话中就指出："在中国特色社会主义发展进程的每一个重大历史关头，陈云同志坚定维护邓小平同志在中央领导集体中的核心地位，维护党中央权威，同党和人民同心同德。"[1]在改革开放和社会主义现代化建设新时期，在邓小平理论的形成过程中，陈云的言行，模范地体现了共产党人的核心意识，陈云的核心意识，为邓小平在中共中央领导集体中核心地位的确立、邓小平理论这一马克思主义中国化的重要理论成果的形成发挥了重要的积极作用。

一

邓小平理论是以邓小平同志为核心的党的第二代中央领导集体，在中国改革开放和现代化建设的实践、开辟建设中国特色社会主义的新道路中创立的。从"文化大革命"结束到1981年6月召开的党的十一届六中全会，是邓小平理论的初步形成时期。这一时期，陈云在三件大事上，为邓小平理论形成作出了重要贡献：一是冲破"两个凡是"的束缚，促成邓小平复出，二是提出党的工作重点转移，三是支持邓小平关于科学确立毛泽东的历史地位、坚持和发展毛泽东思想的主张，实现党的指导思想上的拨乱反正。

陈云和邓小平在1956年中共八大时，分别当选为党中央副主席和总书记。

“文化大革命”中，陈云因“一贯右倾”而被从中央政治局中排除出去。“文化大革命”初期，邓小平则被当成仅次于刘少奇的党内第二号“走资本主义道路的当权派”，被解除一切职务，受到公开批判。1972年虽被重新起用，但1976年又因“刮右倾翻案风”而被再次撤销一切职务。1977年3月，只有中央委员职务的陈云，顶着巨大政治压力，冲破“两个凡是”的禁锢，在中共中央工作会议上挺身而出，提交了要求让只保留着党员身份的邓小平重新参加党中央领导工作的书面发言，促使当时的中央主要领导人华国锋正式表态：“适当时机让邓小平同志出来工作”。1977年7月，邓小平恢复了中共中央副主席、国务院第一副总理、中央军委副主席、解放军总参谋长等被撤销的职务。邓小平的复出，为中共十一届三中全会的召开、改革开放大幕的开启，奠定了重要基础，是邓小平理论形成的基本前提。力主邓小平复出，是陈云政治意识、大局意识的重要体现。

1978年底，在党的十一届三中全会之前的中央工作会议上，陈云率先提出，要把党和国家工作重点转移到社会主义建设上来，必须解决好历史遗留的若干重大问题，主张尽快平反历史上的重大冤假错案。这一重要提议，赢得了绝大多数与会人员的支持和拥护，带动与会人员向“两个凡是”发起了清算，为开好十一届三中全会准备了重要条件。习近平说：“他的发言受到与会同志积极响应，为突破‘两个凡是’的思想禁锢、实现伟大的历史转折起到了重要作用。”[2]在中共十一届三中全会上，陈云重新当选为党中央副主席，大大加强了决策层中改革开放的力量。邓小平后来谈到以他为核心的中共中央第二代领导集体时说：“从我们党的十一届三中全会以后，开始产生了第二代领导集体，包括我在内，还有陈云同志、李先念同志，还有叶帅（即叶剑英——笔者注）。”[3]由于邓小平和陈云的资历、能力与威望，自然成为决策层中发挥作用最大的两个人。

中共十一届三中全会之后，党内和社会上都出现了全盘否定毛泽东的思潮。科学地确立毛泽东的历史地位、实事求是地评价毛泽东的功过是非，成为统一全党思想、开辟新的历史时期最为紧迫的任务。1979年，中共中央决定对建国以来党的若干历史问题进行系统的总结，作出决议，专门成立了决议起草小组。邓小平要求这个决议，一方面要对毛泽东晚年的错误进行实事求是的分析，另一方面要把这一错误与毛泽东思想加以区别，宜粗不宜细，核心是确立毛泽东的历史地位，坚持和发展毛泽东思想。陈云赞成邓小平的主张，他对起草小组的同志说："小平同志提出《决议》宜粗不宜细，我是同意的。要在这个原则下面，是成绩就写成绩，是错误就写错误"。"《决议》要按照小平同志的意见，确立毛泽东同志的历史地位，坚持和发展毛泽东思想。"[4]为了使《决议》能够充分体现邓小平的意图，他还提议在《决议》中增加回顾中华人民共和国建立之前中国共产党28年历史的段落。邓小平十分赞赏这个建议，说陈云的"这个意见很好"，[5]"是一个很重要的意见"。[6]《关于建国以来党的若干历史问题的决议》经过一年多起草和4 000多人讨论，终于在中共十一届六中全会上一致通过。《决议》的通过，标志着党指导思想拨乱反正的完成。

党的十一届三中全会，重新确立了党的马克思主义思想路线、政治路线、组织路线，为实现马克思主义与中国实际相结合的第二次历史性飞跃提供了重要的前提。三中全会以后，邓小平领导全党在拨乱反正中开创中国式的社会主义现代化道路，同时也开始了建设有中国特色社会主义理论的探索。《决议》对中国社会主义现代化建设道路基本内容所作的10个方面的概括，标志邓小平理论初步形成。

二

党的十二大到党的十三大，是邓小平理论的基本轮廓形成时期，这一时期，陈云的核心意识主要体现在他的许多思想成为邓小平理论的重要组成部分。

1982年，邓小平在中共十二大开幕词中第一次提出了"建设有中国特色的社会主义"的崭新命题，使我国新时期改革开放和社会主义现代化建设的指导思想有了自己科学的称谓。十二大以后，邓小平反复强调："我们搞的现代化，是中国式的现代化。我们建设的社会主义，是有中国特色的社会主义。"[7]随着改革开放的向前推进，党对建设有中国特色社会主义的认识不断深化。1987年10月召开的党的十三大，系统地提出了社会主义初级阶段的理论，明确阐述了党在社会主义初级阶段"一个中心、两个基本点"的基本路线，为建设有中国特色社会主义理论体系的形成奠定了重要基础。十三大还从哲学、政治经济学、科学社会主义三个方面对十一届三中全会以来逐步形成的建设有中国特色社会主义理论的主要内容，进行了12个方面的初步概括，从而形成了这一理论的基本轮廓。

在这一时期，陈云坚持从中国的实际出发，提出在社会主义经济中要有意识地发挥和扩大市场调节作用，突破把计划经济与商品经济对立起来的传统观念，提出了有计划的社会主义商品经济的观点，支持探索符合实际、充满活力的社会主义经济新体制。这些思想体现在1984年10月党的十二届三中全会通过的《关于经济体制改革的决定》中，为后来社会主义市场经济理论的形成提供了正确的思路。

陈云提出改革要不断总结经验，脚踏实地向前推进；高度重视改革开放条件下党的思想建设、制度建设和社会主义精神文明建设，主持制定《关于党内政治生活的若干准则》，提出“执政党的党风问题是有关党的生死存亡的问题”的著名论断；倡导干部队伍新老合作和交替，提出要按照革命化、年轻化、知识化、专业化的标准，培养德才兼备的青年干部队伍；突出强调物质文明和精神文明“两个文明”一齐抓的战略方针。这些都成为邓小平理论的重要内容。

三

从党的十三大到党的十五大，是邓小平理论体系形成并正式确定为党的指导思想时期。这一时期，陈云的核心意识主要体现在他坚定地维护以邓小平为核心的党中央权威，明确提出“以邓小平同志为核心的党中央”“改革开放的总设计师”，明确支持以江泽民同志为核心的党中央，强调维护中央权威的重要性，对政治稳定、为邓小平理论正式确立为党的指导思想发挥了关键作用。

中共十三大后，面对错综复杂的国内外形势，邓小平反复强调要坚持党的十三大确定的“一个中心、两个基本点”的战略布局和“三步走”[8]的发展战略，党的基本理论、基本路线和基本政策在经受严峻考验中得到继续发展。1992年春，邓小平视察南方发表重要谈话，对中共十一届三中全会以来特别是十三大以来，围绕改革开放中解放思想和加快发展、实践标准和生产力标准、计划经济和市场经济、物质文明和精神文明，尤其是社会主义本质等一系列问题，进行了深入的思考和新的概括，在改革开放和现代化建设基本指导思想上实现了重大突破，使邓小平理论进一步走向成熟。1992年10月召开的党的十四大，首次使用了“邓小平同志建设有中国特色的社会主义的理论”这一概念，并以邓小平南方谈话为依据，明确提出了建立社会主义市场经济体制，确定了我国经济体制的改革目标。在此基础上，从9个方面对邓小平理论科学体系的主要内容作出了系统概括，高度评价了这一理论对于我国社会主义事业的重大指导作用，这标志着邓小平理论的体系初步形成。

1987 年，当赵紫阳接替胡耀邦担任中共中央总书记后，陈云约他谈话并明确指出：“我们国家，在目前第一位的领导人是小平同志。”[9] 1989 年春夏之交，北京发生政治风波，由于时任中共中央总书记的赵紫阳发出与邓小平、中共中央的不同声音，北京出现了无政府状态。在动乱继续升级、政局面临动荡、党的高层出现分裂的关键时刻，陈云提前结束在外地的休养回到北京，坚决支持邓小平关于不能再让步的讲话，并连续找一些老干部、老将军谈话。1989 年 5 月 26 日，陈云召集中央顾问委员会常务委员会会议，在这次他担任中顾委主任后主持的唯一一次中顾委常委会会上，他坚定地维护以邓小平为核心的党中央权威，旗帜鲜明地表示：“我们作为老同志，现在就是要坚决拥护以邓小平同志为核心的中国共产党，坚决拥护李鹏同志代表中共中央政治局常委会在首都党政军干部大会上的讲话。同时，要主动地多做干部和群众的工作。”[10]并要求新闻单位对外发布消息。北京政治风波平息后，他在党中央关于赵紫阳所犯错误的报告稿上批示：“倡导改革开放的，是以邓小平同志为核心的党中央。”[11]“以邓小平同志为核心的党中央”“改革开放的总设计师”的提法都是这时首先由陈云提出的，这对政治稳定起到了极其重要的作用。

十三届四中全会前后，邓小平多次发表重要谈话，不仅正式提出中共党史上“三代领导核心”的重要论断，而且提出了稳定、成熟、有能力的判断标准。稳定不仅是指中央领导的团结稳定，而且是全党的团结统一。成熟就是指政党的思想理论和方针政策的成熟。有能力则是指政党的组织领导能力，包括政党的建设能力、管理能力和领导水平。1989 年 6 月 16 日，邓小平指出：“在历史上，遵义会议以前，我们的党没有形成过一个成熟的党中央。从陈独秀、瞿秋白、向忠发、李立三到王明，都没有形成过有能力的中央。我们党的领导集体，是从遵义会议开始逐步形成的。”[12]他还指出：“任何一个领导集体都要有一个核心，没有核心的领导是靠不住的。第一代领导集体的核心是毛主席。因为有毛主席作领导核心，‘文化大革命’就没有把共产党打倒。第二代实际上我是核心。因为有这个核心，即使发生了两个领导人的变动，都没有影响我们党的领导，党的领导始终是稳定的。进入第三代的领导集体也必须有一个核心，这一点所有在座的同志都要以高度的自觉性来理解和处理。要有意识地维护一个核心，也就是现在大家同意的江泽民同志。”“要注意树立和维护这个集体和这个集体中的核心。只要有一个好的政治局，特别是有一个好的常委会，只要它是团结的，努力工作的，能够成为榜样的，就是在艰苦创业反对腐败方面成为榜样的，什么乱子出来都挡得住。”“这是最关键的问题。国家的命运、党的命运、人民的命运需要有这样一个领导集体。”[13]“没有核心的领导是靠不住的”，这是邓小平对中国共产党历史的深刻科学的总结。

1994 年，陈云发表谈话，明确支持以江泽民同志为核心的党中央，强调维护中央权威的重要性。他指出：“要维护和加强以江泽民同志为核心的党中央的权威。如果没有中央的权威，就办不成大事，社会也无法稳定。”[14] 1997 年 2 月 19 日邓小平逝世后，以江泽民同志为核心的党的第三代中央领导集体，反复强调要高举邓小平理论的旗帜不动摇。党的十五大作出了“高举邓小平理论伟大旗帜，把建设有中国特色社会主义事业全面推向二十一世纪”的战略决策，明确提出和使用了“邓小平理论”这个更加鲜明简洁的科学概念，进一步阐述了邓小平理论的历史地位和指导意义。强调“在当代中国，只有把马克思主义同当代中国实践和时代特征结合起来的邓小平理论，而没有别的理论能够解决社会主义的前途和命运问题”[15]。

四

邓小平理论是以邓小平同志为核心的党的第二代中央领导集体，在我国改革开放和现代化建设的实践中，开辟建设中国特色社会主义新道路中创立的，是以邓小平为主要代表的中国共产党人，立足中国又面向世界，总结历史又正视现实，着眼当代又放眼未来，把马克思主义基本原理同当代中国的国情和时代特征结合起来，研究新情况、解决新问题，在锲而不舍的理论和实践的探索中形成和发展起来的，是马克思主义中国化的一大理论成果，是中国共产党社会主义建设经验的理论总结。陈云求真唯实的哲学思想、稳健务实的经济思想等，丰富了邓小平理论中的相关内容，他关于社会风气的思考、关于党的建设的一系列主张，成为邓小平理论的重要组成部分。

邓小平理论的精髓是解放思想、实事求是。对实事求是，陈云践行了一生。陈云说：“实事求是，这不是一个普通的作风问题，这是马克思主义唯物主义的根本思想路线问题。”[16]陈云不仅在我们党恢复马克思主义思想路线的过程中发挥了重要作用，而且他的“不唯上、不唯书、只唯实，交换、比较、反复”十五字诀的思想方法和严谨认真的领导风格，具有求真唯实的重要特征，鲜明地体现了党的思想路线的内容和要求。

邓小平理论的核心是发展，从一定意义上说，邓小平理论就是关于中国发展的理论。陈云作为党的第一代和第二代领导集体的重要成员之一，高度关注社会主义的发展问题，他长期主持财经工作，积累了丰富的工作经验。在领导改革开放的伟大实践中，陈云提出社会主义的根本任务是解放和发展生产力、经济发展要稳中求进活而不乱、经济发展要有利于人民、要走共同富裕的道路等一系列重要思想，从根本上把握住了人民的愿望，把握住了社会主义现代化建设的本质，为邓小平发展观的形成提供了直接的思想来源。

陈云致力于党的领导坚强有力和党内团结统一。陈云认为：作为一个人口大国的执政党，“我们党处于全世界举足轻重的地位，是中流砥柱”[17]。这样的党必须要有中央权威，“如果没有中央的权威，就办不成大事，社会也无法稳定”[18]。中央的权威又表现在党的领袖的权威，因此，维护党的领袖的权威十分重要。陈云特别注意维护毛泽东、邓小平等党的领袖人物的崇高地位，维护党中央的政治权威。在政治方向、政治立场、政治言论、政治行为上始终同党中央保持高度一致，坚持党的集中统一领导，坚决维护中央权威，善于从政治上划清是非曲直、善恶美丑，在大是大非面前头脑清醒、旗帜鲜明，在大风大浪面前立场坚定、态度明朗，在关键时刻敢于亮剑、挺身而出，理直气壮地同形形色色违背党的原则、违反党的政治纪律和政治规矩的行为作斗争，同诋毁和损害党的形象、歪曲历史、否定领袖的现象作斗争，永葆共产党人的政治定力。

党的十八大以来，党中央强调的“四个意识”即政治意识、大局意识、核心意识、看齐意识，坚持政治意识、大局意识，最终都要落脚到核心意识、看齐意识，在思想上政治上行动上同中央保持高度一致。陈云的核心意识是他的政治意识、大局意识、看齐意识的重要体现，是他对共产主义的坚定信念、对党赤胆忠心的重要体现，为邓小平理论的形成和确立为党的指导思想作出了重要贡献，有力地推动了中国特色社会主义伟大事业向前发展。

（作者单位：当代中国研究所）

参考文献：

［1］［2］习近平在纪念陈云同志诞辰110周年座谈会上的讲话，2015年6月12日。

［3］《邓小平年谱（1975—1997）》（下），中央文献出版社2004年版，第1295页。

［4］［9］［17］《陈云文选》第3卷，人民出版社1995年版，第283—284页，第360页，第243页。

［5］［6］《邓小平文选》第2卷，人民出版社1994年版，第303页，第306页。

［7］［12］［13］《邓小平文选》第3卷，人民出版社1993年版，第29页，第309页，第310页。

［8］1987年8月29日，中共十三大召开前夕，邓小平在会见意大利共产党领导人时明确阐述了“三步走”战略：我国经济发展分三步走，本世纪走两步，达到温饱和小康，下个世纪用三十到五十年时间再走一步，达到中等发达国家水平。党的十三大明确而系统地阐述了“三步走”的发展战略，即第一步，从1981年到1990年实现国民生产总值比1980年翻一番（1980年工农业的年总产值为7 100亿元），解决人民的温饱问题；第二步，从1991年到20世纪末，使国民生产总值再增长一倍，人民生活达到小康水平；第三步，到21世纪中叶，人均国民生产总值达到中等发达国家水平，人民生活比较富裕，基本实现现代化。

［11］《陈云传》（下），中央文献出版社2005年版，第1800—1803页。

［10］［14］［18］《陈云年谱》（修订本）下卷，中央文献出版社2015年版，第481页，第510页，第510页。

［15］《十五大以来重要文献选编》（上），人民出版社2000年版，第10页。

［16］《陈云文集》第3卷，中央文献出版社2005年版，第441页。

从“统购统销”政策的制定试析陈云经济决策的特点

叶明勇

中华人民共和国成立之初，百业待兴，人民政府出台了许多政治、经济措施，其中不乏涉及全社会变动的重大举措。“统购统销”政策的出台即是其中一个非常典型的例子。“统购统销”政策的制定与“统一全国财经工作”，以及“对资本主义工商业、个体农业、个体手工业的社会主义改造”在当时被称为新中国财经战线上的“三大战役”。[1]其中，“统购统销”政策实行了将近40年，直到1992年底才最终停止。它对新中国整个社会影响之大是毫无疑问的。今天，我们回顾和分析当时陈云在“统购统销”政策这一重大决策的谋划、制定、实施中的作用，不仅具有一定的历史意义，也对我们当前国家制定政策有一定的借鉴作用。

一、事情缘起

中华人民共和国成立后，随着战争的结束，国民经济的恢复，全国各地城镇、工矿区和非粮产区的人口迅速增长，市场对农产品尤其是粮食的需求数量急剧扩大。粮食市场出现大幅波动，呈现某些“危机”的迹象。

据记载，1952年9月开始，河南、江苏、江西等省相继出现抢购粮食的现象，从而引起了粮价波动。1953年春，不少地方因霜灾再次出现了粮价波动。4月中上旬，山东、山西、江苏、河南、安徽等地的小麦遭受霜灾，群众产生恐慌心理，因此引发了抢购粮食之风，私商乘机哄抬粮价，从而导致粮价波动，并波及其他省份。当时，许多省份都出现了私营粮商及粮贩投机、囤积的现象。江苏省杂粮市价高于牌价15%，有的地区高出30%。河南、江西、安徽、山东、山西、河北、陕西等省的粮食市价高出牌价10%—20%。国家在江西、湖南、湖北等产粮区也收购不到所需的粮食，而且所占上市量的比重也由60%—70%下降为10%—30%，江西甚至下降为2.9%。[2]

多年以后，薄一波仍然认为，统购统销政策是当时粮食供求矛盾发展的产物，而由于经济建设规模上升造成的城乡粮食供应迅速扩大、土改后农民粮食消费量的提高，以及自由市场上私营粮商同国家争夺粮源的行为，是导致1953年夏秋之际粮食购销方面出现紧张局势最主要的原因。[3]

当然，促使"统购统销"政策出台的更深层次的原因是国家发展战略的需要：即，农业与工业化发展的矛盾。有些文章认为，"统购统销"政策的出台与国家将要实行工业化的目标相关。国家为了降低工业化成本，国营商业采取农产品低价收购政策，但这显然不能与私营商业的正常收购价格竞争，从而难以完成国家粮食收购计划和保障工业化建设的需要。[4]有人把这次粮食危机直接归因于是由于小农经济和工业化之间的矛盾引起的。[5]林毅夫等人也持类似观点，认为"统购统销"政策的推行是优先发展重工业战略的必然产物。[6]

其实，"统购统销"政策出台的背后还有一个更重要的不可忽视的原因，即，民主集中制下，国家对整个社会进行组织、管理、运行的需要。从当时的情况看，有两个成功的经验值得新中国国家政府借鉴。一是苏联的国家管理体制，苏联成为第一个社会主义国家后，它的工业化建设速度和组织效率曾引起西方资本主义国家的称赞。二是中国共产党自延安时期起，形成了以毛泽东为核心的领导集体，他们具有空前的凝聚力，组织富有活力，办事效率非常高。在抗日战争和解放战争中，毛泽东这一代领导集体已经充分展示了他们决策重大事件的效率，以及集中力量办大事的成果。

而中华人民共和国是一个农业大国，农业必然是国家的重心。这样，由一个短、中、长期三方面原因共同作用，国家对于农业生产和销售的管控势在必行。

二、"统购统销"政策决策的过程

关系到全国政治和经济稳定的粮食市场波动问题，传到中央领导那里后，立即引起了他们高度关注。1953年6月14日，中共中央召开财经会议，与会的粮食组代表集中讨论了粮食的购销形势，大家一致认为："问题很大，办法不多，真有点难以为继。"[7]

显然，停留在泛泛的讨论并不能解决问题。毛泽东要求中财委拿出具体的解决办法。由于主持中财委工作的陈云因病在外地休养，中财委和粮食部在薄一波的主持下，提出了“余粮认购”“合同收购”，以及“保本计息储粮”三种应急办法交给中央领导讨论。7 月下旬，陈云回到北京，便立即将全部精力投入了对这一问题的研究。经过认真思考，陈云认为上述办法不能根本解决问题。当然，陈云推翻这三个应急办法并不是出于主观想象，他对此早有思考。对粮食紧张的局面，陈云早有预料，并且提出实行粮食征购办法，以保证国家掌握必备的粮食。1952 年 1 月，他主持起草并上呈给中央的《一九五二年财经工作的方针和任务》的报告中，在“粮食调拨和征购”问题中提出：“由于今后若干年内我国粮食将不是宽裕的，而且城市人口将逐年增加，政府还须有粮食储备（备荒及必须的对外贸易），因此征购粮食是必要的。只要使人民充分了解征购意义，又能做到价格公平合理，并只购农民余粮中的一部分，则征购是可能的。目前先做准备工作，在 1952 年夏收时，采取合作社动员收购和地方政府下令征购的方式，重点试办，以观成效。如试验成功，即于 1952 年秋后扩大征购面，逐渐在全国实行。”[8]陈云提出这个想法后，在广泛征求在任的各级行政干部的意见时，由于一些地方的干部感到这个问题事关重大，希望从缓推行。因此 1952 年的试点征购粮食的办法没有被执行。[9]结果，随着大规模经济建设的开展，粮食全面紧张局面果然如陈云所料如期来临了。陈云说，“只要粮价一波动，搞粮食投机的人一个晚上就可以增加几十万，如果波动两三个月粮食贩子就可以增加几百万。”[10]这会造成非常严重的局面。他说，由于吃的消费在劳动者收入中所占比重较大，粮价一涨，物价就要全面上涨，物价一涨，工资就要跟着上涨，工资一涨，预算就要超过。这样一来，就会造成人心恐慌，人民政府成立以后老百姓叫好的物价稳定这一条，就有丢掉的危险。因此，应该采取坚决的措施，加以解决。

1953 年 9 月，陈云连续十几天召集中财委有关人员开会，商讨解决问题的办法。大家一共提出了 8 种方案：“只配不征”“只征不配”“原封不动”“临渴掘井”“动员认购”“合同定购”“各行其是”“又征又配”。

陈云对这 8 种方案做了详尽分析。他认为，第一种方案：“只配不征”。城市里只准一个人买多少，不准囤积，也不准拿到乡下去。但农民看到城市配给，就会惜售。国家会买不到粮食。第二种方案：“只征不配”。如果只在农村里征购，在城市里不配给，结果一定会边征边漏。因为在农村里征购，换给农民钞票，农民转身就可以再跑到城里粮食公司把粮食买回去。第三种方案："原封不动"。就是继续采取自由买卖的办法。其结果已看得很清楚，必乱无疑，而且不可收拾。第四种方案："临渴掘井"。这种法子也行不通，因为到买不到粮食的时候，城市的自由供应也就无法继续了。第五种方案："动员认购"。其实是强迫而不命令，效果不会好。第六种方案："合同定购"。关键问题是粮食缺乏，订了预购合同，农民也不一定卖。第七种方案："各行其是"。各个地方自行按本地区情况各搞一套，这样做，如果不妨碍其他地方是可以的。但是各地的方法必定会相互影响。第八种方案："又征又配"。[11]

陈云认为，只有最后一种方案值得选择。农村征购，城市配给，国家手中就能获取可控的粮食储备。但这是一种强制措施，必然会有缺点，甚至会产生各种意想不到的严重后果。城市里的人都要配给，农村里的人都要征购，全国 26 万个乡，每个乡大概有三四个自然村，全国一共有约 100 万个自然村。如果 10 个自然村中有 1 个出毛病，全国就有 10 万个村出毛病。这样就会出现逼死人，被农民打扁担。陈云又从另一个方面考虑，认为如果因为有毛病就不实行这个办法，可能会带来严重后果。不这样做，就需要进口粮食，1 年 300 万吨。国家的外汇，主要是向资本主义国家的出口和向香港出口的青菜、猪鬃、大豆，加上侨汇，总计不过 3 亿美元，大概能买 300 万吨粮食。外汇全买了粮食，就没有钱买建设必需的设备了。建设搞得不好，帝国主义打来了，农民扁担还会打你。

1953 年 10 月 1 日，国庆之夜，在天安门城楼会见厅里，陈云将实行粮食征购和配给的想法向毛泽东、周恩来等中央领导人作了汇报。毛泽东、周恩来等同意陈云的意见。毛泽东让陈云负责起草《关于召开全国粮食紧急会议的通知》，邓小平负责起草决议。10 月 2 日晚 7 时，毛泽东主持召开政治局扩大会议，陈云作报告。大家一致同意实行粮食征购、配给。最后毛泽东发言说，赞成陈云的报告。这也是要打一仗，一面对付出粮的，一面对付吃粮的。不能打无准备之仗。要充分准备，紧急动员。这样做可能出的毛病，第一农民不满，第二市民不满，第三外国舆论不满。问题是看我们的工作。宣传问题，要大张旗鼓，但报纸一字不登。

10 月 10 日，全国粮食会议在北京召开。[12]华东局的谭震林、中南局的李先念、华北局的刘澜涛和刘秀峰、西南局的李井泉、西北局的马明方等都按中央的要求出席会议。陈云在会上作了长篇发言，说明了粮食问题上面临的危急情况和中央的决策。各大区参加会议的领导干部进行了认真的讨论研究。

谭震林首先发言，他根据华东地区会前 10 月 7 日的讨论，并结合陈云在讲话中提出的方针政策，认为征购、配给，势在必行。他说：华东粮食购少销多，紧张局势由北向南发展，最严重的是山东，已过了陇海路，再不采取措施，就要“百万雄师下江南了”。基本原因是农民惜售和私商捣乱。对粮食管理，他赞成由中央统一管理和统一调拨，地方负责征购、保管和代销，做到分级负责。李先念接着介绍了中南地区各省对征购、配给的态度。他说：“最初是两湖拥护，两广犹豫，河南动摇，江西态度不明；以后，河南、江西也拥护，唯两广收购尚好，且系新区，要求缓办半年。但李先念认为，外省征购、配售，必将波及两广粮食市场，故仍以同步进行为宜。最后两广亦赞同。”接着，李先念分析了中南地区当时的粮食形势：湘、豫、赣三省保产，两广和鄂三省增产，全中南区较 1952 年的粮食产量可增加 4.2%，总的形势是好的。但进入新的粮食年度，购少销多的形势仍在发展，粮食紧张。其原因，一是农民生产提高，粮食消费量增加；二是私商囤积；三是中农余粮多，但贮存观望，等待高价。因此，他认为，必须采取行政手段，干预分配，实行征购和配给，以扭转粮食局势。

李井泉代表西南地区，完全拥护中央对粮食采取征购配给的方针。并认为，不准私商自由经营粮食，是杜绝粮食投机的有效措施，他完全赞同中央的意见。

刘澜涛对粮食征购和配给政策的贯彻充满必胜的信心，认为有国家的法令、合理的价格，征购数量有一定的限度，再加上中国共产党全党动手，全力以赴，只要政策执行端正，就既可以得到粮食，又可以得到农民。

内蒙、东北、西北等地的代表也在会上发言，表示完全赞成陈云提出的粮食征购和配给的办法。

这些地方代表根据本地区的具体情况，认真讨论后，达成共识，一致认为实行“征购”和“配给”，是调剂粮食产需矛盾的最佳方案。

陈云了解了各个区域的粮食生产、销售的基本情况，又得到各大区负责人的支持以后，认为对粮食实行征购和配给的办法基本上可以确定下来了。[13]这就是后来影响了中华人民共和国几十年的重大政策——“统购统销”。[14]

三、“统购统销”政策推行过程中的问题及补救措施

陈云对“统购统销”政策推进过程中的问题是有充分预判和了解的。后来

他说，“统购中国家同农民的关系是紧张的，强迫命令、乱批乱斗、逼死人命等现象都有发生过。个别地方还发生了聚众闹事的事件。”[15]当时，这样的事例在各地都程度不等地存在。比如，据山西20个乡的调查统计，1954年比1953年减产12.25%，统购数量却增加41.2%。兴县王家庄把统购数量提高40%，这样，余粮户占全乡户数的94%。有的乡是极力压低留量。如兴县冯乐乡及平顺管洞水乡，口粮竟压至202.5斤。[16]广东省新会县莲溪乡党支部在县委负责人指示下，由乡干部拿着秤挨家挨户称粮食，不卖的就当场绑起。[17]浙江省1954年粮食产量为141亿斤，连征带购共51亿斤，占总产量的38%以上。全省农村人均留粮只有477斤，而每人每年口粮加种子实际需要540斤。由于征购任务重，挤了农民的口粮，农民对统购产生对立情绪，于是强迫命令在各地普遍发生，一些地方还提出了“斗争富裕中农”“拔钉子”等错误口号。[18]

针对全国普遍出现的这些问题。1955年1月，陈云回到家乡——青浦县练塘区的小蒸乡进行实地调查，重点研究了统购统销中的两大问题：一是农村周转粮（调剂粮）的问题；二是农户统购多少、留粮多少、缺粮怎么办的问题。通过这次调查，陈云感到，实施统购统销过程中确实有缺点和漏洞，应该加以补充改进。回到北京后，他向中共中央提出：在农村的统购统销要实行“三定”，即定产、定购、定销；各地政府要根据产量确定统购数字，规定卖粮户留粮标准，力求消灭卖“过头粮”现象。要确定农村统销数字，留出周转粮，从统购统销总数内扣除。连征带购的粮食总数3年不变。[19]

1955年2月，在陈云的筹划和主持下，全国财经会议在北京召开。会议的中心议题是讨论农村情况和粮食统购统销问题。会议认为，导致当前农村形势紧张的原因，主要是1954年国家多购了几十亿斤的粮食，农民群众，尤其是中农对党和政府的统购统销政策不满，感到多增产就多收购，对自己没有好处。此外，有的地方互助合作运动搞得过粗过快，某些措施不尽合理，也是一个原因。这次会议的一个重要成果是，陈云为中共中央、国务院起草了《关于迅速布置粮食购销工作，安定农民生产情绪的紧急指示》。[20]3月3日，中共中央、国务院正式发出这一指示。《紧急指示》在充分肯定粮食统购统销政策的同时，着重指出：“目前农村的情况相当紧张，不少地方，农民大量杀猪、宰牛，不热心积肥，不积极准备春耕，生产情绪不高。应该看到，这种情况是严重的，其中固然有少数富农和其他不良分子的抵抗破坏，但从整个说来，它实质上是农民群众，主要是中农群众对于党和政府在农村中若干措施表示不满的一种警告。”

《紧急指示》认为:“农民不满的主要原因是农民对统购统销工作感到无底;感到增产多少,国家收购多少,对自己没有好处;感到购的数目过大,留的数目太少,不能满足他们的实际需要;对于许多统销物资的供应,城市松,农村紧,也有意见。农民是现实的,如果他们觉得增产没有好处,就不再热心增产。”《紧急指示》强调:“必须进一步采取定产、定购、定销的措施,即在每年的春耕以前,以乡为单位,将全乡的计划产量大体上确定下来,并将国家对于本乡的购销数字向农民宣布,使农民知道自己生产多少,国家收购多少,留用多少,缺粮户供应多少。这样,使农民心中有数,情绪稳定,才有利于缓和农村的紧张情况,才使农民有可能订定自己的生产计划和安排自己的家务,才有利于发展农业生产,才有利于国家有计划地控制粮食的购销。”[21]

这一办法得到了毛泽东和党中央的赞同,1955 年 4 月 28 日,中共中央和国务院发出了《关于加紧整顿粮食统销工作的指示》,实行“三定”政策。毛泽东还提出:粮食定产要低于实产,要使农民多留一点,多吃一点,多喂一点,多自由一点。做到“人不叫,猪不叫,牲口不叫”。[22]

中共中央、国务院的《紧急指示》下发后,各地为贯彻中共中央、国务院的《紧急指示》,纷纷采取措施贯彻执行,并开始在农村进行以乡为单位的“三定”试点工作。

比如,山西省委立即召开常委会扩大会议进行讨论,要求各地召开干部大会,省、专(区)、县(市)必须组成强大的工作队,深入农村检查春耕生产与粮食购销工作,省、专两级的工作队,应于 3 月 15 日左右到县,以便参加各县的干部扩大会议。各县必须于 3 月 25 日前布置到乡。河北省为做好粮食“三定”试点工作,在召开专、市干部会议对此进行布置的同时,组织了省、专、县干部 11 人在满城县的径阳驿和永安庄两个乡进行了试点。试点的方法是,工作组进试点乡之后先召开乡总支委员会,传达粮食“三定”到乡的意义,研究工作方法。随后,根据过去两年的粮食产量和粮食购销情况,对县委提出的 1955 年粮食产量指标与购销数字进行讨论。总支委员会议在对上级提出的购销数字一致同意后,向全乡的党团员进行传达,经乡人民代表大会通过。随后,工作组召开群众大会,以各种方式宣传“三定”到乡政策。“三定”数字在群众讨论同意之后最后定案。[23]

“三定”到户之后,许多地方基本上纠正了以往粮食统购时农民卖过头粮的问题。“定案之后,一般群众感到对‘统购统销’心里有了底,解除了思想上的怀疑与顾虑，紧张情绪得到缓和，生产积极性大大提高，推动了当前的春耕整社工作。”[24]“三定”政策起到了稳定农民情绪、提高农民生产积极性的重要作用。在农村贯彻粮食“三定”到户政策的同时，在城镇也开展了粮食供应定量到人的工作，即按照不同的职业、工种、年龄确定居民的口粮供应标准。经过农村粮食“三定”到户和城镇粮食供应定量到人，“统购统销”制度基本定型。

四、结语

中华人民共和国成立之初，党和国家领导人实行以毛泽东同志为核心的集体领导，实行民主集中制。在进行重大决策时，首先是领导集体充分交换意见，做出符合当时国情的决策草案，并将草案下发各个区域、各级机关领导，让他们结合本地的实际情况进行讨论，充分发表意见，然后再做出最终决定。

在这个案例中，陈云承担了很重要的角色。他早在延安时期起就负责中央的经济工作。在东北解放战争时期，他又成功领导了接收城市管理的挑战。在领导新中国经济工作的过程中，陈云坚持“不唯上、不唯书、只唯实”的实事求是的态度，以及“交换、比较、反复”的科学方法。使得他对国家重大经济作决策时令人信服，成效显著。陈云的工作方法多次受到毛泽东的赞扬。1956 年，毛泽东在七届七中全会上评价陈云说：“他比较公道、能干，比较稳当，他看问题有眼光”。“不要看他和平得很，但他看问题尖锐，能抓住要点”。[25]1962 年 1 月 30 日，毛泽东在七千人大会上再次对陈云实事求是的精神给予高度肯定，他说：“陈云同志，特别是他，懂得较多。他的方法是调查研究，不调查清楚他就不讲话。”[26]

因此，在第一代中央领导集体中，陈云对国家经济政策作决策的特点是：在充分利用民主集中制的情况下，决策迅速，决策的效率高、成本低，政策比较符合国情实际情况。同时，党和政府的各级组织严密、富有活力、贯彻执行能力强。所以，政策一旦出台，即可在全国迅速得到有效运行。但是，置身于政策影响中的很重要的另一方——农民，相对于国家而言，处于弱势地位，他们没有多少机会表达自己的意见。再加上执行政策的各级政府干部，作为整个决策环节的第三方，他们可能由于理解上的偏差，也可能为了获取自身政绩的利益，使得中央的经济决策在实施过程中，有可能偏离正确的轨道，有时甚至产生严重的问题。借用西方公共选择理论的说法，就是，这种决策方式会产生很大的“负外部性”，增加决策的成本和代价。[27]上节我们已经提到，在实施“统购统销”政策过程中，出现“强迫命令、乱批乱斗、逼死人命等现象，个别地方还发生了聚众闹事的事件”等，就是这种决策方式出现的问题的具体表现。这是农民用另一种方式表现出来的他们的不同意见，或称“用脚投票”。当然，“统购统销”政策执行过程反馈出来的问题，随着陈云深入基层的调研，采取了“三定”（定产、定购、定销）方案。在贯彻执行“三定”方案过程中，由试点而逐步展开，从而顺利化解“统购统销”政策制定和贯彻中的“负外部性”问题，使之在全国范围内顺利实施。[28]最终使得“统购统销”政策在特殊的历史时期平稳运行，为我国基本建成自己独立的工业体系作出了应有的贡献。

值得一提的是，本来按照陈云原来计划，在1952年先行试点“统购统销”，因为一些干部的反对，而当时粮食危机还没有那么严重，所以，陈云的建议没有得到实行。等到1953年10月，中央决定执行“统购统销”政策时，不免会有些仓促，出现了某些没有预料到的问题，从而增加了政策制定和执行过程中的代价。好在陈云事先有正确的预判，又进行了有针对性的调查研究，从而使得政策能发挥最大效用，最大程度地减少负面效果。我们回顾这一历程，对于今天国家政策的制定和贯彻仍然有一定借鉴作用。

（作者单位：当代中国研究所）

参考文献：

［1］［3］［7］［9］［11］［15］［22］薄一波：《若干重大决策与事件的回顾（上卷）》，中共中央党校出版社1991年版，第255页，第255—258页，第256页，第260—261页，第267页，第191页，第274页。

［2］赵发生：《当代中国的粮食工作》，中国社会科学出版社1988年版，第70页。

［4］刘传江：《中国粮食流通的制度安排及其变迁》，载《经济评论》，2000年第2期。

［5］庐陵：《1953年中国的粮食危机与统购统销政策的起源》，《北京大学研究生学刊》1993年第4期。

［6］林毅夫、蔡昉、李周：《中国的奇迹：发展战略与经济改革》，上海三联书店、上海人民出版社1994年版，第19、36页。

［8］［10］《陈云文选》第 2 卷，人民出版社 1995 年版，第 159—160 页，第 203—204 页。

［12］当时为了避免引起市场上的不必要的紧张、恐慌心理，会议对内称“全国粮食紧急会议”，对外则不用“紧急”二字。

［13］赵士刚主编：《共和国经济风云》上，经济管理出版社 1997 年版，第 262—263 页。

［14］1953 年 10 月 12 日晚，陈云在中央财政会议后，向毛泽东做汇报，毛泽东说：“‘征购、配售’的名称可否改变一下？因为日本人搞过这个事情，这个名称有些吓人的。”13 日的会议上，陈云转述了毛泽东的意见。粮食部长章乃器提出把“配售”改为“计划供应”。于是把“征购”也改为“计划收购”，简称“统购统销”。这就是“统购统销”名称的来历。

［16］山西省档案馆：《八个省土地改革结束后至1954年的农村典型调查》，1958 年，档案号：21—8—1—2。

［17］《农业集体化重要文件汇编（上）》，中共中央党校出版社 1981 年版，第 292 页。

［18］《建国以来农业合作化史料汇编》，中共党史出版社 1992 年版，第 244 页。

［19］《陈云年谱》（修订本）中卷，中央文献出版社 2015 年版，第 354—355 页。

［20］以下该文件均简称为《紧急指示》。

［21］《建国以来重要文献选编》第 6 册，中央文献出版社 1993 年版，第 76—77 页。

［23］《山西省委立即执行中共中央、国务院“关于迅速布置粮食购销工作，安定农民生产情绪的紧急指示”的指示》(1955 年 3 月 8 日）。河北省委：《关于粮食“定产、定购、定销”工作试点乡的报告》(1955 年 3 月 22 日）。参见罗平汉：《一九五五年统购统销中的粮食“三定”工作》，载《中共党史研究》，2007 年第 5 期。

［24］唐正芒等：《新中国粮食工作六十年》，湘潭大学出版社 2009 年版，第 93 页。

［25］《毛泽东文集》第 7 卷，人民出版社 1999 年版，第 112 页。

［26］迟爱萍、熊亮华：《陈云在历史瞬间》，人民出版社 2005 年版，第

265 页。

［27］布坎南:《自由、市场和国家》，北京经济学院出版社 1988 年版，第十章。

［28］薄一波后来曾总结人民公社的经验教训，他认为:“大跃进”之前我们的大多数工作都进行过试点，但“大跃进”中我们办人民公社没有进行试点工作，因而出了很大问题。他提出这个问题，与“统购统销”政策的制定、贯彻相对照，值得我们重视与思考。参见薄一波:《若干重大决策与事件的回顾(下卷)》，中共党史出版社 2008 年版，第 546 页。

陈云的领导力及其当代价值

陈麟辉

领导力是支撑领导行为的各种能力的总称，是领导者在特定的情景中吸引和影响被引导者并持续实现群体或组织目标的能力，一般包括学习力、决策力、组织力、执行力、感召力、前瞻力和创造力等。陈云是伟大的无产阶级革命家、政治家，杰出的马克思主义者，中国社会主义经济建设的重要开创者和奠基人，党和国家久经考验的卓越领导人，是以毛泽东同志为核心的党的第一代中央领导集体和以邓小平同志为核心的党的第二代中央领导集体的重要成员。陈云之所以能够成为两代中央领导集体的重要成员，其中的一个重要原因，就是他有着很强的领导力。

一、陈云具有很强的领导力

在 70 年的革命生涯中，陈云形成了丰富的领导力，主要包括极强的学习力、科学的决策力、系统的组织力、超前的前瞻力。

（一）极强的学习力

陈云是青浦练塘人，他两岁丧父，四岁丧母，生活极其困难，没能读多少书。虽然只是高小毕业，但是他能够成为具有丰富知识和超强才能的共和国主管多方面工作的重要领袖，这与他极强的学习力是分不开的。陈云在长期的革命实践中，始终坚持学习，挤时间学习，结合实际学习，并取得了良好的学习成效。

陈云是学习的楷模。他在离开学校后开始了新的学习，也步入了革命的道路。1919 年，陈云进入商务印书馆当学徒。当时，商务印书馆是一个东西文化、新旧文化汇聚的地方，他自觉抓住这得天独厚的学习机会，在那里努力自学，参加各种进修班，学到了大量新知识、新思想，并接受了马克思主义，加入了中国共产党。在土地革命时期，陈云利用一切机会加强学习，无论是领导中央特科还是中央革命根据地的工会工作，他都干一行专一行，很快成为工作的行家里手，取得了成效。1935 年 9 月上旬，陈云到莫斯科向共产国际汇报红军长征和遵义会议的情况。不久，陈云进入列宁学校学习。在此期间，陈云系统阅读了马恩列斯原著以及世界其他各国无产阶级革命历史的有关文献等。抗日战争时期，陈云挤时间学习，并提出了“学习是共产党员的责任”的著名观点，带领同志们一起学习。陈云担任中央组织部部长，工作异常繁忙，但他每周至少用一个完整上午时间来学习，有时还根据学习进度和工作情况，将学习时间改为两个上午。陈云还在中组部组织了一个六人“学习小组”，并亲自担任组长。他领导的学习小组前后不中断地坚持了近 5 年时间，成为延安时期一直坚持下来的两个小组之一。中华人民共和国成立后，陈云主持全国财经工作，十分繁忙，但他始终想办法挤出时间读书。他认为：“国家经济建设对我们来说是一项新的工作，我们需要努力学习。”[1]“文化大革命”中，在江西蹲点的陈云依旧坚持并倡导学习。正是坚持学习，他才“具备了很高的思想理论水平和解决问题的能力”。陈云还提倡领导干部要学习哲学。他说：“要把我们的党和国家领导好，最要紧的，是要使领导干部的思想方法搞对头，这就要学习马克思主义哲学。”[2]“学习哲学，可以使人开窍。学好哲学，终身受用。”[3]学哲学、讲哲学、用哲学，使陈云形成了良好的思想方法。

（二）科学的决策力

决策力是针对战略实施中的各种问题和突发事件进行快速和有效决策的能力。陈云一生作出过很多重要的决策，这些正确的决策都通过了历史实践的检验，在关键时刻发挥了关键作用。

怎样才能使领导决策符合客观事物的规律性？使领导决策既科学又合理呢？ 陈云认为欲制定出正确的领导决策，必须遵循“不唯上，不唯书 ，只唯实”的决策根本原则。陈云认为“唯上”“唯书”两种错误倾向对领导决策工作危害极大，会干扰人们遵循“唯实”原则进行决策，是错误的、不切实际的方针政策出台的一个重要思想根源。为了真正做到实事求是、科学决策，陈云在长期进行决策的实践中，总结出了“交换、比较、反复”的决策要诀。正是坚持了“不唯上、不唯书、只唯实，交换、比较、反复”这“十五字诀”，陈云一生没有大起大落，也使他在中央核心领导层近50年，但社会上关于他的负面评论很少。

陈云的决策能力有两个显著的特点。一是谨慎果敢。中华人民共和国成立初期，在恶性通货膨胀、财政困难的严峻形势下，陈云之所以能带领大家在短期内迅速稳定了市场，恢复生产，扭转局势，打赢了一场经济上的“淮海战役”，关键就在于他看准并大力推行了两项重要措施：平抑物价，统一财经。薄一波在向毛泽东汇报工作时不无赞叹地提到，经济恢复的成果得益于陈云看准了就去干的勇气。其二则是为民务实。中华人民共和国成立初期，陈云许多大大小小的经济决策无不显示出他对人民利益的关心。1951年物价稳定之后，他就把城乡交流摆在了财经工作的首位，动员全党的力量来抓这件事，用廉价的工业品供应农村，并组织好运输，把农民的土特产推销到城市，以解决鸡蛋卖不出去，桐油跌价、吃盐困难等问题，他认为，“不解决实际问题谈为人民服务，则是空话一句。”[4]

（三）系统的组织力

组织力是人在推动组织设计、运行和发展过程中形成的动员力和合力。陈云在领导中国革命、建设和改革中形成了系统的组织力。陈云系统的组织力，主要体现在以下三个方面：

其一，正确处理集权和分权的关系。在陈云看来，权力高度集中和权力过于分散，都会产生不良的影响，优秀的领导者应该努力把两者结合起来，正确地处理两者的关系。针对如何改变集权太多、分权太少的管理体制，陈云认为，统一财经工作，实行计划经济，同私人资本主义作斗争，都要求权力相对集中。“但是，集中不能过分，必须考虑到我国人多、地大、各地情况不一样这个事实。”[5]

其二，正确处理效能和效率的关系。讲求效率要以讲求效能为前提，不但要求做好，而且首先要求做对。陈云就是一位非常善于处理效能和效率关系的杰出领导者。在工作中，陈云非常注重从实际出发，按照客观事物发展规律的要求，推进各项工作，而不是盲目蛮干。这样既避免了浪费和无效行为，而且还增强了组织的有效性。

其三，正确处理制度和感情的关系。在组织里，除了要讲制定制度、执行制度、遵守制度之外，还必须要讲感情。感情在管理中可以起到加强沟通，缓解冲突，协调行为，化解矛盾的作用，是领导者与下属之间的“润滑剂”，在组织运行中不可缺少。陈云在工作中就非常注重讲制度、讲规矩，同时也讲感情。比如，“文化大革命”结束后，一些“靠边站”的老同志在邓小平、陈云等的帮助下，陆陆续续重新回到工作岗位。其中有一位老同志为了略表心意，带来了家乡的一箱葡萄送给陈云。临走时，陈云让老同志把葡萄拿走，老同志执意不拿。双方争执不下。最后，陈云笑着说，“那好，我就尝 10 粒，意味着十全十美。”老同志没有办法，最后只好依了陈云。陈云就是这样一个人，在任何时候都是遵守制度的典范。他收了 10 粒葡萄，既遵守了纪律又顾及了对方的面子。

（四）超前的前瞻力

前瞻力从本质上讲是一种着眼未来、预测未来和把握未来的能力。陈云认为战略思考非常重要。他强调，一个国家也好、一个单位也好一定要有旧时商家中那种“头戴瓜皮帽、手拿水烟袋、踱方步”的人，专门考虑战略问题。他反复强调，领导干部“应该站得高一点，看得远一点，要上屋顶，不要老呆在地下室”[6]，只有这样才能看得远、看得宽，才能作出正确的决策，使党和国家各项事业更好地发展。

党的十一届三中全会后，针对干部青黄不接的情况，陈云明确提出：要成千上万地提拔中青年干部，保证社会主义现代化建设后继有人。1980 年 11 月，中共中央纪律检查委员会召开第三次贯彻《关于党内政治生活的若干准则》座谈会。会上，陈云以战略眼光考虑问题，强调指出：“执政党的党风问题是有关党的生死存亡的问题。因此，党风问题必须抓紧搞，永远搞。”[7]这就指明了抓党风的重要性、紧迫性和持久性。针对社会上不重视教师，陈云提出：要重视教育，提高教师地位，让教师成为天底下最受人尊敬、最受人羡慕的职业。他还指出：要重视传统文化，保护民族品牌等。这些在今天都非常具有意义，也反映了陈云思想和领导力的前瞻性。

陈云所具备的超强的前瞻力、高瞻的战略眼光，使让他能够站得更高、看得更远，敏锐地预测到未来，未雨绸缪，及时地化解危机，并一次次在历史关键时刻作出正确的选择。

二、陈云为何具有很强的领导力

（一）陈云丰富的领导思想，是陈云领导力的重要支撑

正确的领导思想是领导人物保持强大领导力的不竭源泉。领导者要想有效地开展领导工作，必须明白领导者有哪些职能及如何履行这些职能。陈云反复强调：掌握政策，了解情况，出主意，用干部，并且知人善任，是领导者的责任。[8]陈云之所以有很强的领导力，是与其丰富的领导思想分不开的。陈云的领导思想，主要包括两个方面：

第一，领导就要出主意。出主意是领导者的首要职责，关系到领导活动的成败。陈云认为：作为领导者，主要精力不是处理日常工作，而是出主意、把关。"正确地决定对策"是陈云对出主意的重要作用的充分肯定。[9]对于出主意，陈云对领导干部提出以下两点建议：其一，要考虑战略性问题。陈云号召领导干部要向过去"头戴瓜皮帽、手拿水烟袋"的商人学习，踱方步考虑"战略性问题"。其二，不要墨守成规。他历来主张在尊重客观规律的前提下，充分发挥人的主观能动性，鼓励人们主动地、创造性地工作，反对墨守成规、不求上进。[10]

关于如何正确地出主意，陈云强调：要调查研究。他多次指出："领导机关制定政策，要用百分之九十以上的时间作调查研究工作，最后讨论作决定用不到百分之十的时间就够了。"[11]"所有正确的决策，都是根据对实际情况的科学分析而来的。"[12]

第二，领导善于用干部。陈云认为，党的一切决议和政策，都要通过干部去实现。他从中国的基本国情出发，提出了一系列加强干部队伍建设的行之有效的方法、措施和途径。他认为领导者的重要任务之一就是注重研究"用人之道"。他把用人之道概括为"了解人、气量大、用得好、爱护人"。党的事业需要大批干部，选拔任用什么样的人当干部，陈云提出选拔干部要坚持"五湖四海，德才兼备"的方针。反对只顾才不顾德，也反对只顾德而不顾才。陈云还明确提出了使用干部"任人唯贤"的原则，他认为，坚持用人唯贤，就要选拔"德才兼备"的优秀人才，另外做到量才使用干部。他指出："按照才干，按照需要，同时兼顾。量才为主……"[13]陈云的领导思想体现了中国共产党人的理想、宗旨、情怀和追求，也有他自己的鲜明特点。这是支撑其领导力的内在因素。

（二）独特的成长经历，是陈云领导力形成的重要因素

陈云的一生比较曲折和传奇。他的独特的成长经历主要体现在以下几点：其一，苦难的童年经历。陈云幼年便失去父母，养成了沉着、文静的性格，铸就了坚韧不拔、吃苦耐劳的品格，这对他之后走上领导岗位产生了重要影响。其二，工人阶级背景，使其较早进入中共中央领导层。陈云长期在领导岗位的经历，对他领导力的形成有非常重要的影响。其三，较早地接触到商业。在亲戚的接济下，陈云曾在青浦县乙种商业学校学习了近两个月，学会了珠算和记账。陈云还在舅父家小酒馆做过小伙计，这使得陈云从小就受到商业环境的影响和历练，为他日后领导财经工作奠定了一定的基础。其四，受到海派文化、江南文化的影响。陈云在幼年求学、青年学徒及参加革命等多个人生阶段，其生活、工作地区主要在上海及江浙地区。创新开放、多元包容的海派文化和灵秀刚毅、崇文开放的江南文化对于陈云领导力的形成产生了重要而深远的影响。

（三）崇高的精神风范，是他拥有领导魅力的内在原因

习近平总书记在纪念陈云诞辰110周年座谈会上指出，我们要学习陈云坚守信仰的精神，党性坚强的精神，一心为民的精神，实事求是的精神，刻苦学习的精神。陈云的崇高精神，是他拥有领导魅力的内在原因。

坚守信仰。“无论处于顺境还是逆境，陈云始终坚守对马克思主义、共产主义的信仰不动摇。”[14]他说：“一个愿意献身共产主义事业的共产党员，应该确定自已为共产主义的实现而奋斗到底的革命的人生观。”[15]他在解释什么叫做“奋斗到底”时说，就是奋斗到死。陈云坚守信仰的精神，是他具有领导魅力的基础。

党性坚强。陈云一生无私无畏，秉公行事，从不计较个人进退得失，为维护人民的利益和真理的尊严，在关键时刻敢于坦言直陈，甚至宁肯沉默也不讲违心的话。他强调，要真心地、具体地遵守党的纪律。真心地遵守，就是要心口一致，言行一致。陈云敢于直言、党性坚强的精神是他领导魅力的主要体现。

第三，一心为民。党同人民群众的关系，是陈云始终高度重视的问题。陈云认为，经济工作应该“首先考虑民生”。他坚持“经济建设和人民生活必须兼顾，必须平衡”的原则，强调“一要吃饭，二要建设”，“无农不稳”“无粮则乱”。三年困难时期，为了解决老百姓营养不良的问题，陈云提出每人每月供给3斤大豆。他还提出用尼龙做尼龙袜，让老百姓的袜子能够穿得久一点。后来尼龙

袜太贵老百姓买不起，他就提出脚后跟、脚趾头用尼龙做，其他部分用棉纱做，这样袜子的成本就降下来。他为人民的生活考虑得这么仔细，反映了他一心为民的情怀。

第四，实事求是。对实事求是，陈云践行了一生。陈云说："实事求是，这不是一个普通的作风问题，这是马克思主义唯物主义的根本思想路线问题。"[16]陈云坚持实事求是的思想方法和工作方法，每逢重大决策之前，总要反复考虑，听取多方面的意见。他提意见的时候，反复强调要听取反面的、不同的意见。他说即使没有反对派，也要假设一个反对派，使自己的意见能够更完善，因为正确的意见是在不断驳倒错误意见的过程中树立起来的。

第五，刻苦学习。在前文的论述中已经阐明，陈云高小毕业，却能成为党和国家财经工作等多方面的杰出领导人，是与他刻苦学习的精神和极强的自学能力分不开的。陈云刻苦学习的精神是陈云领导力不断提升的一大法宝。

三、陈云领导力的当代价值

陈云的领导力是在长期的革命、建设和改革的实践中形成的，并为推动革命、建设和改革发挥了重要作用。认真学习和感悟陈云的领导力，我们深感其在建设中国特色社会主义新时代仍具有重要的当代价值。

（一）不断加强学习，提升自身修养

陈云以一个高小毕业生的文化程度，后来成为知识广博、眼界开阔、有远大理想的共产党领导人，成为坚定的马克思主义者，同他一生的勤奋读书是分不开的。党的十九大报告中指出："注重培养专业能力、专业精神，增强干部队伍适应新时代中国特色社会主义发展要求的能力。"[17]要培养干部的专业能力，加强学习应该是个关键。因此，作为新时代的党员干部，只有不断通过学习补钙铸魂，克服本领恐慌，才能提高解决实际问题的水平，练就为人民服务的本领。

（二）站在时代前列，树立大局意识

陈云是上海人，但他总是说"北京话"，因为他有强烈的组织观念、大局意

识，总是站在全国大局的角度思考问题。大局意识不仅是做好全局工作的需要，也是最终实现局部利益的需要，这不仅是领导干部应有的工作作风，也是共产党人必须有的政治觉悟。

站在历史新时代，在全面建成小康社会、全面深化改革、全面依法治国、全面从严治党的实践中，我们还有许多难题亟待解决。这就要求领导干部“必须牢固树立高度自觉的大局意识，自觉从大局看问题，把工作放到大局中去思考、定位、摆布，做到正确认识大局、自觉服从大局、坚决维护大局”。

（三）立足群众需要，坚持群众观点

党同人民群众的关系，是陈云始终高度重视的问题。作为共和国开国初期的经济工作领导人，陈云坚持一切从人民利益出发，自觉站在党和人民的立场上，对人民无限的忠诚。他能够经常到人民群众当中去，不管做经济工作，还是其他的工作，他始终切实为人民谋利益，这是他遵循的一贯原则。时代是出卷人，我们是答卷人，人民是阅卷人，只有人民需要、人民满意，我们的工作才有价值和意义。

（四）树立问题意识，提高工作实效

毛泽东在中共七届七中全会第三次会议上的讲话中对陈云有过评价：“不要看他平和得很，但他看问题很尖锐，能抓住要点。”[18]在长期主持财经工作的实践中，在历史关键时刻，陈云善于发现问题、善于解决问题，不负党的重托，不畏艰险，勇挑重担，灵活运用马克思主义的立场、观点和方法，以高超的政治智慧和卓越的经济才能，成功解决了一道道经济难题，攻克了一个个经济难关，形成了一套行之有效的工作方法。发现了问题就是解决了问题的一半。善于以问题为导向，是我们推进工作、改善工作的基本方法。

虽然陈云已经离开了我们，但他的领导智慧和思想方法，对我们当下的党员干部来说，仍然具有重要的时代价值。我们要努力汲取他的政治智慧和精神财富，发扬他的革命精神和求实精神，学习他的始终心系人民、追求真理的崇高品格，不忘初心，牢记使命，为实现中华民族的伟大复兴贡献智慧和力量！

（作者单位：陈云纪念馆）

参考文献：

[1]《陈云文集》第2卷，中央文献出版社2005年版，第288页。

[2][3][6][11][12]《陈云文选》第3卷，人民出版社1995年版，第360页，第362页，第33页，第189页，第34页。

[4]《陈云文选》第2卷，人民出版社1995年版，第128页。

[5][7]《陈云传》(下)，中央文献出版社2005年版，第1054页，第1718页，第1325页。

[8][9][10] 刘耀京:《陈云领导思想研究》，人民出版社2017年版，第51页，第52页，第53页。

[13][15]《陈云文选》第1卷，人民出版社1995年版，第215页，第137页。

[14]《习近平在纪念陈云同志诞辰110周年座谈会上的讲话》，见《人民日报》，2015年6月13日02版。

[16]《陈云文集》第3卷，中央文献出版社2005年版，第441页。

[17]《中国共产党第十九次全国代表大会文件汇编》，人民出版社2017年版，第51页。

[18]《陈云年谱(修订本)》中卷，中央文献出版社2015年版，第482页。

陈云治国理政的战略思维方式述要

王家云

陈云是中国共产党第一、二代中央领导集体中的重要成员，他在参与中国共产党人治国理政的实践中有一系列独到的贡献，丰富了中国共产党人治国理政的经验，其中尤为突出的是他的战略思维方式。学习领会陈云的战略思维方式，为领导干部运用科学思维治国理政提供了有益的借鉴，应倍加珍视。

一、战略思维的重要性

早在1950年6月6日的中共七届三中全会上，陈云在谈到工业投资问题时即提出"搞工业要有战略眼光"的观点。[1]之后，他在《做好外贸工作》的讲话中进一步指出："做经济工作要有战略眼光。"[2]即要重视战略思维，培养战略思维方式。陈云对战略思维方式重要性的认识，是在治国理政的实践中逐步形成的。

首先，革命家要学会战略思维。1955年1月25日，陈云在中共中央上海局会议上的讲话中提出，光有瓜皮帽、水烟袋不行，但是瓜皮帽、水烟袋有经验，可以利用。[3]所谓瓜皮帽、水烟袋，实际上是指旧商人中专门考虑战略性问题的人，他们的经验即在于重视战略思维。1956年7月21日，在全国各省、市、自治区、直辖市商业农产品采购厅局长和供销合作社主任会议上，他在谈到为什么要使用资方人员时再次重申了这个观点。他说："这样做的好处有两个：一个是把资本家拉进来'唱对台戏'，一个是可以利用资本家的长处。"[4]前者有助于推进我们的民主政治建设，后者则有助于提高我们管理队伍的战略思维能力。他说："过去旧商人中，有一种头戴瓜皮帽、手拿水烟袋的，他们专门考虑'战略性问题'。比如什么缺货，应该什么时候进什么货。"这就是他们的经验或长处，相反，“我们县商店的经理一天忙得要死，晚上还要算账到 12 点，要货时，再开夜车临时凑。看来，我们的县商店，也应该有踱方步专门考虑‘战略性问题’的人。”[5]瓜皮帽、水烟袋及踱方步，均是一个形象的说法，其实质是指考虑战略性的问题。同年 11 月 19 日，陈云在商业部扩大的部务会议上谈到商业工作时进一步强调掌握战略思维方式的意义，他讲，“我们是商人，但不是普通的商人，而是从事商业工作的革命家。我们应该站得高一点，看得远一点，要上屋顶，不要老呆在地下室。”[6]“上屋顶，走出地下室”，这仍然是一个形象的说法，其实质是要登高望远，掌握战略思维方式。只有学会登高望远，才能把握事物发展的趋势与方向，进而牢牢把握事物发展的主动权。前后不到四个月时间里，陈云即把培养具有战略眼光的人，从对一个县商店经理的要求上升到对一个革命家的要求。说到底，这是对治国理政者的基本要求。

其次，国家职能部门要有战略家。1982 年 1 月 25 日，陈云在同国家计划委员会负责同志座谈时强调，国家计委的职能是统揽全局，负责国家发展的战略谋划。类似于国家计委这样一些“上层机构要有人专心考虑大问题。我过去讲‘瓜皮帽、水烟袋’，旧商人中有一些人专门考虑‘战略性问题’。我们现在的经济机关，不大考虑这方面的问题，我们要有这样的战略家。”[7]这是直面治国理政中的现实问题，是否重视战略思维，有无战略家，事关能否推进国家健康发展的大问题，应当引起足够的重视。

再次，党和国家领导人要潜心考虑战略问题。1990 年 6 月 6 日，陈云在同中央负责同志谈话中仍关注国家发展中的重大问题，其中一个重要问题是“要拿出一定时间‘踱方步’，考虑战略性的问题”。[8]他具体分析新形势下党和国家领导人面临的实际状况：一是我国已经同 135 个国家建立外交关系，同 263 个政党有交往，而一年只有 365 天，如果对来访者都要安排你们去会见，恐怕谁也受不了。二是现在会也很多，如果每会必到，恐怕也办不成大事。三是现在工作难度也比较大，有许多紧急的事情要去处理。四是你们也都是六十开外的人，健康也重要，开会不要开死人。简而言之，就是要下决心从频繁的迎来送往与会务中解脱出来，确保有足够时间去“踱方步”，专心考虑战略性问题。这实际上是治国理政的经验之谈，虽然讲的很平实，但很坦诚、深刻。增强战略思维意识，学会战略思维方式，提升战略思维能力，养成过硬的战略定力，这是治国理政中的谋事之基、成事之道。这一经验，对于党情、国情及世情更加复杂的当下，培养领导干部的战略思维能力更具现实的指导意义。

二、战略目的人本性

陈云战略思维方式的特征之一，是战略目的人本性。战略目的是战略的重要因素，是战略意图的集中体现。就治国理政中的战略目的而言，通俗地说就是发展为了谁、依靠谁去发展的问题，这是治国理政中的首要问题。

第一，发展的目的是为人民谋福利。早在新中国成立前夕，陈云在沈阳的工人代表大会的讲话即指出："革命的目的是为了劳动者人人有吃有穿，而且要吃的较好，穿的较好。"[9]紧接着，他在上海财经会议上进一步指出："现在是我们管理国家，人民有无饭吃就成了我们的责任。"[10]让人民有饭吃，不仅通俗地阐明革命的目的、国家发展的目的，而且表明了是人民政府的责任、治国理政者的自觉担当。之后，他反复强调这个问题。比如1957年9月24日，他在中共八届三中全会上的发言中指出："我们必须使人民有吃有穿，制定第二个五年计划要从有吃有穿出发。"[11]1980年12月16日他在中央工作会议上谈到经济形势与经验教训问题时一针见血地指出："搞经济建设的最后目的，是为了改善人民生活。""搞国防建设，也是保证人民生活改善。"[12]1985年9月23日，他在中国共产党全国代表会议上的讲话中进一步强调："经济体制改革，是为了发展生产力，逐步改善人民的生活。"[13]总之，无论是经济建设、国际建设，还是经济体制，其最终目的只有一个，改善人民生活，唯此唯大，这就是陈云战略思维方式中战略目的的人本性。这是共产党人治国理政必须坚持的价值立场、价值取向。

首先，这是由党的宗旨决定的。陈云在沈阳工人代表大会上的讲话中指出："共产党及其领导的人民政府，是真正代表大家，为大家'当差'的。"[14]为大家当差，通俗形象地表述中国共产党人全心全意为人民服务的宗旨。只有扎扎实实为人民谋福利，不断改善人民的生活，"人民才会想到政府能够给他们办事，是人民很好的公仆""这才是真正为人民服务"。[15]反之，不诚心诚意为人民谋利，"不解决实际问题谈为人民服务，则是空话一句"，[16]就是对党的宗旨的背叛。

其次，这是由巩固革命成果、坚持发展方向所决定的。1962年3月7日，陈云在中央财经小组会议上的讲话中讲，农业问题、市场问题等是事关人民生活的大问题，是政治问题。"解决这个问题，应该成为重要的国策。"为此，他语重心长地指出："同志们，我们花了几十年的时间把革命搞成功了，千万不要使革命成果在我们手里失掉。现在我们面临着如何把革命成果巩固和发展下去的问题，关键就在于要安排好六亿多人民的生活，真正为人民谋福利。"[17]这应该是我们做一切重大决策的出发点和归宿。他甚至断言："如果我们不能解决人民的吃饭穿衣问题，我们的社会主义建设事业便站不稳，必然还要回头补课。"[18]

第二，发展要依靠人民。早在革命战争年代里，陈云即确立起人民群众是真正的英雄的历史唯物主义观点。他认为人民群众的支持和拥护是成就事业的根本保证，要实现为人民谋福利的战略目的，就需要坚定地依靠人民。他讲："共产党员要领导群众，就必须首先向群众学习。'三个臭皮匠，凑个诸葛亮'。"因此，"解决群众切身问题的办法，必须在群众中去讨论，到群众中去找寻。因为只有群众才真正了解他们自己的问题，只有在群众中才能讨论出在当时当地解决问题最适当的办法。"这是"确定不移到处适用"的办法。[19]实践证明，不了解人民群众的实际需要，不尊重人民群众的意见，不虚心汲取人民群众的智慧，一切事关民生的重大决策都是一厢情愿，终将一事无成。因此，要依靠人民群众，首先要深入群众，了解群众，倾听群众的呼声，防止和克服官僚主义，让人民群众有知情权。其次要尊重群众，发扬民主，"凡是关系到全体人民的事，要召集大家开会，大家讨论。"[20]要让人民有参与决策的权力。再次还要接受群众监督。陈云讲："党的八大开会时，有一位同志提出，工人代表大会可以撤销厂长、经理。我看这个意见有道理。""监察工作固然重要，但光靠监察工作不行，必须让群众都能讲话，都有积极性。"[21]简而言之，就是要把对领导干部的评判、任用权交给人民群众，这样才能保证领导干部诚心诚意去"当差"，不敢有丝毫的懈怠。

三、战略方向的坚定性

陈云战略思维方式的内涵之一是战略方向的坚定性。所谓战略方向，这里实指战略要素中的目标。具体到治国理政的战略方向，实际上是指党和国家的奋斗目标。为此，毛泽东在《论联合政府》的报告中旗帜鲜明地指出："我们共产党人从不隐瞒自己的政治主张。我们的将来纲领或最高纲领，是要将中国推进到社会主义和共产主义社会去的，这是确定的和毫无疑义的。"[22]对此，早在新中国成立之初，陈云即在《中国共产党领导着国家建设》一文中明确指出："我们国家向前的最后目的是社会主义和共产主义，因为只有社会主义和共产主义才是人类最美满的社会制度。"[23]这就是治国理政中不可回避的目标方向问题。

陈云在参与治国理政的实践中，社会主义事业即便不时遇到毛泽东当年所预料到的来自敌人的敌视、污蔑、漫骂、讥笑，以及善意的怀疑，但他对党和国家的发展目标没有丝毫的动摇与妥协。尤其是在改革开放之初，随着国门的打开，一些人眼花缭乱，在中国向何处去的问题上感到困惑迷茫。有的人只看见外国的摩天大厦、高速公路等，就倍感失落，甚至悲观失望，认为社会主义不如资本主义、共产主义不灵了。为此，陈云在中共十二届二中全会上的发言中坚定地指出："中国现在还很穷，但我们是社会主义国家，我们的根本制度比资本主义优越得多。""资本主义必然要被社会主义所代替，这是无可改变的法则。"[24]教育全党对此应该充满信心。稍后，又有人把坚持改革开放与坚持四项基本原则对立起来，强调改革开放而忽视甚至否定四项基本原则。为此，1984 年 8 月 20 日，陈云在同国家计委负责同志的谈话中明确指出："我国实行对外开放政策后，仍然是在搞社会主义，不同于资本主义。"[25]之后在谈到改革时，他明确指出："现在进行社会主义经济体制改革，是社会主义制度的自我完善。"[26]他在 1985 年 6 月召开的全国端正党风工作经验交流会上的书面发言中语重心长地告诫全党："要使全党同志明白，我们干的是社会主义事业，最终目的是实现共产主义。这一点非常重要。在党中央领导下，我们国家现在进行的经济建设，是社会主义的经济建设，经济体制改革也是社会主义的经济体制改革。任何一个共产党员，每时每刻都要必须牢记，我们是搞社会主义的四个现代化，不是搞别的现代化；我们进行的事业，是社会主义事业。"[27]

陈云在治国理政的实践中，在党和国家发展及改革的战略方向上始终是坚定的。他对战略方向上出现的问题，既从理论上给敌意者予以有力的批驳，给困惑者予以耐心的宣传解释；又从实践上着力纠正忽视精神文明建设的现象，加强对思想政治工作的领导，加大共产主义思想教育与四项基本原则教育的力度，增强全党全国人民走社会主义道路的自信心与坚定性；确保既不走封闭僵化的老路，又不走改旗易帜的邪路，坚持沿着中国特色社会主义道路乘胜前进。

四、战略谋划的前瞻性

战略思维的特性之一，是它的预见性。即既立足当前，又着眼长远，善于把握事物发展的趋势，科学预测事物发展的前景，未雨绸缪，谋划在先，牢牢把控未来发展的主动权。陈云重视战略谋划，其内容极为丰富，比如党的建设中提倡成千上万地培养和选拔干部，国家发展中提倡保护资源、治理环境、计划生育等。限于篇幅，本文只从他重视战略力量与机遇的谋划这个层面上予以阐释。

首先是重视战略力量的谋划。战略力量是战略的要素之一，它是实现战略目的、目标的物质基础，是战略谋划的重要内容。陈云战略思维方式的前瞻性首先是重视战略力量的谋划。早在革命战争年代，陈云在确认工农是革命的基本力量的前提下，极为重视知识分子的力量。他在中共陕甘宁边区第二次代表大会谈到干部队伍建设的几个问题时指出："知识分子是革命的力量，并且是重要的力量。我们要把这个力量吸收进来，在抗战工作中，在革命事业中，充分发挥他们的作用。""没有知识分子，革命就不能胜利。""现在各方面都在抢知识分子，国民党在抢，我们也要抢，抢得慢就没有了。""如果把广大知识分子都争取到我们这里来，充分发挥他们的作用，那末，我们虽不能说天下完全是我们的，但是至少也有三分之一是我们的了。"[28]正是有了这个"抢"的战略意识，早在抗日战争时期党就及时调节了对知识分子的政策，积极争取知识分子，不仅为中国革命胜利而且为新中国的建设特别是实现科学技术现代化准备了一大批中坚力量。

中华人民共和国成立之初，在国民经济恢复以及社会主义改造过程中，陈云极为珍视知识分子的力量。1949 年 12 月 16 日，陈云在全国钢铁专业会议上即提出："技术人员是实现国家工业化不可缺少的力量"的观点。他认为推进国家工业化，除了依靠产业工人这个基本力量，还要重视技术人员和管理人员这部分的力量。"这些人是我们的'国宝'，是实现国家工业化不可缺少的力量，要很好地使用他们。"[29]对这部分力量，不仅要克服狭隘的老眼光，在政治上予以充分的信心，切实提高他们的政治地位，而且还要着力提高他们的物质待遇。在中华人民共和国成立伊始，百废待兴的背景下，如此重视知识分子的力量，正是战略谋划中的前瞻性使然。到了改革开放的新时期，在各行各业争着投资的背景下，陈云在中央工作会议上依然坚持把提高知识分子待遇上升到与农业、能源、交通等重点环节相当的位置来予以考虑，集中财力物力予以保障。陈云之所以执着地坚持这样做，就在于历史经验表明，知识分子是“任何一个工业化国家最宝贵的财富”。把钱用在他们身上“是好钢用在刀刃上”“是符合社会主义经济规律，也是符合人民经济利益的”。[30]“没有大批知识分子参加到我们党的干部队伍中来，也决不能建成现代化的新中国。”[31]当下，我国科学技术所取得令世人瞩目的辉煌成就证明，陈云在战略力量的谋划上是极具前瞻性的、具有战略眼光的。

其次是战略机遇的谋划。所谓战略机遇，通俗地说就是事物发展过程中一种有利的时机或机会。战略机遇谋划中的前瞻性，即针对机遇的模糊性与易逝性等特点，拥有明察秋毫的洞察力，善于敏锐地发现机遇，果断地抓住机遇，促进事物的发展。比如，陈云对外贸工作的谋划，即体现了这样的前瞻性。1949年元旦，作为东北局副书记的陈云同李富春、张闻天、叶季壮致电中共中央转香港钱之光，询问香港市场上黄金、银元，以及东北拟出口的猪鬃、马尾、大豆、豆油和拟进口的胶皮料、烤胶、印度纺花、电解铜锡、安全灯（煤矿用）、铜网毛巾（造纸用）美制汽车零件等商品的价格。[32]旨在努力掌握进出口的行情，以便利用香港这个窗口及时有效地开展中华人民共和国成立后的外贸工作，为顺利实现党的工作重心转移赢得了一系列战略机遇。论背景，当时解放战争正在进行之中；论身份，陈云当时只是东北局的副书记；但有了担当精神，辅之于战略视野，就能够对外贸工作作出前瞻性的谋划。无论是过去，还是当下，这都是值得称道的，值得学习的。

23年之后，“文化大革命”中刚复出的陈云受周恩来总理的委托，再度谋划我国的外贸工作。在“左”倾错误仍盛行、谈资色变的背景下，陈云在经过一系列的调查研究之后即鲜明地指出：“我们要有远见。在价格问题上，要注意每天的变化，更要注意长期的趋势。”[33]之后，他由价格研究拓展到国际金融、世界市场、当代资本主义的研究。之所以如此，即在于他清醒地意识到“和资本主义打交道是大势已定。”“对资本主义要很好地研究。”“不研究资本主义，我们就要吃亏。不研究资本主义，就不要想在世界市场上占有我们应占的地位。”[34]发现这个机遇的目的是在于利用这个机遇，于是有了一系列的措施，诸如利用外资、利用商品交易所、引进外国设备等。要实施这些措施，就要变通办法，打破框框的束缚。他理直气壮地说：“如果有人批评这是‘洋奴’，那就做一次‘洋奴’。”[35]因为有了这一系列果断的决策，不仅有效地推动了当年的外贸工作，而且为后来的对外开放政策的确立奠定了基础。

五、战略目标的渐进性

如上所述，中国共产党人的最终目标是实现共产主义，而实现这个目标的过程是渐进的，这是由社会发展规律尤其是社会主义初级阶段的性质决定的。陈云的战略思维方式中重要的内容是在治国理政的实践中对战略目标的渐进性的准确把握。

首先，经济建设是渐进的。陈云早在百废待兴的中华人民共和国成立之初即指出："我们接收国民党反动派遗留下来的烂摊子，难以把好事都做完，只能分先后缓急，量力而行。不量力就要冒进，冒进的结果还要自己推翻自己。"[36]所谓"量力"，最主要的是国力，"建设规模要与国力相适应"，即著名的"国力论"。他在1957年初即强调："建设规模的大小必须和国家的财力物力相适应。""建设的规模超过国家财力物力的可能，就是冒了，就会出现经济混乱。"[37]一年之后发生的"大跃进"的结果，不幸被他所言中，因为脱离了实际，超越了国力的可能，非但没有如愿增强国力、提高人民生活水平，反而造成国民经济严重比例失调、人民生活水平大幅度下降，严重损害了国力。之后，他一直执着地坚持其"国力论"。1985年在中国共产党全国代表会议上，他针对当时的工业增长速度断言："这样高的速度，是不可能搞下去的。"其依据就是当时国家的能源、交通、原材料等难以适应。所以"说到底，还是要有计划按比例地稳步前进，这样做了，才是最快的速度。否则，造成种种紧张和失控，难免出现反复，结果反而慢，'欲速则不达'"。[38]"欲速则不达"，这就是规律。我们的发展过程中之所以会出现反复折腾，究其因就是忽视这一规律，急于求成。这是治国理政者必须时时警惕的。

其次，经济体制改革是渐进的。陈云是新中国经济体制改革的先导者、支持者。他强调对改革既要积极，又要稳妥。之所以要稳妥，是由改革的复杂性决定的，涉及的范围广，且是全新的事业，没有经验，只能是渐进的。1980年12月16日，他在中央工作会议上指出："我们要改革，但是步子要稳。因为我们的改革，问题复杂，不能要求过急。改革固然要靠一定的理论研究、经济统计和经济预测，更重要的还是要从试点着手，随时总结经验，也就是要'摸着石头过河’。开始时步子要小，缓缓而行。”[39]改革之所以是渐进的，不仅因为改革本身的复杂性，需要摸索，而且还要处理好改革与民生改善的关系、与稳定的关系。针对20世纪80年代初定价权下放到企业而出现的一股涨价风，陈云即指出：“这种涨价如果不加制止，人民是很不满意的。经济形势的不稳定，可以引起政治形势的不稳定。”[40]因此，这就需要有必要的调控。这样做，并非不要改革，而且是要确保改革成功，赢得人民生活水平的改善和社会的稳定。

再次，人民生活改善也是渐进的。前面论到战略目的人本性，旨在阐释陈云战略思维方式中民生改善是发展根本的目的。但是实现这个目的，同样是渐进的。前面提到陈云坚持经济建设的速度要量力而行，同理，民生改善也要量力而行。1981年12月22日，他在谈到经济建设的几个重要方针时讲：“我们经济工作的另一个大方针：一、要使十亿人民有饭吃；二、要进行社会主义建设。”这里就包含着一个提高人民生活水平的原则界限：“只有这么多钱，不能提高太多，必须做到一能吃饭、二能建设。”[41]接着，他关于“加强和改进经济计划工作”的讲话中进一步强调：“人民的生活需要改善，可以改善；但改善的幅度要很好研究，还是那句话：从全局看，第一是吃饭，第二要建设。吃光用光，国家没有希望。吃了之后，还有余力搞生产建设，国家才有希望。只要把握住这一条就好。”[42]坚持这一条原则，就有国家健康可持续的发展，就有国力的不断增强，就有民生的不断改善。反之，违背这一条原则，只能是好心办坏事，与初衷相去甚远，得不偿失。

六、战略举措的稳妥性

陈云的战略思维方式，还体现在战略举措的决策上，坚持“多谋以求善断”的原则，力求稳妥。

早在1951年7月20日，陈云在中共中央统战部讨论工商联工作会议所作的总结讲话中，强调工商联吸收会员的工作要扎扎实实，逐步做到。他认为：“即使如此，办法也应该稳妥，这叫摸着石头过河。搞急了是要出毛病的。毛毛草草而发生错误和稳稳当当而慢一点相比较，我们宁可采取后者。尤其是处理全国经济问题，更须注意这点。”[43]之后，无论是经济建设、改革开放还是党的建设，凡在重大的战略举措的决策上，他都力求做到稳妥。

之所以强调战略举措的决策要稳妥，首先是由国情决定的。比如在制订第一个五年计划时，陈云即强调："中国土地少，人口多，交通不便，资金不足。因此，农业生产赶不上工业建设的需要，这将是一个长期的趋势，不要把它看短了。"[44]"农业发展不起来，工业就很难发展。"[45]所以，在中国搞工业化建设必须从这一基本国情出发。背离这一基本国情的举措，就难免失当。到了改革开放的新时期，陈云仍然执着地坚持从这个国情出发。他说："我们是十亿人口、八亿农民的国家，我们是在这样的一个国家中进行建设。""我们必须认识到这一点，看到这种困难。"陈云坦诚地讲："现在真正清醒地认识到这一点的人还不很多。"[46]这必须引起我们足够的重视。一方面我们还很穷，另一方面我们又要力争较短的时间内实现四个现代化。"这个是一个矛盾。人口多，要提高生活水平不容易；搞现代化用人少，就业难。我们只能在这种矛盾中搞四化。这个现实的情况，是制定建设蓝图的出发点。"[47]其次是由事物发展规律决定的。单就经济发展而言，陈云坚持国民经济有计划、按比例，综合平衡地发展，这就是社会主义经济发展的客观规律，"是必须遵守"的"法则"。[48]他讲："所谓综合平衡，就是按比例；按比例，就平衡了。任何一个部门都离不开别的部门。一部机器，只要缺一部分配件，即使其它东西都有了，还是开不动。按比例是客观规律。不按比例一定搞不好。""搞经济不讲综合平衡，就寸步难移。"[49]"大跃进"运动"以钢为纲"就吃了这个苦头，教训极为深刻。

那么，如何"多谋"以求"善断"，即如何确保重大战略举措决策的稳妥？陈云的办法就是交换、比较、反复。首先是交换，即对同一问题的认识进行多方位的交换，不仅是相同意见者之间的交换，还包括与不同意见者的交换，党内同志与党外人士之间的交换，领导干部上下级之间的交换、领导干部与专家之间的交换等，旨在努力弄清"实事"，进而"求是"，避免片面性。其次是比较，即对多种方案进行多方面的比较，不仅与现行的比较，还要与过去的、外国的作比较，旨在求得更加准确的判断，择优使用。再次是反复，即对那些经过"交换"、"比较"之后确定的方案，再摆一摆，想一想，留一个反复考虑的时间，以求"少走弯路，把事情办理更好"。如是，即稳妥了。1957 年 9 月 24 日，陈云在中共八届三中全会上讲了一系列解决吃穿问题的主要办法之后，他明确指出："我认为农业上的大问题，许多工作上的大问题，可以在全国展开讨论，这样做只有好处，没有坏处。"其好处是有了"交换""比较""反复"，"这样做，可以把我们的方案搞得更妥当一点。"[50]为此，他还列举了当年建设三门峡水库、大量种植橡胶树等举措的决策，少了"交换""比较""反复"这样的环节，搞得太急这是个教训。现实生活中出现低生育率的问题，有专家认为需要几十年乃至上百年来面对。这并非是说当年计划生育这个国策不对，但至少说在实施过程中要求过急过严，在决策程序上还缺少全民大讨论，这同样是个教训。学习陈云的战略思维方式，就是要在今后的治国理政的实践中，在重大战略举措的决策上务必稳妥，努力避免失误、折腾。这是一条极为宝贵的历史经验！

（作者单位：淮阴师范学院）

参考文献：

[1][3][4][5][10][15][16][23][29][43][45][48]《陈云文选》第2卷，人民出版社1995年版，第98页，第570页，第329页，第334—335页，第15页，第139页，第128页，第287页，第46页，第152页，第143页，第241页。

[2][6][7][8][11][12][13][17][18][21][24][26][27][30][31][34][35][37][38][39][40][41][42][46][47][49][50]《陈云文选》第3卷，人民出版社1995年版，第158页，第33页，第310页，第376页，第85页，第280页，第350页，第210页，第85-86页，第31页，第332—333页，第350页，第347页，第312—313页，第296页，第218—219页，第224页，第52页，第351页，第279页，第277—278页，第306页，第309页，第281页，第250页，第211页，第85页。

[9][14][19][20][28]《陈云文选》第1卷，人民出版社1995年版，第383—384页，第380页，第169页，第175页，第180—181页。

[22]《毛泽东选集》第3卷，人民出版社1995年版，第1059页。

[25][32]《陈云年谱》(修订本)下卷，中央文献出版社2015年版，第408—409页，第687页。

[33][36]《陈云文集》第2卷，中央文献出版社2005年版，第414页，第451页。

[44]《陈云年谱》(修订本)中卷，中央文献出版社2015年版，第317页。

陈云治国理政的人民主体论

俞剑英

人民主体价值论，顾名思义是以民为本的政治价值观，其价值内核是马克思主义唯物主义史观的基本原理，实际上回答了中国革命和社会主义建设事业为了谁发展的根本问题。陈云在治国理政中坚持人民主体论，是坚持一切为人民服务的社会主义政治价值体系的根本体现，是一切依靠人民、一切为了人民的马克思主义唯物史观的集中表现，是确立人民主体地位的马克思主义中国化理论核心理念的丰富和发展。关于依靠人民和为了人民的思想，把民生问题看作是执政党所领导的国家政治问题和重要国策，辩证地看待民生建设与经济建设的关系以及发扬民主的思想，是陈云治国理政理念人民主体论的主要体现。今天讨论陈云的人民主体思想，与习近平总书记倡导的治国理政思想中的核心理念是契合的，具有一定的研究价值。

中国共产党的人民主体思想，是在马克思主义的指导之下，在传统民主思想的积极部分影响之下形成的，根生于现代民主基础之上，建立在人民主权前提之下的，以实现人民权利为内容、以实现人民的根本利益为革命和建设的根本价值、代表最广泛人民群众权利和意志的治国理政核心思想。它代表了人民是国家的主人，是价值的本源和前提，体现了主权在民的政治价值维度，揭示民为主体、官为民服务的政治实质。中国共产党把“为人民服务”确立为自己的宗旨，把坚持人民主体地位作为自己矢志不渝的根本立场和最高价值原则。陈云的人民主体论是以毛泽东同志为代表的中国共产党人在马克思主义中国化过程中，在革命和建设时期内化形成的以民为主的思想体系，贯穿于中国共产党治国理政的始终。

一、始终把“依靠人民和为了人民”放在治国理政的首要位置

马克思主义唯物史观认为，人民群众是历史的创造者，是物质财富和精神

财富的创造者，更是社会变革的决定力量。陈云是学习马克思主义哲学和毛泽东思想的典范，因此，他坚定地坚持群众史观，把革命和建设事业看成是人民的事业，把革命的战争看成是人民的战争，充分重视依靠人民群众的力量争取革命的胜利，依靠人民群众的力量取得社会主义建设的胜利。同时，革命和建设的目的是为了人民当家作主，为了维护和保障人民的利益。

（一）人民群众是中国共产党的立党之本、执政之基

不论革命还是建设，没有人民群众的参与，历史的车轮不会向前推进。毛泽东创造性地把马克思主义群众史观与中国实际相结合，创立了群众路线，开创了人民主体地位的实践路径。陈云认为，我们进行革命和建设，首先应该重视和坚持人民群众在历史创造中的主体地位，这是马克思主义政党对待群众的根本立场。因此党领导工作要坚持相信和依靠群众，陈云认为“党脱离了群众，就成立光杆子的党，这样的党也是不能存在的”[1]。早在20世纪30年代初期，陈云在领导中央特科和全总党团工作时就意识到搞革命斗争要打破关门主义，不能“只要积极干部不要群众”，我们应该任何情况“都要依靠群众”。[2]在中央苏区领导工会工作时，正是第二次、第三次“左”倾错误盛行之时，陈云也力争调查研究，认识到党的一切斗争和工作必须依靠群众去做，“必须一切工作向着群众”，“站在群众前面领导群众，绝不要离开群众”。[3]抗战时期和东北解放战争时期，陈云进一步加深了对人民主体的认识，指出要依靠群众坚持抗战，要依靠群众、发动群众、组织群众进行武装斗争，建立和巩固根据地的极端重要性。在坚持南满、大敌当前的艰苦环境下，陈云更是告诉党内同志，克服困难要依靠群众的力量，团结人民群众，才能消灭敌人。东北解放在即，陈云主持东北财经工作与接管沈阳，这时他依然坚持依靠群众，做好迅速恢复和发展生产的准备。建国后，陈云又主持国家经济工作，对经济工作也持群众观点。他认为经济中要有政治，经济工作要依靠群众来做，又是为了群众的。他说：“疑难不决的事情，要请教群众。没有这一条，不能算马克思主义者。我们在工作中不仅要依靠组织更主要的是要依靠群众。这应该成为我们的一个口号。”[4]群众的“力量不怕小，只怕不组织”[5]。

（二）全心全意为人民服务是党的根本职责所在

中国共产党的宗旨是全心全意为人民服务，只有坚持为人民服务，才能保

持执政党的先进性和纯洁性。陈云坚持一切依靠人民，一切为了人民，坚定地践行着全心全意为人民服务的宗旨，创造性地丰富和完善了中国共产党“以人民利益为最高标准”的政治观和价值观。他认为，为人民服务，首先要摆正党与人民群众的关系。他曾明确指出：“共产党及其领导的人民政府，是真正代表大家，为大家‘当差’的，是遵循工人、农民和其他人民群众的意见办事的。”[6]在革命战争时期，陈云就指出在革命工作中要切实提出群众迫切要求解决的问题，保护人民群众的利益，人民群众才会站起来拥护你支持你。正是共产党人坚持搞革命的最终目的是为了人民群众，才取得了革命的胜利，实现了人民当家作主的愿望。中华人民共和国成立后，陈云认为执政党做任何事情，都要以关心和保护群众的利益为先。他在主持商业工作时就指出：“商业工作天天同人民群众打交道，管吃、穿、用，管油、盐、柴、米。不要看不起这些，这是人民的大事。我们共产党必须天天关心人民群众的切身利益。”[7]不断解决人民的生活问题，为人民谋福利同时也是巩固革命成果重要保障。“三年困难”时期，严重的自然灾害和经济困难导致了人民生活水平和体质的下降，陈云非常着急，他在中央财经小组会议上指出：“现在我们面临着如何把革命成果巩固和发展下去的问题，关键在于要安排好六亿多人民的生活，真正为人民谋福利。”[8]为此他提出每人每天供应一两豆子以补充营养，同时还提出拨出点钢材制造渔具捕鱼以便大中城市平均每人每天有半斤鱼吃。改革开放后，陈云强调四个现代化建设和经济、政治体制改革，都要在维护人民群众利益的前提下进行，不断完善建设目标和优化政府职能设置，以便更好地服务人民。他说：“改革的步骤一定要稳妥，务必不要人民群众的实际收入因价格调整而降低。”[9]陈云的这些观点和实践，正印证了他所说的“解决这些实际问题就是为人民服务，不解决实际问题谈为人民服务，则是空话一句”[10]。

二、始终把“民生问题是政治问题和重要国策”作为治国理政理念贯穿一生

人民的吃饭穿衣问题，就是最直接的民生问题。无论革命时期还是建设时期，中国共产党始终把民生问题当作头等大事对待，革命时期如此，建设时期更是如此。可以说，民生问题，是执政党治国理政的重要课题。毛泽东曾对老百姓的吃饭穿衣问题有过直接论述，他说：“吃饭穿衣，就是一件大事，一件难

事”，“技术、经济、事务工作有其政治意义，政治工作也会带有技术、经济、事务性”。[11]表明民生问题，不仅是经济问题，更是政治问题。党员干部对此要有明确认识。陈云对此有着清醒的认识。在他70余年的革命生涯中，陈云始终关心民生问题，坚持人民至上的人民主体论，把民生问题上升到执政党治国理政的重要政治问题和重要国策。他认为，解决民生问题是中国革命和建设的根本目的，强调人民群众的利益是从事经济工作的出发点和落脚点。在经济建设过程中，强调经济建设和人民生活必须兼顾平衡，人民生活是基础工作。他总能在治国理政的繁杂事务中拎出主线，把握革命和建设的脉搏。

（一）从执政党的政治高度和国策角度来认识民生问题

中国共产党从领导人民进行革命斗争到成为执政党领导人民进行经济建设中，历经了一个从“斗争谋民生”到“政权谋民生”的过程。中国共产党领导人历来重视民生问题，并且从政治高度来认识民生问题。毛泽东就曾指出：“我们是革命战争的领导者、组织者，我们又是群众生活的领导者、组织者。”[12]“一切群众的实际生活问题，都是我们应当注意的问题。”“从土地、劳动问题，到柴米油盐问题，都应该把它提到自己的议事日程上。”[13]可以说，民生问题就是政治问题，就是革命和建设的首要问题。陈云亦认为，解决民生问题是革命和建设的根本目的，因此，要从政治高度来认识民生问题。早在延安时期，陈云在总结华北民运工作的时候，就曾指出：“民主、民生斗争是根据地内发动民众的钥匙”，“当前关系群众切身利益的问题是用武装斗争保护经济利益，解决民生问题要与战争动员相辅相成”。[14]陈云主持边区财经工作后，更是指出现实革命家与空头革命家的区别，就在于是否“能为群众服务，解决他们的吃饭穿衣问题”[15]。社会主义建设时期，为解决“大跃进”带来的严重的经济后果，陈云采取调整工农业发展比例、搞活市场、增加农副产品的生产等措施。他说：“农业问题，市场问题，是关系五亿多农民和一亿多城市人口生活的大问题，是民生问题。解决这个问题，应该成为重要国策。”“如果六千多万人身体搞得不好，我们不切实际想办法解决，群众是会有意见的。人民群众要看共产党对他们到底关不关心，有没有办法解决生活的问题。这是政治问题。”[16]此外，为了提高人民的生活水平，除了抓农业增产，他还设法保护劳动力，限制人口生产的过度增长。改革开放时期，陈云倡导和支持解决体制改革。但他也针对经济体制改革过程中出现的种种问题，阐述了自己的意见。他提醒大家必须十分重视农业的极端重要性。特别是粮食生产，关系着民生的重要问题。他说："十亿人口吃饭穿衣，是我国一大经济问题，也是一大政治问题。"[17]总之而言，陈云在各个时期对人民吃饭穿衣、农业等民生问题重视，体现了人民主体价值观，是马克思主义唯物史观的反映。

（二）提出"一要吃饭，二要建设"的治国理念

中华人民共和国成立后，党中央治国理政的首要任务是发展经济，进行社会主义经济建设。陈云作为资深的经济实战家，顺理成章地担负起领导经济建设的重任。他提出"一要吃饭，二要建设"的治国理念，并在八届三中全会上指出"经济不摆在有吃有穿的基础上，我看建设是不稳固的"[18]，"不解决人民吃饭穿衣问题，社会主义事业便站不稳，必然还要回头补课"[19]，直接阐明了民生建设的重要性。他在总结"大跃进"经验教训的基础上提出，要在安排好人民生活的基础上搞经济建设。他说："应该先保证必需的生产和必需的消费，然后再进行必需的建设"，"生活必需品的生产必须先于基建，这是民生和建设的关系合理安排的问题"。[20]中共十三大以后，陈云退出中央领导岗位第一线，但他还是一如既往地积极支持比较年轻的中央领导成员的工作。1988年，物价大幅上涨，人民生活水平受到很大影响。陈云密切关注价格、工资改革以及其他同群众生活密切相关的问题。对价格、工资改革不切实际的办法，陈云直接给予不同意见。他说："我是算账派，脑子里有数目字。理顺价格在你们有生之年理不顺，财政补贴取消不了。"[21]陈云重申"一要吃饭，二要建设"的原则，并指出："提高人民生活水平，要掌握一定的幅度，不能过高、过快"，"好事要做，又要量力而行"。[22]建设的最终目的是为了提高人民生活水平，但是要坚持适度原则，始终要保证人民基本生活前提下进行建设。盲目追求速度、数量，用陈云的话说，不是快了，反而慢了。

但是先安排人民生活，并非就忽视建设。陈云强调两者应在国民收入的分配上有恰当的比例。1956年社会主义改造完成之后，全党的中心工作明确为经济建设。这时候，如何处理好经济建设与人民生活的关系，是先民生后建设，还是先建设后民生，这是个大问题。陈云明确强调："经济建设和人民生活必须兼顾，必须平衡。"[23]两者的关系是相辅相成的，相互影响，相互促进。一方面，要解决民生问题就必须进行经济建设；另一方面，民生有了保障才能调动人民的积极性，才能更好地建设社会主义事业。十一届三中全会以后，

1982年陈云邀请国家计委相关领导人到中南海家中座谈如何加强和改进经济计划工作、处理好计划与市场的的关系时就强调："从全局看，第一是吃饭，第二是建设。吃光用光，国家没希望。吃了以后还有余力搞生产建设，国家才有希望。"[24] 可见，陈云对经济建设与安排人民生活是有深刻认识的，辩证地看待解决民生问题与经济建设的相互关系，即民生与建设要兼顾平衡，在保障人民生活的基础上进行建设，建设又为人民服务。这充分体现了陈云人民主体的治国理政的政治价值观，是对马克思主义政治经济学再生产理论的再运用，符合中国农业大国的国情。

三、始终把人民民主作为党治国理政的重要组成部分

《中华人民共和国宪法》规定：中华人民共和国是工人阶级领导的、以工农联盟为基础的人民民主专政的社会主义国家。中国实行人民代表制度，人民行使国家权力，人民依照法律规定，通过各种途径和形式，管理国家事务，管理经济和文化事业，管理社会事务。我国人民民主专政的国体决定了要实行人民代表大会制度，人民民主专政的本质是人民当家作主。这反映了人民至上的政治理念。因此，共产党也把人民民主贯穿到社会、经济、生活、管理等治国理政的各个层面，实现真正的人民当家作主。

（一）强调党要发扬民主，体现人民主体政治价值理念

一是发扬对群众民主的作风。人民群众是历史的创造者，又是改造世界的主体。因此，放手发动群众搞革命就要掌握领导群众的方法。共产党采用的方法是尊重人民的价值主体地位，站在人民群众的立场想之所想，发扬民主作风，实行民主政策和方针，耐心引导人民群众搞革命、搞建设。1939年6月，陈云在《党的支部》一文中指出："支部在组织群众的工作上，应该依据当地的具体环境和群众的需要，去选择适当的群众组织方式"，"要以民主的作风与群众一起工作，不要包办，不要以支部的领导来代替群众团体自己的领导"。[25] 表明了对群众要有民主的作风。陈云还强调群众民主讨论的必要性，他说："动员和组织民众的工作，必须首先在党内详细讨论……群众民主的讨论……动员起来相应和完成这个号召。"[26] 当然，群众民主的作风最直接的表现是召开群众大会。1939年12月，陈云在总结陕甘宁边区的群众工作时，指出"要开好行政村

的群众大会……凡是关系到全体人民的事，要召集群众大会，大家讨论。这样一来，我们工作就深入到群众里面去了，同时也发扬了民主"[27]。除了党内，陈云认为群众团体内部也应发扬民主，形成制度。他说："我们党内实行民主选举，群众团体的选举更应该注意发扬民主，上级简单地提一个名单是不好的。要把发扬民主当成一种制度，形成一种风气。"[28]

二是坚持党内民主集中制原则。延安时期，陈云领导党组织工作时发现辽东党内存在着组织生活不健全的状态。为健全党内民主，1947 年 4 月，陈云撰写《健全党内生活》一文在辽东分局工作会议上发言，他指出"党内严格实行民主集中制"，"核心领导只有经过严格执行民主集中制"，"民主又必须集中"，"每个党员都有在党内发表意见、讨论问题的权利，但是又必须有服从决定、积极工作的义务"。[29]同时他还指出党员和非党员合作共事，也应共同遵守民主集中制的原则，少数服从多数。中华人民共和国成立后，中国共产党民主集中制历经了几次波折。用陈云的话说，从中共七大到全国胜利前，我们党都很民主，在民主集中制的基础上发扬民主。中华人民共和国成立初期，社会主义改造，抗美援朝，都很对，民主集中制得到了很好的贯彻。但从 1958 年起，特别是 1959 年庐山会议，彭德怀受到批判，党的民主集中制的传统逐渐被破坏。到"文化大革命"，民主集中制几乎荡然无存，集体领导也没有了。"文化大革命"后，党内民主生活逐渐恢复起来。特别是陈云起草的《关于党内政治生活的十二条准则》的制定和出台，更加坚定了陈云等老一辈无产阶级革命家要认真实行集体领导制度，加强民主集中制。陈云提出党要坚持集体领导，反对个人专断；接受群众的监督，不搞特权；维护党的集中统一，严守党的纪律；要讲真话，言行一致；民主选举，民主表决；开会要民主，畅所欲言；决策要民主，集体讨论；领导干部要善于听取不同意见，特别是反面意见等。此举进一步完善了党内民主，加强了中央权威，保障了人民赋予的权利公正地行使，从根本上维护了人民民主。

三是加强企业管理的民主性。陈云认为企业管理也应走向民主化，给予职工更多的权利去管理企业。改善国营、公营企业的经营和管理工作，贯彻企业化原则和实行管理民主化。首先成立企业管理委员会，其次组织工厂职工代表大会，三是发挥生产小组的作用，有问题大家开会讨论。通过这种民主化的管理模式，给予企业更多自主权，给予职工更多的民主权利，调动他们生产的积极性。当然，陈云认为，企业的这种民主化管理虽然不应也不能采取官僚主义的压迫方法来管理，但是必须用集中领导下的民主方法来管理。改革开放后，陈云又提出在经济改革中“对于不同企业的经济活动，要给以不同程度的决策权，同时还扩大职工管理企业的民主权利”[30]，真正突显了人民的主体地位，维护人民当家作主的权利，扩大了人民民主。

（二）坚持民主与集中相结合，坚持民主集中制与法制建设相结合，完善民主制度建设

一是坚持民主与集中相结合，健全民主生活制度。陈云认为，民主集中制是对立统一，缺一不可的。他说：“民主集中制，是既要有民主，又要有集中。”一方面，实行民主，“允许有不同意见的辩论，这样可以少犯错误”。另一方面“又必须要有集中，少数服从多数，全党服从中央，否则什么事情也做不了，一事无成”，“没有民主不好，没有集中也办不了事”。[31]民主的价值在于可以倾听不同的意见，避免犯错误。集中的价值在于可以采用大多数人的意见，集中办大事。新时期，陈云围绕四化建设搞好党风、严肃党纪，并希望新的领导班子也“要充分发挥民主，倾听不同意见”，实行集体领导，集体决策，“特别是重大问题的决定，必须经过集体的充分讨论，以便减少损失，少走弯路，把事情办得更好”。[32]同时，陈云还特别强调，党内民主生活要制度化。“要立个规矩，常委多少时间开一次会，政治局多少时间开一次会。常委会议，政治局会议，政治局扩大会议应该分开来开。这是党内民主生活。”[33]经常开会讨论，经常交换意见，体现了民主的真实性和广泛性。

二是实行民主集中制与法制建设相结合，健全制度建设。陈云认为，在实行民主集中制的制度建设的同时，也要坚持法制建设。马克思主义唯物辩证法认为，民主和法制是辩证统一的，是缺一不可的两个方面。在共产党领导下的社会主义法制和民主集中制的国度里，“不能是没有民主的法制，也不能是没有法制的民主”[34]。陈云曾说：“人民有民主权利，但也必须守法，否则我们会一事无成。”[35]民主是必须的，但守法也是必须的。要严格按照法律办事，对反革命分子和破坏社会治安的刑事犯罪要依法予以坚决打击。对那些利用各种机会与方式破坏社会主义建设事业的犯罪分子，要严厉处置，保护人民民主专政的社会主义制度。对于游行、请愿的，要求他们不仅要民主，还要守法。不管怎么说，由于千百年来中国社会观念根深蒂固，民主和法制建设还任重道远。1979 年 6 月 18 日至 7 月 1 日，五届人大二次会议将文化大革命中成立的地方

各级革命委员会改为地方各级人民政府，会议还讨论通过了《全国人民代表大会和地方各级人民代表大会选举法》《刑法》等七部重要法律，标志着我国的社会主义民主和法制建设取得相当进展，也标志着陈云等老一辈无产阶级革命家坚持民主集中制、法制建设以及人民民主专政的胜利。

纵观陈云的一生，他一心向民、一心爱民、一心护民，维护人民民主的政治体系，对党治国理政抓主线、抓核心具有重要的理论价值和实践价值。

（作者单位：陈云纪念馆）

参考文献：

［1］［6］［25］［26］［27］［28］［29］《陈云文选》第1卷，人民出版社1995年版，第171页，第380页，第149页，第153页，第175页，第176页，第347—348页。

［2］［11］［15］《陈云传》（上），中央文献出版社2005年版，第129页，第354页，第392页。

［3］［4］［7］［9］［16］［17］［18］［21］［22］［23］［24］［30］［31］［32］［33］［34］［35］《陈云传》下，中央文献出版社2005年版，第153页，第1057—1058页，第1054页，第1688页，第1313页，第1692页，第1101页，第1792页，第1796页，第1052页，第1641页，第1639页，第1589页，第1739页，第1745页，第1519页，第1518页。

［5］《陈云文集》第2卷，中央文献出版2005年版，第35页。

［8］［20］《陈云文选》第3卷，人民出版社1995年版，第210页，第53页。

［10］《陈云文选》第2卷，人民出版社1995年版，第128页。

［12］［13］《毛泽东选集》第1卷，人民出版社1991年版，第139页，第137—138页。

［14］《陈云年谱》（修订本）上卷，中央文献出版社2015年版，第274页。

［19］《陈云年谱》（修订本）中卷，中央文献出版社2015年版，第401页。

陈云“党性原则和党的纪律不存在‘松绑’的问题”论断阐释

文建龙

作为我党第一代、第二代中央领导集体成员，陈云非常关注党的建设问题。在党的建设方面，他不仅有着丰富的实践经验，还有深刻的思想理论。他在党的建设方面提出的一些论断，对我党的建设起到了积极作用。比如，1980 年 11 月，他在中共中央纪律检查委员会召开的第三次贯彻《关于党内政治生活的若干准则》座谈会期间提出的“执政党的党风问题是有关党的生死存亡的问题”[1]论断，就极为深刻，成为新时期我们党的建设的重要指导思想。

一、陈云“党性原则和党的纪律不存在‘松绑’的问题”论断的提出

陈云“党性原则和党的纪律不存在‘松绑’的问题”论断的提出不是偶然的，而是有着深刻的历史背景，同时也与陈云丰富的人生经历密切相关。

首先，中国特定的社会环境给党提出了加强党的建设的重大历史课题。1976 年 10 月粉碎“四人帮”、结束“文化大革命”，特别是 1978 年 12 月党的十一届三中全会决定改革开放，将全党工作的着重点转移到社会主义现代化建设上来之后，我们党自觉而坚定地肩负起领导全国各族人民建设社会主义四个现代化的伟大历史使命，果断地把目光投向未来，开拓新时代。但是，“文化大革命”给党和国家造成的深重创伤在此时并没有完全愈合，它的流毒在中国社会各个领域依然不同程度地存在着。党内还存在着比较严重的不正之风。这些不正之风具体表现为：派性、无政府主义、极端个人主义、官僚主义、特殊化等错误倾向在党内还很有市场；“文化大革命”以来入党的新党员数量庞大，他们比较缺乏党的基本知识，对党的历史和党的优良传统也缺乏了解，尤其是对党

规党法认识模糊；在一些老党员中，也有的在经过“文化大革命”动乱之后，党性观念变淡薄了，他们脱离群众、追求享乐的不良思想作风有所滋长；尤其是实行改革开放之后，西方腐朽思想也开始大量涌入中国，这种情况对一些党员产生了严重的不良影响，导致他们理想信仰丧失，悲观失望；还有的党员目无党纪国法，走上了经济犯罪之路。这种情况表明，加强党的建设已经成为中国共产党面临的重大而迫切的历史课题。这种情况不能不促使作为党的领导集体成员的陈云深入思考党的建设问题。

其次，陈云作为我党久经考验的共产主义战士、优秀共产党员，他的一生都与党的建设结下了不解之缘，这使得他自参加革命以来就一直密切关注党的建设事业。这也是他后来能够提出“党性原则和党的纪律不存在‘松绑’的问题”论断的重要原因。1929 年 11 月，陈云撰写了《江苏农民运动的趋势和今后的斗争》，其中对党领导农村斗争的任务和策略以及农村党组织的建设有较为深刻的阐述。1933 年 4 月陈云写了《苏区工人的阶级斗争》，对苏区党和工会内忽视工人阶级斗争的错误倾向进行了剖析，要求加强党的建设，巩固和发展苏维埃政权。1937 年至 1944 年，陈云担任中共中央组织部部长，在此期间，他提出了深刻的党建思想和理论。在党的十一届三中全会上，他当选为中共中央纪律检查委员会第一书记，一直到 1987 年才正式卸任。他提出：“纪律检查委员会的根本任务，就是维护党规党法，切实搞好党风。”[2]陈云很早就进入到党的高层这种人生阅历以及后来担任中共中央组织部部长等经历，使得陈云的一生都与党的建设有着密切的关系。在我国结束“文化大革命”、进入新的历史时期之后，陈云的主要职责就是领导全国纪检工作，维护党规党法，加强和推进党的建设工作。可以说，这是历史再一次把他推到了专门从事党的建设的重要岗位上。在担任中共中央纪律检查委员会第一书记期间，陈云密切关注党的建设问题，反复强调要加强党风党纪和廉政建设。他说：“对于利用职权谋私利的人，如果不给以严厉的打击，对这股歪风如果不加制止，或制止不力，就会败坏党的风气，使党丧失民心。”[3]“对外开放时，我们也讲了要充分注意对外开放中带来的消极东西。但现在看来，防止消极后果的工作还做得不够。”[4]在改革开放新的历史时期，陈云不断探索、丰富和发展党的建设理论。

“党性原则和党的纪律不存在‘松绑’的问题”论断就是在他担任中共中央纪律检查委员会第一书记期间提出来的。结束“文化大革命”之后，为了适应新时期党的建设的需要，党中央于 1978 年底决定，由中央纪委和中央组织部共同起草《关于党内政治生活的若干准则》。经1979年1月召开的中央纪委第一次全体会议讨论，形成了《关于党内政治生活的若干准则（草案）》，并于同年2月上报中央政治局原则通过，3月份以后，中央批转下发在党内广泛征求意见。经过10个多月的广泛深入讨论，全党共提出意见1 800多条。然后又经过7次讨论修改，于1980年1月经中央纪委第二次全体会议审议，形成《关于党内政治生活的若干准则（送审稿）》正式报送中央。1982年2月，中共十一届五中全会讨论通过了《关于党内政治生活的若干准则》。该准则总结了几十年来处理党内关系的经验教训，特别是"文化大革命"期间同林彪、江青反革命集团斗争的经验教训，对党内政治生活中必须遵守的原则作了明确规定。准则共分十二个部分，即：坚持党的政治路线和思想路线；坚持集体领导，反对个人专断；维护党的集中统一，严格遵守党的纪律；坚持党性，根绝派性；要讲真话，言行一致；发扬党内民主，正确对待不同意见；保障党员的权利不受侵犯；选举要充分体现选举人的意志；同错误倾向和坏人坏事作斗争；正确对待犯错误的同志；接受党和群众的监督，不准搞特权；努力学习，做到又红又专。[5]

《关于党内政治生活的若干准则》的公布与实施，对发扬党内积极因素，克服消极因素，纠正不正之风，建立党内正常生活秩序，发挥党员模范作用具有重要意义。以《关于党内政治生活的若干准则》的起草为起点，中共中央及其相关部门为了适应新时期加强党的建设和推进拨乱反正形势的需要，相继起草和公布了一系列关于党的建设的重要文件。如：1981年8月由中央组织部下发了《中共中央组织部关于进一步健全县以上领导干部生活制度的通知》，1982年2月由中共中央发出了《中共中央关于建立老干部退休制度的决定》，1983年10月党的十二届二中全会作出了《中共中央关于整党的决定》，1984年4月下发了《中共中央关于任免国家机关领导人员必须严格依照法律程序办理的通知》等。这些重要文件的出台和贯彻落实，对于恢复党的优良传统，清除"左"的指导思想及其在党的建设中的表现，创造安定团结的政治局面，实现社会风气的根本好转，起到了积极的作用。

1984年10月，党的十二届三中全会通过了《中共中央关于经济体制改革的决定》，从此，中国的经济体制改革逐步展开。在经济体制改革起步前后，一些党政机关和党政干部，利用计划价和市场调节价的"价格双轨制"，蜂拥而至地集中在商品流通领域经商办企业，党政领导机关和党政领导干部经商办企业的歪风一哄而起。极少数参加革命多年的老干部、老党员也卷进了这股歪风。有的国家机关和企业事业单位在行政机构改革中擅自扩大编制、提高机构规格；有的企业事业单位钻价格改革的空子，生产资料乱涨价之风滋生；有的趁机构撤销或合并、工程建设项目下马之机滥发钱物、违反规定提高工资标准、哄抢国家资财。在某些地方和单位，由于党政主要负责人的改革指导思想不端正，无端指责纪检机关是改革开放的“顶门杠”，无视国家法律和政策，提出“闯‘红灯’，敢踩（法律纪律）线”，“经济要搞活，纪律要‘松绑”等荒谬口号。这些不正之风严重扰乱了国家的经济和政治秩序，为经济体制改革顺利进行增添了阻力。党的纪检机关在新形势下整顿党风的工作面临着严峻的考验。陈云认为，必须加强党的纪律检查工作，为经济体制改革保驾护航。1984 年 10 月 17 日，陈云在中共中央纪律检查委员会常委会提出的《加强纪律检查工作，保证经济体制改革顺利进行》的报告上写了这样的批语：“纪检工作应该研究新情况，适应新情况。党性原则和党的纪律不存在‘松绑’的问题。没有好的党风，改革是搞不好的。共产党不论在地下工作时期或执政时期，任何时候都必须坚持党的纪律。”[6]可见，“党性原则和党的纪律不存在‘松绑’的问题”这个论断，也是为适应时代发展要求、针对中国社会严峻的现实而提出来的。

二、陈云“党性原则和党的纪律不存在‘松绑’的问题”论断的深刻内涵

（一）党性原则不存在“松绑”的问题

党性是指人们的阶级性最高而集中的表现。中国共产党是中国工人阶级的先锋队，同时是中国人民和中华民族的先锋队，是中国特色社会主义事业的领导核心，代表中国先进生产力的发展要求，代表中国先进文化的前进方向，代表中国最广大人民的根本利益。中国共产党所固有的、不同于其他政党的阶级属性的高度而集中的体现，就构成了它的党性；而按照中国共产党的党性规定，在党的实际活动中要求全体党员必须坚持的原则，就是中国共产党的党性原则。从根本上讲，党性原则其实是工人阶级的世界观在党的思想、政治、作风、纪律、组织等各方面的综合体现。陈云“党性原则和党的纪律不存在‘松绑’的问题”论断，首先就是要告诉全党，党性原则不存在“松绑”的问题。

在陈云那里，党性原则不存在“松绑”的问题，到底意味着什么呢？

1. 意味着党的思想建设不能松懈。党的思想建设是指党内的思想教育和

思想领导，具体来说，就是指用马克思列宁主义、毛泽东思想和中国特色社会主义理论体系教育和武装全党，克服和改造党内的各种非无产阶级思想。思想建设是党的建设的重要内容。马克思主义历来重视党的思想建设。马克思主义强调，共产党人要无条件地掌握无产阶级世界观，而不要把资产阶级、小资产阶级思想的任何残余带到党内来。列宁指出，工人阶级不能自发地产生马克思主义，必须自觉地向工人群众“灌输”马克思主义。他强调：“既然谈不到由工人群众在其运动进程中自己创立的独立的思想体系，那么问题只能是这样：或者是资产阶级的思想体系，或者是社会主义的思想体系。这里中间的东西是没有的（因为人类没有创造过任何“第三种”思想体系，而且在为阶级矛盾所分裂的社会中，任何时候也不可能有非阶级的或超阶级的思想体系）。因此，对社会主义思想体系的任何轻视和任何脱离，都意味着资产阶级思想体系的加强。”[7]这就要求党必须自觉地加强思想建设，使马克思主义即无产阶级的思想体系在党内居于主导地位。否则，党就会走上邪路。

2. 意味着党的政治立场不能走偏。政治立场是一个政党的根本立场，是指立足于一定的阶级、政治集团、派别、反映其利益和要求的政治立足点和出发点。它涉及的是代表谁说话、办事的问题，即代表谁的根本利益的问题。所谓党的政治立场不能走偏，主要有两层含义：一是指政治立场要正确，二是指政治立场要坚定。中国共产党的政治立场，就是马克思主义的立场，就是始终坚持为无产阶级、为绝大多数劳动人民谋利益的立场，就是代表最广大人民根本利益的立场，就是全心全意为人民服务的立场。只要是持这种立场的，都是正确的政治立场。反之则不是。有了正确的政治立场，如果这种立场不够坚定，那也是不行的。所以，党不仅要有正确的政治立场，还要求这种政治立场坚定不移。

3. 意味着党的作风建设不能松懈。党的作风又称“党风”或“党的工作作风”，一般是指在党的活动中一贯表现出来的态度和行为，是党的性质、宗旨和世界观在党的活动中的表现。党的作风建设指端正党组织和党员的思想作风、工作作风和生活作风，树立与党的性质和宗旨相适应的良好风尚的工作，是党的建设的重要组成部分。改革开放之初，陈云就严肃指出：“执政党的党风问题是有关党的生死存亡的问题。因此，党风问题必须抓紧搞，永远搞。”[8]在这里，陈云固然是在强调党的作风建设的极端重要性。但是他显然也在突出强调“抓紧搞，永远搞”，这就说明，陈云并不仅仅是强调党的作风建设不能松懈，他还强调对党的作风建设常抓不懈。

4. 意味着党的组织建设不能松懈。党的组织建设，是指党的组织制度、党的各级组织、党的干部、党的纪律、党的纪律检查机关等方面的建设实践活动。主要包括民主集中制建设、党的基层组织建设、干部队伍建设和党员队伍建设等内容。在党的组织建设任务中，党员队伍建设是党的组织建设的基础，只有把党员队伍建设好了，保持党的先进性、密切党同群众的联系、提高党的战斗力、充分发挥党的领导作用才有保障；干部队伍建设是党的组织建设的核心，只有把按照民主集中制原则建立党的组织形式和活动方式与党的干部队伍建设结合起来，党的干部队伍才能发挥真正的作用和威力；民主集中制是党的根本的组织原则，只有实行民主集中制，才能建立起党的完整而严密的组织系统，从而凝聚各方力量。党要实现各个历史时期的政治任务，必须始终把加强党的组织建设摆在突出位置。

（二）党的纪律不存在“松绑”的问题

党的纪律简称“党纪”，是按照民主集中制的原则，根据党的性质、纲领和实现党的路线、方针、政策的需要而确立的各种党规党法的总称，是党的组织和党员必须遵守的行为规范。党的纪律可分为政治纪律、经济纪律、组织人事纪律、宣传纪律、群众纪律、工作纪律、外事纪律、保密纪律等。党的各级组织和每一个党员都必须模范地遵守党的纪律。无产阶级革命导师都高度强调党的纪律的重要性。马克思曾在致恩格斯的信中指出：“我们现在必须绝对保持党的纪律，否则将一事无成。”[9]列宁也曾指出：“谁哪怕是把无产阶级政党的铁的纪律稍微削弱一点（特别是在无产阶级专政时期），那他事实上就是在帮助资产阶级来反对无产阶级。”[10]

陈云认为党的纪律不存在“松绑”的问题，反映了他对党的纪律的深刻认识。

1. 党的纪律是执行党的路线的保证。陈云在漫长的革命生涯中，多次提到党的纪律，并对之进行了深刻论述。如 1938 年 9 月，他在《论干部政策》中指出：“一个革命的队伍必须有铁的纪律，来保障完成革命的任务。”[11]1940 年 3 月，陈云又在《严格遵守党的纪律》一文中从五个方面回答了“中国共产党为什么要特别强调纪律”的问题。然后他在结论中强调：“全党严守党纪是革命胜利的一个重要条件。”[12]在这里，陈云的意思非常明确，即：没有铁的纪律，革命事业就没有保障。翻看陈云的作品会发现，党的纪律是陈云反复强调的问题。之所以这样，在于陈云认识到了党的纪律是执行党的路线的保证。

2. 党的纪律是维护党的团结统一的有力武器。在陈云看来，党的团结统一离不开党的纪律。他说："纪律是我们的重要武器。维护党的统一，不靠刀枪，要靠纪律。"[13]1939 年 5 月，陈云在《为什么要开除刘力功的党籍》一文中阐述了共产党看重纪律的原因。他说："为什么共产党要这样看重纪律？理由很简单，因为共产党要领导无产阶级及劳动人民争取彻底的解放，这不是容易的事。革命胜利基本的条件之一，就是要使无产阶级的党成为有组织的统一的部队。只有组织和统一才是我们的武器，才是我们的力量。要保障我们的党能有组织和统一，这就需要有严格的纪律。"[14]"中国革命是长期艰苦的事业，共产党及其党员没有意志行动的统一，没有百折不回的坚持性和铁的纪律，就不能胜利。"[15]同时，陈云还在《怎样做一个共产党员》中指出：只有严守党的纪律，"才能团结全党，克服新的困难，争取新的胜利"[16]。

3. 党的纪律是巩固党与群众密切联系的重要条件。与群众保持密切联系，是中国共产党事业制胜的重要法宝。而要保持与群众的密切联系，关键在于广大党员严格遵守党规党法。党员惟有严守党规党法，党的威信才能在群众中牢固地树立起来。党员严守党规党法，才意味着他在严格遵守党的纪律。一个共产党员，只有在他严守党的纪律的时候，他才可能坚持革命的利益和人民的利益高于一切。陈云指出："我党是以彻底解放中国无产阶级和全国人民、全中华民族，建立共产主义社会为职志的政党，因此，民族的和人民的利益与党的利益是一致的。共产党员是在党的领导下为共产主义事业奋斗的战士，党员的利益同民族的、人民的和党的利益也是一致的。""每个共产党员，都要把革命的和党的利益放在第一位，以革命的和党的利益高于一切的原则来处理一切个人问题，而不能把个人利益超过革命的和党的利益。"[17]陈云认为，党员只有在把个人利益与党的利益、革命的利益、民族的利益和人民的利益有机统一起来之后，才是正确的，否则就是违反党的纪律。党员如果违反党的纪律，就势必会削弱党在群众中的威信。一旦当在群众中丧失了威信，党和群众的密切联系也就荡然无存了。陈云认为党员心中必须要有群众，必须保持与群众的密切联系。党员只有严守党的纪律，才能建立起与群众的密切联系。所以他严厉批评党内违纪现象。1946 年 7 月，他在为东北局起草的决议中说："不少人迷恋城市生活，缺乏下乡的决心，缺乏群众观点，干部中享乐腐化厌战的情绪在增长着，这是党内最危险的现象。”[18]

4. 无产阶级政党实行极严格的纪律是战胜资产阶级的基本条件之一。无产阶级革命导师在革命实践中认识到，要战胜资产阶级，无产阶级政党必须实行极严格的纪律，并认为这是革命取得胜利的基本条件之一。恩格斯 1886 年 10 月 23 日在致劳·拉法格的信中说：“纪律是一个有成效的和坚强的组织的首要条件，是资产阶级最害怕的。”[19]列宁在领导俄国革命实践中也曾指出：“否认政党和党的纪律……这就等于完全解除无产阶级的武装而有利于资产阶级。这也恰恰就是小资产阶级的散漫、动摇、不能坚持、不能团结、不能步调一致，而这些一旦得到纵容，就必然断送无产阶级的任何革命运动。”[20]陈云也深刻认识到了党的纪律在中国革命中的作用，他指出：“中国是一个小资产阶级成分占优势的国家，如果中国共产党没有严格的纪律，将无法防止小资产阶级意识侵入党内。如果党不是有铁的纪律的队伍，就不能去团结最大多数的人民群众。因此破坏党纪，实质上就是破坏革命，我们必须与任何破坏纪律的倾向作斗争。”[21]改革开放后，陈云认为党的纪律不存在“松绑”的思想，可以说是他上述思想进一步发展的必然结果。

（三）党性原则与党的纪律必须紧紧地捆绑在一起

陈云“党性原则和党的纪律不存在‘松绑’的问题”论断，深刻揭示了党性原则和党的纪律之间密不可分的辩证统一关系。如前所述，党性原则是工人阶级的世界观在党的思想、政治、作风、纪律、组织等各方面的综合体现。党的纪律是按照民主集中制的原则，根据党的性质、纲领和实现党的路线、方针、政策的需要而确立的各种党规党法的总称，是党的组织和党员必须遵守的行为规范。深入考察党性原则和党的纪律之间的关系，就会发现它们两者是辩证统一的关系。

1. 党性原则对党的纪律具有指导作用。从党的建设学说角度来看，如果把党的建设学说作为一个思想系统，那么，党性原则和党的纪律分属于不同的结构层次。一般认为，党性原则是党员及党组织行动所依据的准则。这个准则在党的建设学说思想体系中是宏观的，而不是微观的，是抽象的，而不是具体的。党性原则处在党的建设学说思想体系的高层次结构中。而党的纪律一般是指为维护党和人民的利益并保证工作进行而要求党员必须遵守的规章或条文。很显然，它在党的建设学说思想体系中只能是微观层面的、具体的东西，是属于党的建设学说思想体系的低层次结构中东西。在党的建设学说思想体系这个庞大的系统里，处于高层次的宏观层面的思想、观念、准则等对于中观层次和微观层次的思想、观念、准则等都具有统领作用。这种统领作用就包含了指导作用。因此，党性原则对党的纪律是有指导作用的。所有政党在规定党的纪律时，都会把党性原则当作准绳，而不会违反党性原则。这是党性原则对党的纪律具有指导作用的具体体现。

2. 党的纪律必须体现党性原则。任何政党都必须有自己的严格的纪律。无产阶级政党自然不会例外，不仅如此，无产阶级政党更强调党的纪律问题。如中国共产党，早在《中国共产党第一个纲领》中就明确规定，凡想加入中国共产党的人，“在加入我们队伍之前，必须与企图反对本党纲领的党派和集团断绝一切联系”[22]，“在党处于秘密状态时，党的重要主张和党员身份应保守秘密”[23]。党的二大通过的《中国共产党章程》则专门辟有“纪律”一章，对党的纪律作了较为详细的规定。后来，党在革命过程中制订了“三大纪律六项注意”，接着又将之修改补充为“三大纪律八项注意”，这是中国共产党严明党纪的集中反映。党的五大、七大的党章规定设立党的监察委员会作为党内执行纪律的机关，以保证党的纪律的执行。此后，中国共产党都非常强调党的纪律建设。但是，不管党在纪律方面如何规定，它都坚持了两条，即：党的纪律不能与党的原则相冲突，党的纪律必须反映和体现党的原则。否则，要么是党的纪律有问题，要么是党的原则出了问题。

3. 党性原则和党的纪律高度统一于党的建设全过程。党性原则和党的纪律虽然是不同的，但是两者是有密切关系的。如前文所述，党性原则对党的纪律具有指导作用，党的纪律必须体现党性原则，这就说明，这两者谁都离不开谁。对于党的纪律来说，如果没有党性原则作指导，党的纪律的制定和遵守就是无所凭依的；党的纪律即使制订了出来，也是有问题的。如果有了党性原则，却没有党的纪律去维护它、反映它、体现它，那么，这个党性原则一定是有缺陷的。一般讲，党性原则决定着党的纪律的内容，而党的纪律需要反映和体现党性原则。在党性原则和党的纪律关系问题上，党性原则是处于决定性地位和起着决定性作用的。但是，党性原则和党的纪律又是高度统一的，它们高度统一于党的建设的全过程。只要党的建设实践在，党性原则和党的纪律必然是需要的；只要党的建设实践在发展，党性原则和党的纪律也必然要发展。

通过以上论述，我们从陈云“党性原则和党的纪律不存在‘松绑’的问题”

论断中必然要得出“党性原则与党的纪律必须紧紧地捆绑在一起”的结论。其实，这个结论也正是陈云的论断所要表达的意思。

三、陈云“党性原则和党的纪律不存在‘松绑’的问题”论断的现实意义

第一，它对中国共产党的政治建设具有重要意义。政治建设是党的建设的一个重要内容，是指中国共产党的政治方向、政治原则、政治路线方面的建设。它的主要内容就是以马克思主义为指导，制定和实施正确的纲领、路线、方针和政策，并用这些纲领、路线、方针和政策去教育全体党员，使他们坚定正确的政治方向，政治上同党中央保持一致，从而增强党的执政本领和提高党的执政水平，自觉维护党的执政地位。党的政治建设的基本任务是确保党在政治上的先进性。而确保党在政治上的先进性，一定离不开党性原则和党的纪律；不仅不能离开党性原则和党的纪律，还应该坚持在党的原则和党的纪律严格约束下开展工作。否则，党就很难制定出正确的纲领、路线和政策来。而正确的纲领、路线和政策，正是党的政治建设绕不开的基本内容。离开党性原则，党的政治建设就会走邪路，就会犯方向性错误；离开党的纪律，党的政治建设就不可能取得胜利。只有在党性原则和党的纪律问题上毫不含糊、毫不松懈，党的政治建设才会有美好未来。

第二，它对中国共产党的思想建设具有重要意义。党的思想建设指党为保持自己的创造力、凝聚力和战斗力而在思想理论方面所进行的一系列工作。它的基本内容和主要任务，是用马克思列宁主义、毛泽东思想、中国特色社会主义理论体系武装全党，克服党内一切非无产阶级思想，对党员进行党的基本理论、基本路线、基本纲领等方面的教育，确保党的基本路线的贯彻执行。党的思想建设的实质，是坚持马克思主义的思想领导，保持全党在思想上政治上的高度一致和党的先进性。从思想上建设党，是马克思主义建党学说的一条重要原则。因此，党的思想建设一定绕不开无产阶级的世界观、人生观和价值观的问题，一定绕不开用先进的理论武装全党、用正确的舆论引导全党、用高尚的精神塑造党员的问题。这就必然涉及党性原则问题。而在党性原则问题上，是不允许有任何松懈、放松等现象出现的，因为一旦在党性原则这个环节出了问题，党的性质就必然会出问题。而党性原则如果出问题，党员的无产阶级的世

界观、人生观和价值观必然会出问题。一旦出现这种情况，党员的理想信念就会丧失，党的先进性就会因此丧失；党的纪律也会因此而流于形式，所谓党的铁的纪律就会荡然无存。强调党性原则和党的纪律不能松绑，就等于抓住了党的思想建设的根本。

第三，它对中国共产党的组织建设具有重要意义。党的组织建设包括党的组织制度建设、党的中央组织建设、党的地方组织建设、党的基层组织建设、党的干部队伍建设和党员队伍建设等重要内容。党的组织制度建设，最根本和最核心的就是民主集中制的建设；党的中央组织建设、党的基层组织建设、党的干部队伍建设和党员队伍建设等，所有这些，都必须按照党章的规定严格执行。所谓建立党的组织体系，指的是严格依据党的纲领和党的章程、按照民主集中制的原则，自下而上组织党的组织体系。党的组织建设对于党实现各个历史时期的政治任务具有重大意义。党的组织建设如果做不好，党内就会出现不团结甚至分裂的现象，这样就会丧失战斗力。而党的力量正来自党内的团结统一。党内的团结统一，是需要通过组织建设来达到目的的。所以，党的组织建设既离不开党性原则，也离不开党的纪律。离开党性原则，党的性质都难以保持，党的组织建设自然也搞不好；离开党的纪律，党的组织建设就缺乏强有力的保障。

第四，它对中国共产党的作风建设具有重要意义。党的作风建设是指端正党组织和党员的思想作风、工作作风和生活作风，树立与党的性质和宗旨相适应的良好风尚的工作。党的作风建设需要讲党性原则，也需要严守党的纪律。在改革开放不断深入和全面建成小康社会的形势下，党风问题已经成了相当突出的问题。这个问题解决得好，会促进改革开放事业，有利于全面建成小康社会。这个问题如果解决不好，那就事关中国共产党的生死存亡。说党的作风建设需要讲党性原则也需要严守党的纪律，原因在于：（1）党风直接影响着党的工人阶级先锋队的性质。如果不讲党性原则、不严守党的纪律，党员和党组织就会丧失正确的政治方向，就会出现党风不正的现象，导致某些党员和党组织出现腐化变质，最终必然危害整个党。（2）党风直接影响着党的路线的贯彻执行。如果不讲党性原则、不严守党的纪律，党的路线、方针、政策就形同虚设。（3）党风直接影响党和群众的关系。如果不讲党性原则、不严守党的纪律，即使已经具有的良好党风也会变坏。而党风的好坏决定着人心向背，人心向背决定着党的前途命运。（4）党风直接影响着党的团结统一。如果不讲党性原则、不严守党的纪律，党就会变成一盘散沙，不仅如此，还会出现不正常的党内斗争、党内分裂，如果说这样，党必然会严重丧失先进性和战斗力。因此，加强党的作风建设，就必须强调党性原则和党的纪律不能松绑。

（作者单位：同济大学马克思主义学院）

参考文献：

[1][3][4][6][8][11][12][13][14][15][16][17][21]《陈云论党的建设》，中央文献出版社1995年版，第248页、第287页、第288页、第251页、第248页、第24页、第109页、第109页、第30页、第31页、第45页、第44页，第31页。

[2][5]《三中全会以来重要文献选编》(上)，人民出版社1982年版，第14页、第415—433页。

[7]《列宁全集》第6卷，人民出版社1986年版，第38页。

[9]《马克思恩格斯全集》第29卷，人民出版社1972年版，第413页。

[10][20]《列宁全集》第39卷，人民出版社1986年版，第25页、第23—24页。

[18]《陈云文选》第1卷，人民出版社1995年版，第311页。

[19]《马克思恩格斯全集》第36卷，人民出版社1974年版，第540页。

[22][23]《建党以来重要文献选编(1921—1949)》第1卷，中央文献出版社2011年版，第1—2页、第2页。

陈云维护和加强党中央权威的思想

范莎莎

当今中国全面深化改革取得重要成果和关键突破，离不开一个坚强领导的政党，离不开一个强有力的核心，为改革指引方向，保驾护航，破浪前行。习近平总书记在党的十九大报告中指出："中国特色社会主义最本质的特征是中国共产党领导，中国特色社会主义制度的最大优势是中国共产党领导，党是最高政治领导力量。"党政军民学，东西南北中，党是领导一切的。坚持党对一切工作的领导，必须自觉维护党中央权威和集中统一领导，自觉在思想上政治上行动上同党中央保持高度一致。陈云有极强的"维护党的领导核心意识"，坚决维护和加强党中央权威，终生如此。陈云重视维护和加强党中央权威的思想对于我们在新时代坚持和完善党的领导，确保党在坚持和发展中国特色社会主义历史进程中始终成为坚强领导核心，具有深远的历史意义和重大的现实意义。

一、维护党中央权威具有一定的历史必然性

（一）维护和加强党中央权威，这是由社会主义政治制度决定的。我国社会主义政治制度优越性的一个突出特点，就是坚持党的核心地位。社会主义要求，集中力量办大事。陈云一直强调，像我们这样一个人口众多的大国，要稳定，要建设，离不开党的领导。这是由中国的历史、中国的国情所决定的。而一个党要想把国家领导好，离不开中央的权威。加强党中央的权威才能保证党和国家的事业兴旺发达，"如果没有中央的权威，就办不成大事，社会也无法稳定。"[1]只有坚决维护党中央权威，才能"同心同德，团结一致，不折不扣地贯彻落实党中央、国务院采取的一系列方针、政策和措施"。革命和建设的经验，让陈云充分认识到，维护和加强党中央的权威，是革命和建设取得胜利的重要条

件，是社会主义在中国确立和发展的必然要求。

（二）发展社会主义经济需要维护和加强党中央权威。我国人口多、面积大、底子薄、地区发展不平衡，在这样的历史条件下，搞好社会主义经济，需要宏观调控，那么，谁代表这个宏观呢？当然是最高领导机关。中央政府根据国家发展的总战略和总方针，来统筹安排地方各区的发展。陈云认为，“在经济活动中，中央应该集中必须集中的权力”[2]来加强重点建设。搞活经济是对的，但权力太分散就乱了，搞活也难。陈云曾在20世纪80年代经济初步发展但仍遭遇困境徘徊时特别指出：“目前财政经济遇到一些困难，在克服这些困难的过程中，必须加强和依靠党的领导，特别是党中央的核心领导作用。”[3]在货币的发行上，陈云也是强调，“票子发行的权力要高度集中，我看还是要‘一支笔’。”[4]如果中央没有权威，各省都按自己的想法去做，令行禁不止，这个国家的经济是搞不好的。维护党中央的权威才能保证国家的政治稳定、经济稳定，只有在这种稳定前提下，才能发展社会主义经济，进行现代化建设。

（三）全面发挥党的领导核心作用需要维护和加强党中央权威。党的领导必须是全面的、整体的，必须体现到经济、政治、文化、社会、生态文明建设和国防军队、祖国统一、外交、党的建设等各方面。一旦哪个领域或是哪个环节出现了问题，党的力量将会遭到削弱，党和人民事业也会遭到损害。改革开放以后，在我们这样一个社会主义国家里，学习西方市场经济，刚开始一直处于摸索并随时总结经验的状态，在摸索过程中出现问题，财政经济面临一些问题时，陈云指出：“在克服这些困难的过程中，必须加强和依靠党的领导，特别是党中央的核心领导作用。”[5]只有维护党中央权威，执行党的政治纪律，才能保证党的路线的正确执行，才能不折不扣地贯彻落实党中央、国务院采取的一系列方针、政策和措施。

二、维护和加强党中央权威的路径思考

维护和加强党中央权威有一定的实践途径，在陈云看来，主要靠的是维护党的领导核心、维护党中央的经济权威，靠的是党的纪律建设和制度完善。

（一）维护和加强党中央权威必须坚决维护党的领导核心。党中央的权威和领导，地方各部门具体工作的领导，都需要加强党的领导。确立核心，维护核心，是一个政党走向成熟的显著标志。国内外政治局势不论怎么变化，只要

党的领导核心坚强有力，只要党的领导核心不倒，党的领导就岿然不动，就稳如泰山。陈云深刻认识维护党的领导核心的重要性，并在实际工作中，自觉地维护党的领导核心。不管是革命还是建设时期，陈云都坚定不移地维护毛泽东同志在全党的“领导核心地位”，遵义会议的关键一票，会后撰写的传达提纲，都体现了陈云坚决拥护毛泽东在全党全军的领导地位。1979 年，党内出现了一股否定毛泽东的错误思潮，陈云明确指出：“中国共产党是胜利了的执政党，是毛泽东同志领导我们党取得了伟大胜利。”[6]对毛泽东的功绩，陈云强调，要正确评价。肯定毛泽东历史功绩和历史贡献，坚决维护毛泽东的权威。进入改革开放年代，陈云多次提出要维护以邓小平同志为核心的党中央权威。早在 1977 年的中央工作会议上，陈云就态度鲜明地支持邓小平，他说：“邓小平同志与天安门事件是无关的。为了中国革命和中国共产党的需要，中央有些同志提出让邓小平同志重新参加党中央的领导工作，是完全正确、完全必要的，我完全拥护。”[7]在 1989 年北京政治风波期间，党中央发出两种声音，陈云提前从外地赶回北京，以中顾委主任的身份召集中顾委常委会，旗帜鲜明地要求大家团结在以邓小平同志为核心的党中央周围，再次提出“我们作为老同志，现在就是要坚决拥护以邓小平同志为核心的中国共产党”[8]。1989 年江泽民担任了中共中央总书记，标志着第三代领导集体正式形成，陈云此时已退居二线，仍大力支持并肯定以江泽民同志为核心的领导集体的工作。20 世纪 90 年代初，在面对全国经济快速发展、人民生活水平不断提高但也存在不少困难和问题时，陈云又指出，要解决这些困难和问题，首先要维护和加强以江泽民同志为核心的党中央的权威。这些都充分说明，陈云具有极强的核心意识，不管是在革命年代还是在改革开放的条件下，维护中央的权威，对于巩固和发展党的组织，具有重要的理论和实践意义。

（二）维护党中央的经济权威是重要基础。陈云数次强调：中央必须有权威。“中央的政治权威，要有中央的经济权威作基础。没有中央的经济权威，中央的政治权威是不巩固的。”“在经济活动中，中央应该集中必须集中的权力。”“搞活经济是对的，但权力太分散就乱了，搞活也难。”[9]说起各行其是的现象，陈云举例说：“现在非生产性建设、特别是楼堂馆所建设搞得太多了，连黑龙江也跑到北戴河去盖楼堂馆所，真是怪事。”[10]中共十一届三中全会以后，国家进入了调整改革的一个历史新时期，陈云一方面积极倡导和支持经济体制改革，强调市场调节的重要作用，但是，另一方面，陈云也强调国家计划和国家干预不可缺少。陈云说："像我们这样的国家没有这样一个集中是不行的，否则就会乱套，也不利于改革。"[11]他所讲的集中和国家干预，实际上就是后来所说的宏观调控。对于带全局性的、关系到国计民生的经济活动，陈云一向是强调要加强国家的集中统一领导。[12]党中央的经济权威，另外一个重要的体现是货币的发行。陈云强调财政平衡，"现在票子发得太多。票子发行的权力要高度集中，我看还是要'一支笔'。"[13]陈云对发行经济特区货币这件事非常重视，数次强调发行权必须要收到中央。"决不能让特区货币与人民币在全国范围内同时流通。如果不是这样做，就会出现国民党时期法币发行之前的状况。"[14]

（三）严守党的纪律是重要保障。"纪律是保证政治上组织上统一的武器"[15]，也是加强和维护党中央权威的重要保障。加强党中央的权威才能保证党和国家的事业的兴旺发达，"如果没有中央的权威，就办不成大事，社会也无法稳定。"[16]而维护和加强党中央的权威，靠的是强有力的政治纪律。严守党的纪律，是以"服从"为前提的。对党章和党组织的决议，必须无条件服从，绝对服从，否则，党组织的决议难以执行，党的团结和统一也难以维护。只有严守党的纪律，坚决维护党中央权威，才能确保政令畅通落实。解放后不久，在揭批高岗、饶漱石反党分裂活动的中共七届四中全会上，陈云在深刻阐释这次会议增强党的团结的主题时指出，"保障党的团结，防止党的分裂"[17]，还是要靠"严守党的制度和党规党法"[18]。这里所说的"党的制度和党规党法"包含着党的政治纪律。当然，各级党组织，乃至中央的决策正确时，"自然要服从"；而出现了"不正确，或不完全正确，怎么办？"陈云说："在行动上必须服从，同时按党章规定的权利，提出建议，或保留自己的意见。"即使党员个人（或下级组织）意见正确，工作能力强，地位比较高，资格比较老，"都不能作为不服从纪律的借口"。假如，在讨论问题形成"决议"时，自己的意见"未有被采纳"，或遇到"不如意的事和人"，就不尊重"决议"，或在"言论行动上消极"，这都是不对的。陈云明确指出："遵守纪律的重要性，恰恰是在自己意见不被通过的时候，或者是有关自己的问题的时候。"[19]党章规定的四个服从，是我们党的"政治纪律"。

（四）民主集中制是制度条件。什么是民主集中制？如何正确认识民主与集中的关系？这是坚持民主集中制原则的首要问题。陈云运用马克思主义基本学说，结合党的革命和建设实践，对民主和集中的辩证关系作了深刻阐述，深化了全党对于民主集中制的认识。陈云指出，民主集中制，是既要有民主，又要有集中。党的任何一级组织，允许不同意见存在，我看这不是坏事。有不同意见，大家可以谨慎一些，把事情办得更合理一些。允许有不同意见的辩论，这样可以少犯错误。一个人讲了算，一言堂，一边倒，我认为不好。这是讲民主方面。但是，又必须要有集中，少数服从多数，全党服从中央，否则什么事情也做不了，一事无成。没有民主不好，没有集中也办不了事。[20]坚持民主集中制，是党章规定的原则。历史经验证明，实行民主集中制，做起来很不容易。在各级领导班子中，要充分发扬民主，倾听各种意见，特别要注意倾听不同意见。要照党章办事，不要一个人说了算。陈云强调，重大问题的决定，必须经过集体的充分讨论，以便减少失误，少走弯路，把事情办得更好。[21]1987 年，他在《调查研究和党内民主生活制度问题》里进一步指出：我们党内要强调一下，要有民主生活制度，民主集中制要坚持，经常开会讨论，经常交换意见，就不至于出大的问题。[22]只有坚持民主集中制，才能充分发挥各级党组织和广大党员的积极性创造性，才能集思广益，减少党的决策失误，而且，只有坚持民主集中制，才能形成有效的党内监督，减少党的领导干部犯错误。充分发扬民主集中制，是树立执政党威信的前提，是保障党的事业顺利完成的重要制度条件。

三、陈云维护和加强党中央权威思想的当代价值

维护党的权威，加强党的集中统一，对于新形势下党的建设有着重要的现实意义。陈云维护和加强党中央权威的思想，对于我们当今如何加强党中央权威，保证国家长治久安，有着重要的指导意义。

（一）要坚决维护习近平总书记的核心地位。陈云认为，维护党的领导核心权威，关乎我们党和国家的前途命运。当前我们正处于全面深化改革的重要进行时期，改革是一场攻坚战，过去五年虽成就显著，但改革的发展仍面临着一系列考验和危险，治国理政担子重、难度大，我们比任何时候都更需要一个坚强的领导核心。党的十八届六中全会确立了习近平同志为党中央的核心，正式提出“以习近平同志为核心的党中央”并写入全会文件。确立习近平总书记为核心的党中央是众望所归、名副其实的。党的十八大以来，在习近平总书记的领导下，我国社会主义建设事业开创了全新的局面，取得了重要的成就。党中央科学把握当今世界和当代中国的发展大势，顺应实践要求和人民愿望，解决了许多长期想解决而没有解决的难题，办成了许多过去想办而没有办成的大

事。维护习近平同志的核心地位，就是维护党中央的权威。在我们这样一个大国，我们一定要紧密团结在以习近平同志为核心的党中央周围，凝聚全党的智慧，坚决维护党中央的权威，巩固中央的团结，使利国利民的路线方针政策得到全面落实。

（二）必须尊崇党章，保障党规党纪的尊严。党章等一系列党内法规是不可动摇的，是党的纪律的重要保障。维护党的团结和统一，一是靠马克思主义的教育，提高广大党员的“革命觉悟和革命嗅觉”；二是靠“严守党的纪律和规矩”。在革命时期，陈云讲：纪律是我们的重要武器。维护党的统一，不靠刀枪，要靠纪律。[23]在改革开放新时期，陈云从维护党的纪律以树立党的领导权威方面考量，指出：“党性原则和党的纪律不存在‘松绑’的问题。没有好的党风，改革是搞不好的”，共产党在“任何时候都必须坚持党的纪律”[24]。可见，坚持党的纪律，特别是政治纪律建设对维护党中央的权威具有极其重要的意义，陈云提出的“执政党的党风问题是有关党的生死存亡的问题”[25]第一次在执政条件下将党风问题与党的生存与发展的关系提到了“生死存亡”的高度来认识。党的十八大以来，以习近平同志为核心的党中央，狠抓“严守党的纪律和规矩”，并提出党的作风建设“永远在路上”的战略方针。这足以说明，我们党对“严守党的纪律和规矩”的理性认识，已上升到了一个新的理论高度。当今，我们全党要以陈云为榜样，增强核心意识，在言论和行动上，维护以习近平同志为核心的党中央权威，这是维护党和国家的根本利益所在。

（三）必须进一步完善民主集中制。民主集中制是我们党的根本组织制度和领导制度。陈云对民主集中制的一系列重大问题都作过深刻的论述，特别是他关于正确处理民主与集中的辩证关系，坚持民主和集中的统一。陈云一早就认识到了民主集中制的重要性和必要性，他指出，关于民主制度，民主生活很不够是“文化大革命”得以发生的重要原因之一，这个问题实际上应该说，党内民主集中制没有了，集体领导没有了，这是“文化大革命”发生的一个根本原因。[26]坚持民主集中制，既要有广泛的民主，又要有正确的集中。不民主，只集中，必然愈不能集中，多交换意见，反而更容易集中，一方面充分发扬民主，保障党员的民主权利，不经大家交换意见是不可能集中的，另一方面，民主和集中又是辩证统一的，民主又必须集中。没有民主的集中，只能是专制主义，官僚主义，没有集中也就没有真正的民主；没有集中的民主，只能是极端自由主义，无政府主义。进一步完善民主集中制，充分发扬党内民主，最大限度地调动各级党组织和广大党员的积极性、主动性和创造性，增强党的生机和活力，又要始终保证全党同志按照党的奋斗目标，按照国家和人民的最高利益来行动，维护和加强党的团结统一，防止和克服有令不行，有禁不止，各行其是的现象。充分发扬民主集中制，是树立执政党威信的前提，是保障党的事业顺利完成的重要制度条件。

综上，陈云维护和加强党中央权威的思想，是一个系统、完整的思想体系，是中国共产党的宝贵财富，在当前新形势下，我们全党高度自觉学习陈云的这一思想，对维护和加强以习近平同志为核心的党中央领导权威，自觉维护党的集中统一，增强“四个意识”，实现“两个一百年”奋斗目标、中华民族伟大复兴中国梦，有着重要的指导意义。

（作者单位：陈云纪念馆）

参考文献：

[1][2][3][4][6][7][8][13][16][20][21][22][24][25][26]《陈云文选》第3卷，人民出版社1995年版，第380页，第366页，第366页，第366页，第242页，第230页，第368页，第365—367页，第380页，第270页，第353页，第359页，第275页，第230页，第274页。

[5][9][10][11][12][14]《陈云传》（下），中央文献出版社2005年版，第1126页，第1795页，第1795页，1638页，第1795页，第1676页。

[15][19][23]《陈云文选》第1卷，人民出版社1995年版，第213页，第348页，第196页。

[17][18]《陈云文选》第2卷，人民出版社1995年版，第230页，第233页。

改革开放新时期陈云党性教育思想及其现实意义

余　薇

党性是指一个政党区别于其他政党本就具有的特性，只有经过系统的教育，其成员的党性修养才能形成。步入改革开放新时期，随着经济体制的变革，社会发生翻天覆地的变化。面对错综复杂的国内外环境，少数党员干部价值观扭曲。自改革开放以来，陈云既是中纪委第一书记，又做过国务院财经委员会主任；既担任过国务院副总理，又担任过中共中央副主席；既担任过人大副委员长，又做过中顾委主任。在这些不同的工作岗位上，陈云都提出更具有全局性和前瞻性的党性教育思想，有着超凡的现实意义。

一、改革开放新时期陈云党性教育思想的背景

（一）新时期少数党员干部价值观扭曲

步入到现代化建设的新时期，党的执政地位更加稳固、党的肌体活力大大增强，国家经济建设稳步前进。但党面临的内外部环境也因为顺应改革开放新时期的浪潮更加错综复杂：从内部来说，“文化大革命”使党的优良传统和作风受到严重破坏，党在人民群众中的威信下降了。大批新成长起来的干部大多没有受过党内政治生活的严格训练，对党的优良传统和作风知之不多，党的作风建设问题也随之突出起来。社会主义现代化建设新的实践，特别是商品经济的发展又对党的作风建设带来新的冲击和考验，经济领域充斥着不正之风和违法乱纪行为，突出表现为建国以来从未有过的大规模走私贩私活动；从外部来说，西方发达资本主义国家为了自己的利益利用一切可能手段弱化侵蚀个别党员的思想意识，使得他们抛弃自己的理想信念，走上了贪污犯罪的道路。有的党员满脑子想的不是为人民服务，而是如何能快速地往上升、如何能利用职务之便

发财致富。“一切向钱看”的歪风在不少地方、不少人中不断滋长起来。他们经受不住资本主义腐化思想（如个人主义、金钱主义和享乐主义等）的诱惑，贪污受贿、违法乱纪，信仰遗失。

党的十一届三中全会后，陈云担任中共中央纪律检查委员会第一书记长达九年。在这期间，他不仅开创了新时期党的纪律检查工作的崭新局面，同时也对执政党的作风建设作了许多有益的探索。

（二）新时期社会主义经济体制变革的影响

从计划经济转向商品经济的过程，是一场复杂的社会变革。在计划经济条件下，有钱大家花，有饭一起吃，干多干少都没有区别，这就助长了一部分人的懒惰习性。而商品经济就是要改变这种不合时宜的经济制度，打破了“大锅饭”“铁饭碗”，取而代之的是货币交换经济，所有的产品都需要通过市场交易行为得来，在某种程度上可以说是货币主导生活。这种破天荒的变革，不仅打破了分配供给制，而且金钱的作用逐渐凸显，带来两方面的效果：一方面，一些习惯了计划经济体制的党员干部，由于适应了分配供给制所带来的不劳而获的利益，因而千方百计地抵制商品经济制度，背离共产党的宗旨；一方面，以货币为主导的商品经济制度使得一部分党员干部树立了金钱至上的观念，从而丢掉自己共产党员的本色，丧失党性。随着经济体制的变革，社会也在发生翻天覆地的变化，各种新思想新潮流纷至沓来，冲击了人的大脑，也使得一些共产党员一时无所适从。更有甚者，部分党员干部盲目地把经济制度与党性修养对立起来，以为党中央搞经济改革就是全力发展经济，所以把 GDP 当做政绩的唯一指标，忽视党纪党规。综上所述，经济制度的一系列变革在某种程度上或冲击或助长了一些党员干部思想里的阴暗面，从而削弱了他们的党性意识。

进入 20 世纪 80 年代中期，中国的改革开放更加深入，党的建设面临的问题也更为复杂。1984 年夏天，当经济体制改革深入发展的时候，出现一种“让党政机关干部也尽快富起来”的说法。部分党员干部、党政机关在这种说法影响下，从个别地方同农民搞“搭台唱戏”开始，发展到在不少地方直接参与经商活动，搞“权钱交易”，这股歪风蔓延很快。与此同时，其他一些错误思想也陆续反映出来，比如：“不吃不喝，经济不活”，“经济要搞活，纪律要松绑”，有的甚至认为纪检部门是改革的“顶门杠”。一些老党员、老干部在歪风面前也未能站稳脚跟，而被卷了进去。以权经商，乱涨物价，乱发钱物，乱放贷款，随意摊派，以及其他违反人事纪律、财经纪律、外事纪律、宣传纪律的事件不断发生。这些不正之风，严重腐蚀了党风和社会风气，引起群众强烈不满，干扰了经济体制改革健康有序地进行。党内出现的这些问题亟待解决，陈云不失时机地提出了党性教育的若干论断，力图严肃党的纪律、端正党的风气。

二、改革开放新时期陈云党性教育思想的论断

党性教育旨在帮助党员干部不忘初心，坚定理想信念，增强党性修养，培养优良作风，不断强化对党的忠诚和为党的事业奋斗的信念和信心。党的十一届三中全会后，重返中央领导岗位的陈云，始终关注着两件大事：一件是干部的新老交替，另一件是执政党在新时期的党风建设。对于党风建设，陈云曾提过不少著名的论断，这些论断对今后党的队伍建设、风气建设产生了影响深远的警示和指导作用。

（一）执政党的党风问题是有关党的生死存亡的问题

面对党内一些干部的不正之风相当严重，面对这些问题又缺乏解决经验的情况，1980 年 11 月，中央纪委召开第三次贯彻《关于党内政治生活的若干准则》座谈会。陈云在会上严肃地提出“执政党的党风问题是有关党的生死存亡的问题”这一著名论断，论断一经提出，很快得到邓小平等中央领导人的赞同，并在全党形成共识。邓小平在 12 月 25 日的工作会议中指出：“我赞成陈云同志讲的，执政党的党风问题是有关党的生死存亡的问题。要严格执行《关于党内政治生活的若干准则》，坚持不懈地纠正各种不正之风。”

广东、福建等东南沿海省份实行对外开放政策后，走私活动十分猖獗。1981 年，国务院连发《关于加强市场管理，打击投机倒把和走私活动的指示》《关于坚决打击走私活动的指示》等文件打击经济犯罪行为。但是，党内有些人特别是一部分领导干部对反走私斗争的严重性认识不足，错误地认为：“政策不明”，“人多面广”，“这类问题不好处理”；“来路不正，用途正当”，“为了集体，没装腰包”，因而放松甚至反对查处违法乱纪的行为。中央的指示并没有得到认真贯彻执行。东南沿海的走私贩私活动没有被制止，还在不断蔓延。这些情况引起陈云的高度重视，1982 年 1 月 5 日，陈云将中央纪委报送的题为《广东一些地区走私活动猖獗》的一份简报批给胡耀邦、邓小平、赵紫阳、李

先念，并指出："我主张要严办几个，杀几个，判刑几个，并且登报，否则党风无法整顿。"为此，他带领中纪委严肃查处了航天部广宇公司走私案、海南走私汽车案、晋江假药案等，并引起了全国震动，尤以晋江假药案最为著名。中纪委发文要求：对于违法犯法人员，特别是党政部门单位的党员绝不姑息养奸，必须要严厉解决。福建省委在中纪委的支持下，基本查清了制假售假的情况，或处理或判刑了 40 多名党政干部。1987 年 10 月 30 日，中纪委向十三大作报告提到，严打取得重大胜利，提高了干部和群众的改革积极性，增强了党员、群众的法制观念，抵制了资本主义腐朽思想的侵蚀，挽救了一大批党员、干部。

（二）党性原则和党的纪律不存在"松绑"的问题

1984 年 10 月 17 日，在《加强纪律检查工作，保证改革顺利进行》的报告上，陈云针对部分党员干部把党性原则、纪律与改革开放对立的不正确做法，指出：党性原则和党的纪律不存在'松绑'的问题。没有好的党风，改革是搞不好的。共产党不论在地下党时期或执政时期，任何时候都必须坚持党的纪律。

进入 20 世纪 80 年代中期，以城市为重点的整个经济体制改革带来了一股歪风邪气，诸如官商勾结、弄虚作假、行贿受贿等乱象层出不穷。这股不正之风，严重损害了国家和消费者利益、干扰了经济体制改革和对外开放、败坏了党的组织和声誉，给党的建设带来了新情况、新问题。与此同时，一些错误思想也浮出水面。有人甚至提出"防火防盗防纪委"。陈云注意到此类问题，并严肃指出：纪检部门要适应新情况，解决新问题，严肃查处党政机关和企事业单位为了个人或者小团体利益而损害党和人民利益的行为，绝不姑息纵容。陈云还曾在 1985 年 1 月 23 日的一份通知中说：从全国来看，有些地方和部门对党政机关干部经商、办企业的行为清理得很好，但是有的却窥测风向、行动迟缓；有的改头换面、敷衍塞责。这种有令不行、有禁不止的做法是一种危害极大的不正之风，是党性不纯的表现，是违反组织纪律的行为。"中央应该明确发文严禁党政机关和党政干部经商、办企业。否则，党的组织、党群关系必将受到巨大冲击，改革也难以继续开展。"对此，中纪委协同政法机关，认真清查处理了招生、提干、出国等不良风气，刷新了党风民风，为全面改革开放提供了一个风清气正的大好局面。正是陈云的这一"党性原则和党的纪律不存在'松绑'"的思想，赢得了党心民心，加强了全党统一，严肃了党内生活。

（三）物质文明和精神文明要一起抓

1984年10月20日，中共十二届三中全会通过《中共中央关于经济体制改革的决定》。陈云在会上作书面发言，阐述了系统进行经济体制改革，是当前我国经济工作面临的首要问题。同时，他提醒全党：物质文明和精神文明要一起抓。陈云列举了经济体制改革中出现的典型乱象："二菜一汤，生意跑光；四菜一汤，生意平常；六菜一汤，生意兴旺；八菜一汤，独霸一方。"接着，他就指出这类现象处理不好，势必会给党的建设和社会发展带来巨大灾难。他还一再强调：忽视精神文明建设，绝对不是一个小问题，全党同志一定要高度重视。精神文明建设要狠狠抓，天天抓。不管牵涉到谁，都要依法惩处，不能心慈手软。杀一儆百。杀一些可以挽救一大批干部。

在这个思想的指导下，中纪委和中央机关端正党风领导小组和政府有关各部门密切配合，大力查处一批涉及高级干部、高级干部子弟的案件，也拉回大部分人，真正达到治病救人、教育全党全社会的结果。比如，原中共中央委员、国家民航局局长沈图，严重违反外事纪律，损公肥私。中纪委对沈图所犯错误进行了认真调查研究，免去了他民航局局长职务，给予撤销中央委员的纪律处分。再比如，上海发生过高干子弟违法犯罪的案件。1981年至1984年间，陈小蒙、胡晓阳、葛志文等六人时常聚众，以娱乐、帮忙解决工作等为幌子，从事强奸、奸淫等犯法罪行。该市公安及政法部门依据犯罪事实判处陈小蒙、胡晓阳、葛志文死刑，其他三人也被处以有期徒刑。案件处理后，陈云表示态度说，家长要开明，管家要严。在陈云主张的一起抓好两个文明的进程中，对纯洁党员队伍，增强党员党性发挥不可替代的作用。

三、改革开放新时期陈云党性教育思想的实践

（一）成千上万地提拔中青年干部

陈云对提拔中青年干部问题倾注了大量心血。早在1978年12月，他在中央工作会议上提议要成立中央书记处，希望比较年轻一点的干部走上第一线。1979年3月，他在国务院财政经济委员会第一次会议上又提出，我们这些人都快要"告老还乡"了，要找几个四五十岁的干部到财经委员会当"后排议员"，参与讨论决定大政方针的事，培养这样的年轻人很有必要。提拔培养中青年干

部到各级领导岗位上来，使党的事业后继有人，是老干部的心愿。但当时不少老干部对这个问题的紧迫性还没有清醒的认识。有些人在“文化大革命”中受到迫害，重新出来工作不久，就要他们退下来，思想上一时难以接受。选拔人才时，论资排辈、求全责备等旧观念的影响也很大，总对中青年干部感到不放心。因此，在一段时间内，这项工作的收效不大。但此时，陈云对提拔年轻干部到各级领导岗位上来的心情是紧迫和急切的。

1981 年 5 月 8 日，陈云在杭州撰写了《提拔培养中青年干部是当务之急》一文。他在文中指出：从现在起，就成千上万地提拔培养中青年干部，让德才兼备的中青年干部在各级领导岗位上锻炼。老干部对他们实行传帮带，使大量的中青年干部成为我们各级党政工作强大的后备力量。6 月 8 日，陈云主持起草了《关于老干部离休退休问题座谈会纪要》，为了做好提拔培养中青年干部的工作，必须妥善处理老干部的问题。1981 年 7 月 2 日，陈云在省、自治区、直辖市党委书记座谈会上发表讲话《成千上万地提拔中青年干部》。在座谈会上，陈云着重提出必须成千上万地提拔中青年干部的三条理由：工作的需要；保证干部交接班稳定地进行；兴风作浪的分子搞不起大乱子。德才兼备是陈云在用人问题上的一贯主张：五湖四海，再加一个德才兼备，这是我们提拔干部的大方针。

从 1982 年 2 月中共中央作出关于建立老干部退休制度的决定，到 1985 年 12 月，有 126.8 万名中华人民共和国成立前参加革命工作的老干部办理了离休手续。同时，全国已有 46.9 万名德才兼备、年富力强的中青年干部走上县级以上领导岗位，成为推进改革开放和社会主义现代化建设的中坚力量，实现了陈云所说的“成千上万”。

（二）保持党同人民群众的血肉联系

党风问题的核心是要始终保持党同人民群众的血肉联系。人民群众是我们党的力量源泉和胜利之本，如果党员利用职权谋取私利，就会脱离群众，直接关系到党和国家的兴衰存亡。习总书记说过，共产党人的初心和使命，就是为中国人民谋幸福，为中华民族谋复兴。

1983 年 10 月 12 日，陈云在党的十二届二中全会上发言，指出：党在全国执政前和执政后的情况有很大不同。党在全国执政以前，作一个党员就有杀头的危险，大家忙于打仗和支援战争，根本谈不上什么物质享受；党在全国执政以后，从中央到基层政权，从企业事业单位到生产队的领导权，都掌握在党员手里了，党员可以利用手中掌握的各种权力为自己谋取私利。对此，他严肃地指出：对于利用职权谋私利的人，如果不给以严厉的打击，对这股歪风如果不加制止，或制止不力，就会败坏党的风气，使党丧失民心。对于如何解决党员被资本主义腐蚀的问题，陈云强调，“要加强共产党员的党性教育，提高共产党员的素质”，“端正党风的关键是提高党员素质，尤其是提高中高级党员领导干部素质”。而且“各级领导干部，特别是高级领导干部要重视，要真正身体力行，作出榜样”，“希望所有党的高级领导人员，在教育好子女的问题上，给全党带好头。决不允许他们依仗亲属关系，谋权谋利，成为特殊人物。”人民立场是党的根本政治立场，必须把坚持全心全意为人民服务的根本宗旨、保持党同人民群众的血肉联系作为加强和规范党内政治生活的根本要求。

陈云通过在制度上对党员提出严格要求，对党的作风和党性做出了具体指示，很好地解决了党的队伍中出现的党性不纯、作风不正等问题。

（三）坚决纠正不正之风和惩治腐败

陈云新时期的党性教育观点不是无的放矢，而是切中时弊、鞭辟入里，是有很强批判性的。

在谈到处理经济犯罪分子时，他主张要大办严办，以便达到杀一儆百、纯洁党员干部队伍的目的。改革开放初期的经济犯罪案件使不少党员干部卷入其中，这些涉案的党员干部贪污受贿、包庇纵容，但是量刑却比较轻。陈云发现了这种情况，亲自批示：“我主张要严办几个，判刑几个，以至于杀几个罪大恶极的，雷厉风行，抓住不放，并且登报，否则党风无法整顿。”他不仅是这样指示的，而且还是亲自这样做的。比如，他亲自处理广东省海丰县委书记王仲一案。王仲被判处死刑，是改革开放后第一个因贪污腐败被枪毙的县委书记。化工部一位副部长的案件，可谓是“老虎苍蝇一起打”；查处化工部副部长杨义邦，杨义邦是改革开放后受到查处的第一只省部级“老虎”。1983 年 10 月，陈云在党的十二届二中全会上公布：“就从打击经济领域犯罪以来，中央纪委统计的经济犯罪案件中看，开除党籍的有 9 000 多人，受党纪处分的有 1.8 万多人，两者合计 2.7 万多人。”

在谈到党风中存在是非不分的问题时，他提倡党员干部要秉持是非分明的态度，不能和稀泥做老好人。为此问题，他还专门就此问题发表了自己的意见，

"在当前的情况下，是非不分、颠倒黑白，是我们党风中存在的最大的问题。我们必须要坚持原则，态度鲜明，分清是非，只有这样党内和社会上才会出现风清气正的局面。"在谈到对外开放带来的问题时，他强调要加强思想政治教育，坚定党员干部的理想信念。他说，对外开放有好的一面，又有坏的一面。我们既要发展好的方面，又要抵制坏的方面。问题恰恰出在，坏的方面的预防工作，我们做的还不够。有些人看到别人发展的那么好，就开始怀疑党坚持的理论信仰。我们要有信心，不能怀疑自己。对于那些高唱资本主义赞歌的人，我们要批评教育，坚定他们的信心。

四、陈云党性教育思想的现实意义

（一）有助于加强党员干部党性理论教育

习近平指出，"党性是党员干部立身、立业、立言、立德的基石，必须在严格的党内生活锻炼中不断增强。"早在改革开放之初，陈云对党员干部的党性问题给予了高度关注，尤其重要的就是要不断对党员干部进行理论知识上的学习教育。

一方面，明确了学习的重要性。积极进行党的理论的研究和学习，这是党的建设过程中关键的环节，是提升党员党性的基本实现路径，也是对党员干部提出的最基本要求。1983 年 7 月 3 日，《人民日报》头版刊登陈云 1939 年 12 月撰写的文章《学习是共产党员的责任》一文，对党员干部加强党性理论学习提供了指导意见。在陈云看来，学习理论一定要联系实际，老干部要认真总结自己的经验，把它提到理论的高度，来指导以后的工作。伴随改革进程的不断深入，落实到每一名党员干部身上，就需要其不断加强学习，发挥好先锋带头作用，这是从根本上对党员干部的党性的考验。当前，以习近平总书记为核心的党中央，正在与人民大众一道，为实现中华民族的伟大复兴而不断努力。习近平也多次在讲话中明确指出要"坚持'两手抓、两手都要硬'，将精神文明建设贯穿改革开放和现代化全过程，大力倡导共产党的世界观、人生观、价值观，坚守共产党人的精神家园。"在对党的建设问题上，习近平同陈云一样，积极对党员干部开展思想层面价值观的学习教育。

另一方面，明确党性教育的学习内容。最基础的就是对党的指导理论思想进行系统深入学习，陈云明确说到，掌握了马列主义的原理和思想方法，就会自然地同自己的实践经验结合起来，把具体经验提高到一般理论，再拿这种一般理论去指导实际工作。1985 年 9 月 24 日，中国共产党中央纪律检查委员会第六次全体会议上，陈云发表《必须纠正忽视精神文明建设的现象》，强调各级党委、党员特别是老干部要对对外开放侵入地资本主义腐朽思想和作风保持清醒的认识、高度的警惕，有针对性地进行以共产主义思想为核心的教育。马克思主义、共产主义的真理一定会战胜资本主义腐朽思想和作风的侵蚀。1987 年 7 月 17 日同中央负责同志谈话也谈到，要把我们的党和国家领导好，最要紧的，是要使领导干部的思想方法搞对头，这就要学习马克思主义哲学。新形势下，除了学马克思经典著作经典之外，更要把党的十九大精神和习近平新时代中国特色社会主义思想这一当代中国马克思主义学习好、研究好、宣传好、贯彻好。通过加强理论教育学习，提升党员理论水平，坚定党性，凝聚党员队伍的意志，有助于加强学习型政党的建设，这也是当下从严治党过程中党员干部进行党性教育的关键点。

（二）有助于提高党员干部防腐拒变能力

改革开放以来，面对国际新形势与国内新变化，党经受着国内外的诸多方面的考验。陈云审时度势，提出增强党员干部的党性，是自觉应对西方腐朽思想侵蚀，提高党防腐拒变能力的万全之策。

陈云治理腐败，特别重视领导干部的榜样作用，他对领导干部提出期望，希望他们通过自身的言行来影响和引导人民群众的行为，营造出风清气正的社会氛围。陈云曾提出名言：“不唯上、不唯书、只唯实”，这充分体现了他实事求是的品格；在生活上，陈云注意保持艰苦奋斗勤俭节约的优良传统，严禁自己和身边工作人员及其子女搞特殊化；在工作中坚持“不迎不送、不请不到”；改革开放初期，随着经济发展，部分领导干部开始为自己更换汽车，陈云对此要求，要实现党风和社会风气的好转，要首先从机关做起，从中央政治局和国务院的领导同志做起，提出党内不允许有“特殊任务”和“特殊组织”。陈云还希望所有党的高级领导人员：“在教育好子女的问题上，给全党带好头。决不允许他们依仗亲属关系，谋权谋利，成为特殊人物。”

新时代，习近平对反腐作出重要指示：要深化标本兼治，夺取反腐败斗争压倒性胜利。执纪者必先守纪，律人者必先律己。以“永远在路上”的执着把全面从严治党引向深入。我们必须全面推进改革，不断健全党内机制，从源头上遏制党员干部的特权腐败行为，从而确保权力始终为群众谋取利益。

（三）有助于密切党和人民群众的关系

人民大众是历史的创造者，是中国共产党的力量源泉，中国革命和建设之所以能够取得胜利，靠的是人民的支持。陈云早在1956年《做好商业工作》一文就提出，商业工作天天同人民群众打交道，管吃、穿、用，管油、盐、柴、米。不要看不起这些，这是人民的大事。我们共产党必须天天关心人民群众的切身利益。1983年谈到《现代化建设和接班人培养问题》时又强调一要吃饭，二要建设。陈云时刻联系群众，关心的都是人民群众最基本最重要的生活问题。党的力量来自人民群众，所以党要贯彻群众路线。领导干部一旦脱离群众，就容易腐败；而密切联系群众，则能够体会人民群众的力量，则不容易腐败。

习近平强调，领导干部要坚决反对特权思想、特权现象，保持对人民的赤子之心，坚持工作重心下移，扑下身子深入群众，面对面、心贴心、实打实做好群众工作，着力解决群众反映强烈的突出问题。因此想要顺利实现从严管党治党的治理，就需要高度重视党员党性问题，与广大民众一道，进行党性教育，接受人民的监督，吸纳人民提出的建议，从而实现党的执政地位的稳固。

（四）有助于全面从严治党的实现

陈云所提出的“执政党的党风问题是有关党的生死存亡的问题”和“党的纪律不存在‘松绑’的问题”等十分重要的论断发展至今，是他的党性教育思想在现实中的生根发芽、开花结果的现实反映。将我们的视野回到当下，党的总书记习近平同志提出了“四个全面”伟大战略布局，其中，全面从严治党思想就是对陈云的党性教育思想中，重视抓好党的纪律的有力印证和延续。

我们说重视在思想层面上来增强党员党性、巩固党的建设以及推进制度治党等措施和观点，这都对当下我们整体上全面从严治党提供了有益的借鉴。陈云认为，我们要想实现全面从严治党这一目的，首先必须要积极开展思想政治活动，其次我们必须对党规党纪严格遵守执行，同时，必须下大力气注重净化我们的党风和社会的整体风气。而遏制和治理腐败，必须要依靠民主集中制。

目前，我们正值全面推进深化改革的关键时期。习近平强调，全面从严治党永远在路上。全面从严治党是我国治党管党的一个基本方略，其目的是最大程度地实现对我们党自身的思想层面的建设和提升，这同时也是最大程度地代表我们最广大人民群众的根本利益的。革命战争年代我们说军民一家亲，当前正值特色社会主义现代化建设的伟大时期，要继续秉承一切为了人民，把他们最关心的事情当成是我们党最关心的事情。

2018 年是中国改革开放 40 周年。陈云改革开放新时期党性教育思想被赋予了新的时代价值。我们依然不能忘记过去，忘记历史。只有全党团结一心，认真贯彻学习老一辈无产阶级革命家留下的思想瑰宝，接受党性教育，做一名合格党员，党推进的重大战略布局才能深入向前，中华民族伟大复兴的中国梦才会最终实现。

（作者单位：陈云纪念馆）

陈云：改革要“摸着石头过河”

王达阳

“摸着石头过河”作为改革开放的一句名言，人们耳熟能详，它反映了我们党对改革开放事业探索、求实的态度和历程。2018 年 4 月 10 日，习近平总书记在博鳌亚洲论坛上总结 40 年的改革开放历程，指出：我们“既坚持社会主义制度又坚持社会主义市场经济改革方向，既‘摸着石头过河’又加强顶层设计，不断研究新情况、解决新问题、总结新经验，成功开辟出一条中国特色社会主义道路。”[1]“摸着石头过河”是成功实行改革开放、探索中国道路的思想方法。

一、“摸着石头过河——踩稳一步，再迈一步”

“摸着石头过河”原是一句民间歇后语，完整地说是“摸着石头过河——踩稳一步，再迈一步”或者“摸着石头过河——求稳当”。这富有民间智慧的歇后语后来被党内文件借用，形象地表示一种科学的工作方法，即采取试验的方法，逐步推广某项措施，强调的是要本着谨慎稳妥的态度，进行尝试和探索。

这句话常被用来比喻改革开放的原则和方法，有以下几层意思：第一，河必须要过，改革必须进行，在河边逡巡回避问题是不行的，站在河中停滞不前就危险了，倒退更不应该；第二，这里没有桥，也就是没有现成的经验办法可照搬照用；第三，河水比较深，可能还有漩涡，要摸索着过，改革要碰到的难题问题很多，有风险有危机；第四，慢点走，找到支点了站稳了再走下一步，也就是改革要多试验多总结经验摸索前进，试验成功了再推广铺开，既强调稳妥也强调探索。

“摸着石头过河”很早就出现在党和国家的正式文件中，如 1959 年农业部党委上报毛主席并党中央的报告《关于一九五九年农业生产的几点意见》中说：

实行少种高产多收的方针和耕地三三制的伟大理想，必须有步骤，必须是“摸着石头过河”，一九五九年全国的耕地面积和播种面积不能减得太多。[2]1981年10月29日，国务院批转国家经委、国务院体制改革办公室《关于实行工业生产经济责任制若干问题的意见》的通知说：“实行经济责任制，目前还处在探索阶段，各地区、各部门要加强领导，要摸着石头过河，水深水浅还不很清楚，要走一步看一步，两只脚搞得平衡一点，走错了收回来重走，不要摔到水里去。这样才能使经济责任制健康地向前发展。”[3]报告引用“摸着石头过河”，生动、准确地表达在经验不足的情况下实行经济责任制要走一步看一步地探索。

通过分析党和国家的文献发现，中华人民共和国成立初到改革开放之初，引用“摸着石头过河”大多是用在指导具体工作中，特别是经济工作。党的领导人中，李先念、谷牧、聂荣臻等人都引用过这句话。例如李先念，他在担任国务院副总理期间经常使用“摸着石头过河”指导经济工作。1962年2月16日，李先念致信邓辰西（时任国务院财贸办公室副主任），指出：“是否在计划外进口一百万美元商品？我看还是放在计划以内，计划外用汇不到万不得已不批准，而且在订货时要一步一步地看，摸着石头过河，稳当些。”[4]1978年9月国务院务虚会上，李先念在讨论现代化建设问题时，指出：“引进项目实行排队，先安排急需的和已经看准了的，其余的看准一批办一批，摸着石头过河。”[5]李先念引用这句话都是对具体工作作方法指导，要求对结果不确定的事物要采取边试验边探索的方法。

二、陈云将“摸着石头过河”上升为改革的思想方法

陈云是党内较早提倡、明确使用和反复强调“摸着石头过河”的领导人之一，[6]在长期的实践中他逐渐将这句话超越了具体的工作方法，上升到改革方法论的高度。

在《陈云文选》《陈云年谱》中，从20世纪五六十年代到改革开放新时期，至少可以找到6处陈云引用这句话的记载，有落在纸面上的批示，也有在谈话场合口头说的，还有在党的正式会议上的发言。

最早引用这句话的记载，是陈云1950年4月7日在政务院第27次政务会议上的发言，他指出：“物价涨不好，跌亦对生产不好。上月物价跌了百分之十五，对此银根要先收紧后放松，先少放后多放，使物价先跌后涨。要摸着石

头过河，稳当点好。”[7]中华人民共和国成立后，陈云担任政务院副总理、财经委主任，致力于整饬金融市场、确立人民币制度[8]，这次政务会议讨论并发布了《关于实行国家机关现金管理的决定》，规定了现金使用原则，[9]是银行工作的重大转变，陈云的讲话是针对很具体的工作的，说银根操作要稳一点，不能让物价一下子跌太多，是从工作目标来要求的。

陈云用“摸着石头过河”表达了探索、求实的工作方法。1951年7月20日，陈云在中央统战部讨论工商联工作会议上的总结讲话中再次引用“摸着石头过河”，说：在处理工商联组织问题时，“办法也应该稳妥，这叫摸着石头过河。搞急了是要出毛病的。毛毛草草而发生错误和稳稳当当而慢一点相比较，我们宁可采取后者”。[10]陈云在讲话中已经把“摸着石头过河”上升为一种工作方法，这是他“谨慎探索”的工作方法通俗化的说法。讲话虽然是指导工商联工作的，但其实是面向全国经济工作的指导，陈云随后说道：“尤其是处理全国经济问题，更须注意这点。”陈云深知，治理中国这么一个地域广阔、人口众多、国情复杂的大国，没有现成的模式可用，要边实践边探索。

先试验，再总结，合适的推广，不合适的抛弃，反映了陈云注重从实际出发总结经验的工作思路。1961年3月6—8日，陈云在听取化工部汇报时指出：看来，一件工作的改革，要先进行试验，不能一下就铺开来搞。搞试验要敢想、敢说、敢做，但在具体做时，必须从实际出发，摸着石头过河。要把试验和推广分开，推广必须是成熟的东西，未成熟之前不能大干。[11]此时我国经济经历三年“大跃进”后进入调整时期，陈云“参与部署和领导调整国民经济”[12]，发挥了重要作用。为恢复粮食生产，陈云亲自兼任中央化肥小组组长，经过反复调查研究，向中央建议加速氮肥工业生产，并作了细致周密的安排，[13]这次听取汇报是陈云此次关于化肥问题的第一次调研，4月份他又在杭州组织了连续六个半天的化肥小组座谈会作第二次调研。在迅速推进氮肥工业生产的要求和背景下，陈云十分清醒地提出要“摸着石头过河”，既鼓励大胆试验也强调谨慎推广，避免犯急于求成的错误，这与他一贯注重调研、从实际出发的方法和思路是一致的。

改革开放新时期，陈云为开创中国特色社会主义道路作出了卓越贡献。在探索改革道路上，经过“文化大革命”期间的沉淀和思考，他把“摸着石头过河”作为领导经济工作和全面改革的工作方法和思想方法，对全党作出要求。

1980年12月16日，陈云在中央工作会议上讲话，说：“我们要改革，但是步子要稳。因为我们的改革，问题复杂，不能要求过急。改革固然要靠一定的理论研究、经济统计和经济预测，更重要的还是要从试点着手，随时总结经验，也就是要'摸着石头过河'。开始时步子要小，缓缓而行。"[14]这次会议主要研究经济问题，对之前经济政策的偏差进行纠正，陈云说改革要"摸着石头过河"，是说改革要从试点着手，边调整边前进。1990年6月，陈云在同当时的中央负责同志谈话时说到《经济形势与经验教训》这篇讲话，说："这是针对当时情况讲的，而且是起了作用的。现在总的看来，也还有用。"[15]这是陈云一贯强调的注重总结经验的工作方法，即：对不很懂的事情不仅要反复考虑，而且必须经过试点，然后才能弄清楚决策是否正确，办法是否完善。

陈云在改革开放过程中多次强调坚持"摸着石头过河"这一思想方法的重要性。[16]1984年6月30日，陈云在中共中央对外联络部反映美国国务院经济研究中心顾问爱德乐对我国财经工作提出两条意见的内部材料上批示："有经历的外国人也是摸着石头过河，所有外国资本家都是如此。凡属危险项目，他们不搞，宁吃利息。这是一个千真万确的道理。"[17]

陈云强调"摸着石头过河"，着重点在于要从实际出发、注重总结经验。20世纪80年代中期有些观点认为，"摸着石头过河"说明改革缺乏系统的、完整的理论体系，是"单项突进"，只适合于过"小河"，而在改革深入后已经不适用了。[18]在陈云看来，这些观点没有真正理解"摸着石头过河"强调在实践中摸索、不断总结经验的含义，与整体改革并不冲突。1988年5月12日，陈云和浙江省委负责同志谈话时说："有人在报上批评'摸着石头过河'这句话，但没有讲出道理来。'九溪十八涧'，总得摸着石头过。'摸着石头过河'这句话，我没有放弃。"[19]

三、"摸着石头过河"是邓小平领导改革开放的态度和方法

很多人认为"摸着石头过河"是邓小平说的，但《邓小平文选》《邓小平文集》等邓小平的著作及《邓小平年谱》，都没有他本人说过这句话的记载，与邓小平工作过、接触过的人撰写的回忆文章或访谈材料，也没有提到邓小平说过这句话。最典型的例子来自原国家副主席荣毅仁撰写的《"勇于创新　多作贡献"》一文，其中说道："小平同志告诫大家：改革'胆子要大，步子要稳'，就是从实际出发，摸着石头过河，走一步，看一步。"[20]其中，"胆子要大，步子要

稳”加了引号，这是邓小平的原话，《邓小平文选》有记载；而“摸着石头过河”没有作引，说明这不是邓小平的原话。可以理解，荣毅仁的回忆也反映了邓小平在改革开放中坚持“摸着石头过河”的思想，但没有说过这句话。该文出自邓小平逝世一周年之际中央文献研究室采访编辑的《回忆邓小平》，比较严谨；而且荣毅仁生前与邓小平接触较多，该回忆成文时间早比较接近事实。

虽然没有邓小平说“摸着石头过河”这句话的记载，但并不是说要把邓小平和这句话撇清关系，恰恰相反，邓小平虽然没有说过“摸着石头过河”这几个字，但可以肯定地说，“摸着石头过河”是邓小平领导的改革开放采取并反复强调的鲜明态度和重要方法。

对于上文提到的陈云在1980年中央工作会议上的讲话《经济形势与经验教训》，邓小平明确表示赞同，他在会议结束的当天发表了《贯彻调整方针，保证安定团结》的讲话，开篇就说：“我完全同意陈云同志的讲话。这个讲话在一系列问题上正确地总结了我国31年来经济工作的经验教训，是我们今后长期的指导方针。”[21]他还说：我们要找到发展的路子、实现现代化，需要继续摆脱各种框框的束缚，“真正摸准、摸清我国的国情和经济活动中各种因素的相互关系”。[22]更早的时候，1978年12月，在十一届三中全会前夕作的《解放思想，实事求是，团结一致向前看》的讲话中，邓小平就提出：我们管理经济，“在全国的统一方案拿出来以前，可以先从局部做起，从一个地区、一个行业做起，逐步推开。中央各部门要允许和鼓励它们进行这种试验。试验中间会出现各种矛盾，我们要及时发现和克服这些矛盾。这样我们才能进步得比较快。”[23]

以邓小平同志为核心的第二代领导集体对改革开放采取先试验、再总结、改进、推广的方法，这种改革开放的基本思路就是“摸着石头过河”。我国的对外开放就是先从四个经济特区开始，逐步扩大到沿海十四个城市，再一步步向全国纵深推广。1979年7月到1980年年底，在邓小平的领导支持下，深圳、珠海、汕头、厦门四个经济特区正式成立，这些被视为改革开放“试验田”的经济特区尝试了一系列新的做法、形成了很多新的成功经验，在全国产生极大影响，有力地推动了改革开放的深入展开。改革也是采取“先试验后推广”的方法推进的。邓小平说：政治体制改革要“先从一两件事上着手，不能一下子大干，那样就乱了。国家这么大，情况太复杂，改革不容易，因此决策一定要慎重，看到成功的可能性较大以后再下决心。”[24]邓小平总是强调，改革要“有秩序地进行”，“所谓有秩序，就是既大胆又慎重，要及时总结经验，稳步前进”。[25]

改革要“摸着石头过河”，邓小平并不是一味求快，而是为了激励全党面对改革开放这个崭新实践，冲破思想藩篱，大胆开拓，稳妥前进。“胆子大”和“步子稳”，邓小平总是结合在一起说的。邓小平把改革当做中国的第二次革命，说：“我们确定的原则是：胆子要大，步子要稳。所谓胆子要大，就是坚定不移地搞下去；步子要稳，就是发现问题赶快改。”[26]一方面，改革没有现成的答案，没有万无一失，要大胆试验，只有通过试验不断取得经验才能推进改革的深入，逐渐在各方面形成一整套制度。另一方面，通过试验的方法意味着改革开放要不断总结经验、及时纠正错误。1986 年 9 月，邓小平接受美国记者华莱士采访，向全世界介绍我国的改革事业时说：“我们的办法是不断总结经验，有错误就赶快改，小错误不要变成大错误。”[27]证券、股市在 20 世纪 90 年代初属于新鲜事物，究竟应该怎么认识人们意见不一，针对这些新事物，1992 年 2 月邓小平在南方谈话中说到：“证券、股市，这些东西究竟好不好，有没有危险，是不是资本主义独有的东西，社会主义能不能用？允许看，但要坚决地试。看对了，搞一两年对了，放开；错了，纠正，关了就是了。关，也可以快关，也可以慢关，也可以留一点尾巴。怕什么，坚持这种态度就不要紧，就不会犯大错误。”在这次十分重要的谈话中，邓小平还语重心长地指出：“每年领导层都要总结经验，对的就坚持，不对的赶快改，新问题出来抓紧解决。”[28]

可以看出，在强调改革开放要“摸着石头过河”，“胆子要大、步子要稳”这一重要精神上，邓小平的这些观点与陈云的基本看法是完全一致的，也充分表明“邓陈不可分”。[29]“正因为如此，人们把‘摸着石头过河’也视为邓小平的一个重要思想，看作是第二代中央领导集体的重要思想。”[30]

四、摸着石头过河，是富有中国特色、符合中国国情的改革方法

实践是对理论最好的诠释，改革开放 40 年来取得的历史性成就是对“摸着石头过河”改革思路和基本方法的充分肯定。

2012 年 12 月 31 日，习近平总书记在十八届中央政治局第二次集体学习时指出：“摸着石头过河，是富有中国特色、符合中国国情的改革方法。摸着石头过河就是摸规律。”“摸着石头过河，符合人们对客观规律的认识过程，符合事物从量变到质变的辩证法。”他回首中国改革开放的实践，指出：“我国改革开放就是这样走过来的，是先试验、后总结、再推广不断积累的过程，是从农村到城

市、从沿海到内地、从局部到整体不断深化的过程。”展望未来，习近平总书记说：“不能说改革开放初期要摸着石头过河，现在再摸着石头过河就不能提了。”今天仍然“要采取试点探索、投石问路的方法，取得了经验，形成了共识，看得很准了，感觉到推开很稳当了，再推开，积小胜为大胜。”[31]习近平总书记的讲话是对“摸着石头过河”改革方法的充分肯定。

新的实践也促使人们不断深化对改革规律的认识，对“摸着石头过河”的改革方法有进一步的认识和总结。习近平指出：全面深化改革触及深层次的社会关系和利益调整，十分复杂，当前改革要更加注重改革的系统性、整体性、协同性。他在2012年12月31日十八届中央政治局第二次集体学习的讲话中就进一步指出：“摸着石头过河和加强顶层设计是辨证统一的，推进局部的阶段性改革开放要在加强顶层设计的前提下进行，加强顶层设计要在推进局部的阶段性改革开放的基础上来谋划”。[32]一年后，2013年11月，中共十八届三中全会通过了《中共中央关于全面深化改革若干重大问题的决定》，《决定》指出：改革开放的成功实践为全面深化改革提供了重要经验，改革“胆子要大，步子要稳”，要“加强顶层设计和摸着石头过河相结合，整体推进和重点突破相促进”。[33]《决定》经全会表决通过后，习近平发表重要讲话，指出：“加强顶层设计和摸着石头过河都是推进改革的重要方法”，“摸着石头过河也是有规则的，要按照已经认识到的规律来办，在实践中再加深对规律的认识，而不是脚踩西瓜皮，滑到哪里算哪里。”“我们提出加强顶层设计和摸着石头过河相结合、整体推进和重点突破相促进，这是全面深化改革必须遵循的重要原则，也是历史唯物主义的要求。”[34]习近平总书记的讲话要求把摸着石头过河与加强顶层设计结合起来，其目的就是要求继续通过不断摸索规律，在实践中获得真知，为全面深化改革提出更高要求。

自由贸易区的试点和扩大是“加强顶层设计和摸着石头过河相结合”推进改革的突出例子。正如习近平所说，“重大改革要坚持摸着石头过河”，2013年8月自贸区在上海试点，经过一年多的试点，党中央、国务院决定上海自贸区扩大范围，由28平方千米拓展为120平方千米；同时，在党中央、国务院的统一规划下，2014年、2016年又两次新设广东、天津、福建、辽宁、浙江、河南、湖北、重庆、四川、陕西10个自贸区。自贸区范围扩大后，各项改革创新举措在更大范围、更广领域先行先试，习近平告诫自贸区的改革要“加强整体谋划、系统创新”，不断地为我国构建开放型经济新体制探索道路。

在习近平总书记关于“加强顶层设计和摸着石头过河相结合”的改革思路和改革方法的指导下，五年来，全面深化改革紧锣密鼓，全面发力，推出了360多个重大改革方案、1 500多项改革举措，各领域四梁八柱性质的改革主体框架基本建立。党的十九大报告用“蹄急步稳”形容十八大以来改革的进展迅速、领导有序。

当前，以习近平同志为核心的党中央引领中国特色社会主义进入新时代，“摸着石头过河”的改革逻辑并未过时，注重协调和精准的顶层设计更加清晰。站在新的历史起点上，我们要进一步推动改革开放事业“蹄急步稳”前行，在改革开放的进程中实现中华民族伟大复兴。

（作者单位：中共党史和文献研究院）

参考文献：

[1]《人民日报》，2018年4月11日。

[2]《中共中央文件选集（1949.10—1966.5）》第30册，人民出版社2013年版，第137页。

[3]《三中全会以来重要文献汇编（下）》，人民出版社1982年版，第1333页。

[4]《李先念年谱》第3册，中央文献出版社2011年版，第409页。

[5]《李先念文选》，人民出版社1989年版，第326页。

[6] 于安龙：《关于改革方法论的历史考察——基于“摸着石头过河”的视角》，《长白学刊》2016年第5期。

[7][11]《陈云年谱》（修订本）中卷，中央文献出版社2015年版，第58页，第77页。

[8] 迟爱萍：《陈云与人民币制度的确立》，《当代中国史研究》2014年第1期。

[9]《建国以来周恩来文稿》第2册，中央文献出版社2008年版，第270—271页。

[10]《陈云文选》第2卷，人民出版社1995年版，第152页。

[12] 习近平：《在纪念陈云同志诞辰110周年座谈会上的讲话》，《人民日报》2015年6月12日。

[13] 孙业礼、熊亮华：《共和国经济风云中的陈云》，中央文献出版社1996

年版，第 208 页。

［14］［15］《陈云文选》第 3 卷，人民出版社 1995 年版，第 279 页，第 377 页。

［16］［29］赵士刚：《“摸着石头过河”小议》，《党的文献》2006 年第 1 期。

［17］《陈云年谱》（修订本）下卷，中央文献出版社 2015 年版，第 406 页。

［18］参见胡季等：《中国经济的动态分析和对策研究》；潘维明：《对理论工作的一点看法》，上海《社会科学报》试刊等。

［19］《陈云传》（下），中央文献出版社 2005 年版，第 1789 页。

［20］《回忆邓小平》（上），中央文献出版社 1998 年版，第 22 页。

［21］［22］［23］《邓小平文选》第 2 卷，人民出版社 1993 年版，第 354 页，第 354 页，第 150 页。

［24］［25］［26］［27］［28］《邓小平文选》第 3 卷，人民出版社 1993 年版，第 177 页，第 199 页，第 118 页，第 174 页，第 370—383 页。

［30］韩振峰：《“摸着石头过河”改革方法的来龙去脉》，《领导文萃》2014 年第 10 期，第 82 页。

［31］［32］《习近平谈治国理政》，外文出版社 2014 年版，第 68 页，第 68 页。

［33］《中共中央关于全面深化改革若干重大问题的决定》，《人民日报》2013 年 11 月 16 日。

［34］《习近平关于协调推进“四个全面”战略布局论述摘编》，中央文献出版社 2016 年版，第 77 页。

改革开放初期陈云金融思想及其现实启示

张秋震

“文化大革命”结束后，经过两年多的徘徊发展，1978 年 12 月，中共十一届三中全会隆重召开。这次全会实现了中华人民共和国成立以来党的历史上具有深远意义的伟大转折，开创了改革开放和社会主义现代化建设的新时期。陈云在会上被增选为中共中央政治局常委、中央委员会副主席，同时被选为新成立的中央纪律检查委员会第一书记。1979 年，陈云再次担任国务院财政经济委员会主任，领导全国的财经工作。

一、改革开放初期陈云金融思想的主要内容

改革开放初期陈云的金融思想在之前的基础上不断发展和趋于完善。他这一时期的金融思想概括起来主要有货币发行思想、外汇管理思想和金融人才培养思想三个方面。

（一）货币发行思想

货币的生命在于流通，而货币发行则是货币生命的开始。科学合理地发行货币对货币流通具有重要的意义。陈云主管中国财经工作之后，货币发行问题一直是他重视和解决的重要问题之一。陈云历来十分审慎地管理货币发行工作，从不放松。

第一，货币发行量必须适度。金融稳定的核心是市场物价稳定。一般而言，要维持金融稳定，首先要维持物价稳定，因为物价稳定是金融稳定的基本标志。而要维持物价稳定，就必须控制好货币发行。货币发行过多，就会导致物价上涨。

改革开放初期，中国大力实施引进战略，大量引进外国资金、技术和先进设备，造成固定资产投资和消费需求增长过快，货币发行过量，很快导致物价上涨，造成严重的通货膨胀。通货膨胀对金融安全有重大冲击。对此，陈云指出，必须坚决扭转通货膨胀的趋势。否则，将不利于工农业生产的恢复，不利于市场的稳定，不利于经济建设的开展。

陈云十分注重货币发行和物价问题，这也是关系到老百姓切身利益的问题。1983 年 11 月，陈云就货币发行和物价问题致信国务院主要负责人，指出："三位数的钞票发行情况绝不能继续了。"[1] 1985 年 2 月中旬，陈云在中央政治局扩大会议上讲话指出："我赞成货币发行量必须适度这个提法，紧缩银根的手段，必要时可以运用。"[2]另外，陈云还指出："现在钞票发行失控。一年发多少钞票，要有人把关，而且必须由总理或者主持经济工作的副总理把关。五十年代我把关，发行计划由我向中央常委报告，如第四季度估计要用多少钞票，请中央批准发行权。执行结果，如果多了就不用，如果少了，需要追加发行，还要再请中央批准。总之，银行发多少钞票要有人把关。"[3]

20 世纪 80 年代后期，全国物价已是一个异常敏感的问题。1988 年上半年，全国物价总指数在 1987 年已上涨 7.3%的基础上，又连月大幅度上涨，7 月份已达到 19.3%，大大超过 10%的设想，引起了全国性抢购商品和挤兑银行的风潮。对此，陈云强调，要在物价平稳中促使经济逐渐发展。为了遏制物价过快上涨，稳定金融，1988 年 9 月 27 日，国务院发出关于进一步控制货币、稳定金融的通知。

1988 年 10 月 8 日，陈云同中央负责同志谈话时指出："对储蓄搞保值是必要的。同时，国库券也要保值。如果不从根本上采取稳定市场物价措施，提款抢购风潮还会再起。"[4]在陈云的建议下，经过一段时间的治理整顿，整个经济形势开始向好的方面发展，过热的经济开始降温，固定资产投资和消费基金膨胀势头有所控制，物价上涨幅度逐月趋缓，金融形势也开始好转，货币投放得到控制。

第二，货币发行权要集中统一。在长期的金融管理实践中，陈云认为，货币发行权必须集中统一，这是陈云货币管理思想的核心之一。陈云认为：货币的发行有且只有一个发行中心，而决不能有两个或更多的发行中心出现，只能由这个中心掌握着货币发行大权。1988 年 10 月，陈云同中央领导同志谈话时指出："现在票子发得太多。票子发行的权力要高度集中，我看还是要'一支笔’。”[5]1992 年 11 月，87 岁高龄的陈云在上海休养住地同前来看望的江泽民、吴邦国等领导同志谈话时仍然十分关心货币发行问题。他再次强调，货币发行要严格，发行权要由中央收得高一点。

在深圳特区货币的发行问题上，陈云也是持十分谨慎的态度。改革开放之后，深圳特区成立。香港地区与深圳两地生活水平和商品供应差异很大，当时在中国内地外汇不能自由兑换，而且人民币汇率是官方厘定。但由于改革开放后境外人员到内地消费增多，民间的货币兑换环境也相对宽松，为避免外汇流失，中国政府于 1980 年 4 月另外发行与人民币等值的外汇券。外汇券只限境外人员使用，并可用于指定商店，售卖中国内地一般很难买到的商品。因为中国香港商品不断流入深圳，香港市民到深圳消费以至于购买房产等皆用港元，到深圳投资的港商亦多以港元发工资，深圳流通的港元随之不断增加，形成深圳同时有人民币、外汇券、港元三种货币流通的局面。此时因为通货膨胀的因素，人民币呈贬值趋势，而外汇兑换券和港元则相对比较稳定，在特区一度发生外汇兑换券排挤和驱逐人民币的现象。1979 年至 1982 年期间，深圳特区开始酝酿发行经济特区货币，以可自由兑换的特区货币与港元竞争，限制深圳经济特区只可用深圳特区货币。陈云非常重视此事，他从维护货币发行权必须集中统一的原则出发，明确反对，并在多个场合表示不同意发行特区货币。他在与国务院有关领导同志在杭州谈到“特区货币”时说：“如果各个特区都发货币，实际上就是两种货币并存。而两种货币并存，人民币的‘腿’会越来越短，特区货币的‘腿’会越来越长。因为‘优币驱赶劣币’，是货币的客观规律。”[6]他强调，如果大家坚持要搞特区货币，经济特区“货币发行权还是要集中到中央”。[7]陈云对深圳特区货币问题的态度，体现了他的货币发行权必须集中统一的一贯主张；也体现出他一贯的稳健审慎作风。

第三，货币发行要坚持经济发行为主的原则。货币作为一般等价物，是商品经济正常运行的润滑剂。货币发行量的多少，什么时间发行，首先不是满足财政开支，解决财政赤字，而是主要的满足商品经济正常运行的要求。陈云强调货币发行要坚持经济发行为主的原则，反对靠大印钞票解决问题的路子。1979 年 9 月，陈云在国务院财经委召开的计划安排汇报会上指出：“既然基建投资决定于当年的财政拨款有多少，明年基建规模就应该按照财政拨款多少来安排，超过这个限度就会有赤字，就要多发票子。这条路我们不应该走，也不可能年年走。”[8]1979 年 10 月，陈云在省市自治区第一书记座谈会上指出，“市场货币的流通量超过了市场必需的数量太多了，它可以成为一种流通手段存入银行，但是另外一方面，就会造成物价上涨，人们就会抢购东西，那个时候就要增加票证……由于生产量的增加，生产资料的增加，这样增加的货币，是正常的增加，否则就是通货膨胀。”[9]对于赤字是不是可怕的问题，陈云指出：“如果说，今年搞生产，下半年、明年就见效，这不可怕。问题是基本建设的投资是长期的投资，大量的投资搞赤字，我是有点怕就是了。”[10]1981年9月，他在一次会议上又说，货币发行量“过去我们是在三百亿以内，现在到三百三，大概增加了三十多亿，这就是增加了的市场的必需流通量。所以增加了货币流通量……我们对市场的货币必需流通量要心中有数。只要不用发票子搞基建投资，没有危险。”[11]陈云还认为“基建投资年年有赤字是不行的，因为年年用发票子来搞基建，到了一定的时候，就会‘爆炸’”[12]。

（二）外汇管理思想

陈云十分重视外汇管理工作，他主张要增加外汇收入的来源，要储备一定的黄金和外汇。另外，陈云还主张通过灵活管理外汇牌价，集中、统一、有计划地使用外汇和优化外汇储备以实现外汇平衡。

第一，搞外汇要成为一个大题目。1979年3月21日，陈云出席中共中央政治局会议，在讨论1979年计划和国民经济调整问题时，他明确指出：“外资还要不要，外国技术还要不要？一定要，而且还要充分利用，只不过把期限延长一点就是了。”[13]

如何搞到外资？办法有许多。陈云提出：我们“要找增加外汇收入的来源，把它看作很重要的题目。外国人说我们支付能力差，的确差。光靠农产品出口，数量不大，要多找门路”。[14]因此，大力发展第三产业，比如旅游业，就是一条重要的门路。大力发展旅游业，其赚取外汇的成本和数量相对于实物产品贸易来说，具有很大的优越性。发展旅游产业，不用担心出口物资太多影响国内物资供应，不用担心对外贸易风险。1978年12月10日，陈云在中央工作会议东北组会议上讲话指出：“旅游收入，比外贸出口收入要来得快，来得多。旅游收入实际是‘风景出口’，而且可以年年有收入，一年比一年多。”[15]

虽然陈云主张大力发展旅游业以获取外汇，但他绝不认同外汇在中国市场的自由流通，认为外汇必须进行统筹管理，要求“各单位赚了外汇要存到中国银行，这是应有的责任，也是光荣的责任，不要私自把钱存到外国银行”。[16]这是因为改革开放初期，我国外汇比较少，要千方百计获取外汇。

第二，储备一定的黄金和外汇，必要的时候可以应对金融风险。1981 年 12 月，陈云在省、自治区、直辖市党委第一书记座谈会上的讲话中指出：“报纸上登全国有四十亿美元的顺差，所有权是属于中国银行的，使用权是属于地方的和各部门的，地方的三十亿，各部的十亿……实际上，这些外汇属于周转外汇，而且中央已经在使用了。我希望一九八五年能达到一百二十亿美元的周转外汇，增加两倍。我们这个国家，有一百二十亿的外汇作为周转资金，很有必要。”[17]

1985 年 2 月 18 日，陈云在中央政治局扩大会议上讲话时，从现代金融市场体系的角度，详细论述国家外汇储备的问题。他指出：“我们应该储备多少外汇、多少黄金？这一点，过去我们许多同志并不是很清醒的。前一个时期，我们有一百二十亿美元外汇，还有几百吨黄金，有些同志就觉得手烫得不得了啦。我认为，我们有一百亿、一百五十亿、二百亿美元外汇，不算多。我们是个大国，储备一二百亿美元外汇，有风吹草动的时候可以应付。从长远来看，现在我们的外汇不是多了，而是紧了。去年七八月的时候，有人讲外汇多啦，没有地方用。先念同志和我谈过一次话，我说：有比没有好，多比少好。沙特阿拉伯在美国存款有三千五百亿美元，按现在的利率计算，利息一年就是三百五十亿美元。我们如果有一百五十亿美元外汇，利息一年就有十五亿美元。现在还没有哪一个资本主义国家，肯痛痛快快一年借给我们十五亿美元。”[18]陈云把黄金和外汇储备问题，作为防止“风吹草动”，保障国家安全的重要举措，可谓明智之举。事实也充分证明，陈云关于增加黄金储备的做法，对后来我国成功应对 1997 年亚洲金融危机，保障国家金融安全起到了重要作用。

黄金储备作为一国的国际储备资产的重要组成部分，作为国际储备的一个部分，是衡量国家财富的一个方面，在化解金融危机、维护汇率稳定、承担国际支付最终手段中发挥着重要作用，是经济可持续发展的保障。它在稳定国民经济、抑制通货膨胀、提高国际资信、维护金融安全等方面有着特殊作用，其储备量的多寡直接关系到金融安全、经济安全、政治安全、社会安全和国家安全。陈云指出：“各单位赚了外汇，应该说对国家是一种贡献，必须存在中国银行。有一些经过特许存到外国银行是可以的，但有许多是不可以的。现在要组织好出口货源，一定要抓紧。原则是国内销售让出口。国内销售要压缩一部分，保证出口换汇。”[19]“总之，一方面要有点外汇控制，另一方面要组织好计划规定的二百七十亿美元的出口货源。要紧紧抓住这两个方面，否则搞不好的话，计划就要翻船。”[20]陈云的这番话对于我们深刻认识黄金储备的价值和作用具有重要意义。

（三）金融人才培养思想

改革开放初期，陈云非常重视对财经干部的选拔、培养和教育，特别是中青年财经干部的选拔和培养工作。

1979 年 3 月，他在国务院财政经济委员会第一次会议上讲话时指出：“找一个，两个，三个，四个，或者五个年轻一些的，四十岁到五十岁的干部，到财经委员会工作。要有一点工作经验的，人数也不要多。这些人不是当秘书，而是在我们这里当‘后排议员’……我看是要有一些‘后排议员’，这些人参与讨论问题，参与决定大政方针的事。培养这样的人，我看很有必要。”[21]这也是陈云选拔中青年干部思想在财经干部选拔培养方面的体现。

为了更好地开展财经工作，培养财经方面的人才，陈云结合自己的身体状况，“建议成立中央书记处，调两个比较接触实际工作的同志上来，把财经工作好好搞一下。这是我们国家的大计。”[22]

另外，陈云也十分重视财经类高校的建设，支持财经类高校提高办学质量，大力培养金融人才。1985 年 9 月，为了把学校办成一所以培养高级经济管理人才为主的、高层次、多学科、文理渗透的财经大学，经财政部批准，上海财经学院更名为上海财经大学，陈云亲自为上海财经大学题写了校名，这表达了陈云对财经类高校建设的重视，对财经类管理人才培养的重视；1987 年 9 月，为了适应国家金融事业对人才的需要，由中国人民银行、中国工商银行、中国农业银行、中国银行、中国建设银行、中国人民保险公司、中国国际信托投资公司、交通银行、光大金融公司等九家金融机构共同集资创办了中国金融学院*，陈云欣然题词：“办好中国金融学院，培养新一代银行家。”突出了在新形势下对中国金融学院培养人才的要求，为中国金融学院指出了办学的方向和目标。

二、改革开放初期陈云金融思想的鲜明特征

改革开放初期陈云的金融思想，是陈云金融思想的重要组成部分，具有鲜

---

* 中国金融学院于2000年与对外经济贸易大学合并，成为对外经济贸易大学。

明的实践性、人民性、稳中求进等特征。

(一)改革开放初期陈云金融思想的实践性特征

改革开放初期陈云金融思想的实践性，是建立在实事求是与解放思想的有机统一基础上的。改革开放初期，陈云关于金融工作的论述，都具有很强的针对性，都是为解决金融工作发展中重大的实践问题而提出的，没有一般的说教，没有理论的空谈。中国的改革开放，是一场伟大而深刻的革命，没有现成的经验。1978 年 12 月 10 日，陈云在中央工作会议东北组会议上发言指出："实现四个现代化是我国史无前例的一次伟大进步，必须既积极又稳重。我们要坚持实事求是，就要首先弄清事实，这是关键问题。"[23] 1979 年 3 月，陈云和李先念联名给中央写信，信中提出："借外债必须考虑还本付息的支付能力，考虑国内投资能力，做到基本上循序进行。"[24]陈云考虑问题时，一贯注重从实际出发，从客观实际来把握问题的本质。这是陈云金融思想中实事求是理论的重要基础。

(二)改革开放初期陈云金融思想的人民性特征

陈云始终相信人民群众，始终依靠人民群众。一切从人民群众利益出发，满足最大多数人民群众的利益，是陈云确立的发展中国金融事业的宝贵价值取向。1980 年，针对部分城市蔬菜货缺价高影响民众生活问题，陈云提出弄清原因、找出办法、蔬菜生产要宁多不少和对蔬菜问题定期研究的要求[25]。1980 年 12 月，陈云在中央工作会议上讲话指出："现在的经济形势是开国以来少有的很好的形势。但要看到不利的一面。除了若干种国家规定不准涨价的商品以外，许多商品都在涨价，涨价商品的面相当大，影响人民的生活。这种涨价的形势如果不加制止，人民是很不满意的。"[26]由此可见，陈云十分关心民生，心中始终装着人民群众，陈云金融思想的人民性特征是名副其实的。

(三)改革开放初期陈云金融思想的稳中求进特征

社会主义建设要脚踏实地、积极稳妥的推进，陈云在领导经济建设的过程中一直坚持稳中求进的原则，稳中求进是改革开放初期陈云金融思想的一个显著特征。陈云在分析、决策金融问题时，总是在保证稳定的前提下，开展探索和实践的。他将这一思想方法生动地概括为"摸着石头过河"。陈云在 1950 年

4月7日政务院第27次政务会议上提出“摸着石头过河”。他指出：“物价涨不好，跌亦对生产不好。要‘摸着石头过河’，稳当点为好。”[27]改革开放初期陈云金融思想中，许多地方都鲜明地体现了稳中求进这一特征。例如，对于经济体制改革，陈云指出要积极稳妥的推进改革；对于外债，陈云指出外债可以借，但要合理地使用所借外债，要能够还得起等。历史证明，陈云稳中求进的金融思想，对防止金融波动，避免大起大落，规避金融风险，保持经济平稳发展具有重要意义。

三、改革开放初期陈云金融思想的现实启示

改革开放初期，陈云的金融思想，对我国金融事业的发展和改革开放事业的稳步推进起了十分重要的指导作用。“服务实体经济、防控金融风险、深化金融改革”，这是习近平总书记在2017年7月全国金融工作会议上提出的关于金融工作的三项任务。陈云改革开放初期的金融思想，对于研究我国当前和今后金融发展中的重要问题，进一步增强金融服务实体经济的能力，提高防控金融风险的能力以及实现深化金融改革的目标，具有重要的启示。

（一）坚持和加强党的领导

党的十九大报告指出：“坚持党对一切工作的领导。党政军民学，东西南北中，党是领导一切的。”“中国特色社会主义最本质的特征是中国共产党领导，中国特色社会主义制度最大的优势是中国共产党领导，党是最高政治领导力量。”[28]坚持和加强党的领导，是做好新时代金融工作的根本保证。1988年10月，陈云同中央负责同志谈话时指出：“目前财政经济遇到一些困难，在克服这些困难的过程中，必须加强和依靠党的领导，特别是党中央的核心领导作用。”[29]陈云的讲话启示我们，做好新形势下金融工作，要坚持和加强党中央对金融工作集中统一领导。

（二）大力培养金融人才

改革开放初期，陈云强调要培养财经人才，选拔财经干部。他建议要成立书记处，选拔接触实际工作的同志，把财经工作好好搞上去。金融是国之重器，是国民经济的血脉。金融发展是经济发展的关键环节，而金融人才的培养

是金融发展的关键环节。做好金融工作，离不开金融人才。尤其在经济全球化的背景下，在“一带一路”倡议下由我国发起创办亚洲基础设施投资银行的背景下，为了发挥我国资本在国际金融中的作用，稳步推进人民币国际化，国家需要大力培养、选拔、使用政治过硬、作风优良、业务精通的金融人才，特别是要注意培养金融高端人才，努力建设一支宏大的德才兼备的高素质金融人才队伍。

（三）坚持金融为实体经济服务的宗旨

陈云始终坚持金融要为实体经济服务的观点，始终坚持金融要为人民服务的思想。陈云强调，货币发行量必须适度，就是考虑到要维持物价稳定，考虑到保障人们的实际生活。“搞经济建设的最后目的，是为了改善人民的生活”[30]，这是陈云金融实践中的座右铭。因此，做好金融工作，必须坚持金融为民服务、为实体经济服务的宗旨。习近平总书记指出：“金融是实体经济的血脉，为实体经济服务是金融的天职，是金融的宗旨，也是防范金融风险的根本举措。”[31]只有引导金融体系回归本源，回归实体经济，才能从根本上消除金融对实体经济的负面作用。要建设普惠金融体系，加强对小微企业、“三农”和偏远地区的金融服务，推进金融精准扶贫，真正做到金融为民。

（四）高度重视金融安全，防范和化解金融风险

防止发生系统性金融风险是金融工作的永恒主题。陈云历来重视金融安全，注重防范和遏制通货膨胀，不允许用大量发票子的办法搞基建投资，始终强调要注意保持财政收支平衡、信贷收支平衡、物资供求平衡和外汇平衡。在当今时代背景下，要把主动防范化解系统性金融风险放在更加重要的位置，科学防范，早识别、早预警、早发现、早处置，着力防范化解重点领域风险，着力完善金融安全防线和风险应急处置机制。要推动经济去杠杆，坚定执行稳健的货币政策，处理好稳增长、调结构、控总量的关系。各级地方党委和政府要树立正确政绩观，严控地方政府债务增量，终身问责，倒查责任。要坚决整治严重干扰金融市场秩序的行为，严格规范金融市场交易行为，规范金融综合经营和产融结合，加强互联网金融监管，强化金融机构防范风险主体责任。要加强社会信用体系建设，健全符合我国国情的金融法治体系。

（五）稳步推进金融体制改革

推进金融体制改革要坚持循序渐进、积极稳妥的原则，要注意总结经验。金融体制改革要先试点，再逐步推广。1982 年 12 月，陈云在中央工作会议上讲话，讲述经济形势与经验教训时明确指出："我们要改革，但是步子要稳。因为我们的改革，问题复杂，不能要求过急。改革固然要靠一定的理论研究、经济统计和经济预测，更重要的还是要从试点着手，随时总结经验，也就是要'摸着石头过河'。开始时步子要小，缓缓而行。这绝对不是不要改革。"[32]对于当时的价格改革，陈云更是强调试点的重要性。1983 年 1 月 28 日，陈云在答复国内商业流通体制改革有关问题时指出："第一，体制必须改革。第二，改革必须试点，因为试点而使改革的进度慢了，与为了加快改革的进度而不经过试点，以致改得不好，还要回过头来重新改，这两种损失相比，前一种比后一种要小些。"[33]

陈云金融思想所蕴含的金融原则和方法，对科学认识和解决当前我国金融发展中遇到的一系列问题，具有重要的意义。我们要认真学习改革开放初期陈云的金融思想，结合习近平总书记关于加强金融改革的指示精神，努力深化金融改革，完善外汇市场体制机制，建立符合新时代市场经济要求的现代金融体系、现代金融制度和良好的金融秩序，充分发挥金融杠杆的作用，使我国社会生产力得到进一步解放，使社会主义制度的优越性更好地发挥出来，为实现中华民族伟大复兴的中国梦而努力奋斗！

（作者单位：陈云纪念馆）

参考文献：

[1][6][7]《陈云年谱》（修订本）下卷，中央文献出版社 2015 年版，第 392 页，第 404 页，第 403 页。

[2][3][4][5][8][12][13][14][15][16][17][18][19][20][21][23][24][26][29][30][32]《陈云文选》第 3 卷，人民出版社 1995 年版，第 343 页，第 344 页，第 367 页，第 366 页，第 265—266 页，第 265 页，第 254 页，第 254 页，第 237—238 页，第 345 页，第 307 页，第 344—345 页，第 345 页，第 345 页，第 257—258 页，第 235 页，第 248—249 页，第 277 页，第 367 页，

第 280 页，第 279 页。

[9][10][11][22][25][33]《陈云文集》第 3 卷，中央文献出版社 2005 年版，第 464—465 页，第 464 页，第 490—491 页，第 463 页，第 473 页，第 529 页。

[27]《陈云年谱》(修订本)中卷，中央文献出版社 2015 年版，第 58 页。

[28]《中国共产党第十九次全国代表大会文件汇编》，人民出版社 2017 年版，第 16 页。

[31]《全国金融工作会议在京召开》，中国政府网，2017 年 7 月 15 日。

馆藏文物篇

陈云写给烈属的两封信

严　玮

陈云有深厚的“烈士情结”，这不仅表现在他从未间断过对革命烈士的深情怀念，同时也表现在他对烈士子女无微不至的关心上，他谦和仁厚，慈祥可亲，不仅是冷静、稳健、严谨的人，而且同时也是一位感情十分深沉而细腻的人。比如：陈云在延安担任中央组织部部长期间，对烈士后代十分关心，不仅指示各地的地下党组织把他们送到延安，而且常常邀请他们去自己和中组部的窑洞过周末和节假日，还选送许多烈士遗孤前往前苏联学习。

1975 年 4 月 21 日，陈云写了一封信给冯志坚，写在一页双线信纸上，用蓝黑墨水的钢笔竖写行书小字，全信 144 字；1976 年 1 月 30 日，陈云写了一封信给张科生，同样是用蓝黑墨水钢笔竖写在便签纸上，全信 119 字。这两封信字里行间充满着陈云对烈属的一片关心。

这两封信时间相隔一年，信中所提及的两位人物都和翁泽生有关。翁泽生是谁？陈云为何连写两封信，信中的人物到底与陈云有什么关系，待我们细细解读信件，还原被遗忘的历史。

信中提及的翁泽生，1903 出生，中国台湾台北人。1925 年加入中国共产党，是一位颇具影响力的台湾省籍共产主义者。他在台湾组织青年学生开展抗日爱国活动，向台湾乡亲宣传祖国大陆的革命运动；他在祖国大陆团结台籍学生开展抗日斗争，号召祖国同胞支持和援助台湾的抗日活动，被誉为“台湾最光辉的一颗红星”，他是台湾最早的社会主义宣传者之一。根据资料记载，1927 年翁泽生前往上海从事地下工作，1932 年 3 月，中共中央临时政治局常委会议决定由陈云担任中华全国总工会党团书记，翁泽生担任全总的党团秘书长。就是这个时期，陈云与翁泽生建立了深厚的革命情谊。1933 年 1 月，由于党的工作需要，陈云赴中央苏区，而翁泽生则继续留在上海开展工作。之后，翁泽生在上海租界被捕，又被囚禁在位于台湾的日本殖民监狱里，他受尽酷刑的折磨，身体状况也一天不如一天，应酷刑摧残而更加严重，但是从未透露过中共党组织的任何秘密，当日本殖民者见翁泽生奄奄一息，提出只要他肯“发誓转向”“写悔恨状”，就让他出狱治病。但是翁泽生不为所动，始终坚贞不屈，绝不出卖组织秘密，也不肯声明“转向”，他坚定地说：“在这里是死，出去也是死，何必成为火线上的逃兵。”直到翁泽生病危，日本殖民当局才允许其“保外就医”，但是他在出狱19天后，便因病去世，时年36岁，体现了共产党员的忠诚与气节，用他的一生乃至生命来践行他对党许下的誓言。

翁泽生不幸被捕后就与陈云完全失去了联系。1939年4—5月间陈云在延安担任中组部部长时，得知他在台湾牺牲的消息时已经是6年后，而这个不幸的消息是冯志坚(原名翁阿东)告诉他的。冯志坚是翁泽生妹妹，1933年胞兄翁泽生被捕入狱，全家经济重担落在她的身上。1934年10月，冯志坚经人介绍顶替同乡前往新加坡同仁医院工作。在同仁医院工作期间，她结识了进步青年，大家常在一起谈论抗日救国。延安是红色的革命圣地，不仅吸引着追求共产主义理想的大陆青年，也召唤着具有同样追求的台湾青年，在他们的鼓励之下，冯志坚辞去医院工作，与另外两人乘船赴香港。在香港期间，经胞兄友人廖承志的介绍前往延安，并让她给在延安的陈云带去一封介绍信，冯志坚由此在延安认识了陈云。后来在陈云的安排下，她进入抗大学习，成为奔赴延安参加抗日的第一位台湾女性。

由于冯志坚在延安的住址不固定，又改了姓名，陈云担心别人寄给她的信收不到，于是建议寄到自己处再转送。冯志坚在延安中国女子大学，有一天正吃晚饭时，陈云让他的警卫员叫冯志坚过去。她到了陈云住处之后，陈云拿出了两封信。这两封信是冯志坚堂兄从台湾基隆发出，辗转寄到延安给冯志坚的。信用日文书写，陈云叫冯志坚翻译给他听，信里报告了翁泽生牺牲的消息，才这样传到陈云那里的。

翁泽生牺牲以后，翁泽生儿子林江(原名翁黎光)也是倍受冲击，他自己被误打成“叛徒”“走资派”。更过分的是，有人竟污蔑他是叛徒的儿子。在这种情况下，亲属们都盼望早日为翁泽生做出正式结论，一方面光大先烈的事迹和品德，另一方面也纠正错误的舆论。1974年，冯志坚等亲属提笔写信给陈云，表达了亲属们的这一心愿。同年底，翁泽生儿子林江带着冯志坚等写给陈云的信从福建省南平县屏南镇赴北京找到陈云和廖承志。当翁泽生亲属写信给陈云的时候，大家也是十分担心的，虽然致信给陈云和廖承志，但并未抱多大希望，“四人帮”尚在横行，陈云能为这种事情操心吗？然而出乎意料的是，陈云在身陷困境、身患重病的情况下，对烈士及其亲属还如此关怀体贴，不怕风险、不辞辛苦、不顾身体状况，应亲属的要求，安排廖承志负责处理此事，由廖承志负责写材料，材料内容都是和陈云商量过的，以负责的精神亲自出面主持了建议追认翁泽生为革命烈士的求证工作，1976 年翁泽生被追认为革命烈士，做出了正确的政治结论。

另外一封是陈云写给张科生（冯志坚儿子）的信，1976 年 1 月 19 日，翁泽生妹妹冯志坚在上海去世。1 月 27 日，张科生写信告诉陈云，陈云于收到信的当晚即 1 月 30 日夜，立即亲笔回信。信中说：“1 月 27 日信今日收到。我读到你妈妈冯志坚去世的消息，很难过。虽然她的病去年见面时已估计是很难治的病，但我仍然很难过。希望你化悲痛为力量，努力工作。”

这些珍贵的信件，是家住南京的革命烈士亲属张科生捐赠给纪念馆收藏的，采访工作也得到林江的大力支持，两位烈属分别表达了对陈云的敬意、对陈云纪念馆征集工作的支持。正是他们的捐赠与支持丰富了我馆的馆藏，征集到为数不多的陈云亲笔信之一，为我馆研究陈云在担任全总工作时的情况、在“十年动乱”期间保护革命烈士亲属方面的情况提供了佐证，具有较高的文献价值。时隔多年作为文献史料管理者有必要整理出来，通过烈属的回忆，让观众共同感怀陈云对革命先烈名誉的尊重、对革命子女的关怀照顾、对革命战友的情谊情真意切，向观众讲述陈云为翁泽生烈士正名的来龙去脉，让更多的人了解一段被遗忘的历史。

（作者单位：陈云纪念馆）

独具特色的行李包

程　晔

在陈云纪念馆文物馆的玻璃展柜里有一件比较特殊的文物，内分两个大袋子，其中一边袋子上还缝有两个小口袋，小口袋里装着捆包用的长长的尼龙绳。它的里和面都是用土法织染的粗布，外面的颜色是当年红军服装那种灰色的，里布是白色的，形状像一个大被包，称作“马褡子”。新时代的观众可能不熟悉这样的物品，它有什么作用呢？

在战争年代，这个特大的“被包”有着非常大的用处，由于陈云平时外出活动频繁，经常外出开会、农村调查……很多时候办公、留宿在火车上，所以要带很多的行李，有时候会将厚、薄被子及内装荞麦皮的大枕头、枕巾，还有起夜时穿的棉袄、毛裤、尼龙袜，以及睡衣裤、手电筒等物品统统装进“被包”袋里，并将袋子对折包好，然后用尼龙绳将其打成一个特大的“被包”，由于年代久远，里面已经破了好几个洞，曾被修补过多次，但陈云仍舍不得扔掉，一直在使用。这是陈云每次外出工作、调研时常用的重要行李，非常独具特色的行装。

1945年9月15日，陈云担任刚组建的中共中央东北局委员受命奔赴东北，这件马褡子随着陈云来到了东北。抗日战争胜利后不久，国民党挑起内战，东北成为国共两党争夺的焦点，南满形势非常危急，陈云自告奋勇前往南满工作。在陈云和萧劲光到南满前，在南满的领导层中出现了不同的意见。有的主张坚持，甚至提出“区不离区，县不离县”，分散打游击的口号；有的则主张向北满撤退，与北满主力汇合，认为南满坚持不住了，再坚持下去就要到“鸭绿江去喝水”“到朝鲜去留洋啦！”。南满的主力部队三、四纵队已做了在必要时开过松花江，与北满部队会合的准备，地方武装也准备上长白山打游击。他到达南满后，经过认真的调查研究，分析形势，认为南满必须坚持，而且能够坚持。他充满信心地说："我来南满就是为了和大家一起坚持南满斗争，你们让我来拍板，拍板就是坚持南满。"当时陈云担任中共中央南满分局书记兼辽东军区政委，工作担子很重。陈云有理有据的分析和果断干脆的决定，统一了人们的认识，得到了大家的拥护和赞成。会议一致通过了：巩固长白山区，坚持敌后斗争的总的战略指导思想，以及正面与敌后战场相配合，内线与外线、运动战与游击战相结合的作战方针。这就顺利解决了要不要坚持南满这一重大问题。这是关系到南满乃至整个东北战局的一板。这件马褡子"目睹"了关键性的一拍，40 多年后，萧劲光大将高度评价道："这是关键时刻决定性的一板，这是陈云对坚持南满斗争的一大贡献。"

战争岁月，流动性很大。在临江住了一个来月，陈云来到通化工作，于若木也随他去通化，这件"马褡子"就这样也来到了通化。位于长白山区的通化，地势高，特别寒冷。据于若木回忆，那里八月十五就飘雪花，严冬气温低达零下四十摄氏度。一出门寒风吹来，整个人一下子就冷透了。那时，陈云和她住在通化的一所小学的宿舍里，虽然有壁炉，可以烧柴禾，但是还是非常寒冷。陈云的卧室在正中间，只要一开门，有人进出，寒风就笔直吹进他的房间。作为南方人，陈云极不习惯这样严寒的环境，加上体质又差，三天两头感冒，这场感冒还没有好，那场感冒又接踵而至。感冒反复折磨着陈云，他越来越消瘦，而他仍坚持日夜工作。有时病倒了，发烧，但是在床上仍裹着被子坚持工作，每天坚持工作十多个小时。由于超负荷的工作，陈云的健康状况一直不佳。关键时刻，这件马褡子正好派上了大用场，及时给予温暖，同时它也"见证"了陈云认真踏实的工作作风和艰苦奋斗的精神。

中华人民共和国成立初期，经济实力很弱的新中国处于百废待兴的情况，因而汽车工业基地的选址，成为了国家建设的一件大事。身兼中华人民共和国第一任重工业部部长的陈云对此一直非常重视，特别是亲自领导了项目初期的许多重大决策。而面临的第一个重大问题就是汽车制造厂的选址。为了找到合适的厂址，陈云进行了广泛的调查研究。从北京西郊到石家庄，从陕西西安到山西太原、东北长春等地，到处都留下了陈云的足迹。

这件马褡子看似普普通通，然而它的经历却非常特殊，不仅历经了战争年代，还见证了新中国的繁荣昌盛。于若木谈起这个"被包"时说："那个马褡子，用得很早了。是在延安开始用的还是在东北开始用的，我不记得了。不过在东北时是一直用着的。那时候条件艰苦，哪有什么宾馆！走到哪儿住到哪儿，能住上个招待所就不错了。被子就装在马褡子里带着，马褡子装被子很方便，要不然真不好带。”由此看来，这个大“被包”早在当年就曾为陈云夫妇转战南北立下了汗马功劳，跟随着陈云的足迹踏遍了大江南北，一路见证了陈云为中国革命、为新中国建设付出的艰辛努力，也见证了陈云这一路走来所取得的卓越功勋。

（作者单位：陈云纪念馆）

史海钩沉篇

中国共产党领导的西路军总支队和红军航空队

王有生

红西路军总支队和红军航空队的征程，留下了一页页充满苦难、闪耀辉煌的感人记录。

一、中共中央代表团赴新疆援接西路军余部

1936 年 10 月 25 日，根据中革军委命令，红四方面军第三十军渡过黄河；随后，第九军和四方面军总部及第五军也渡过黄河，准备执行宁夏战役计划。11 月 11 日，中共中央和军委决定，河西部队称西路军，领导机关称西路军军政委员会，主席陈昌浩，副主席徐向前，负责军事、政治和党务管理。西路军的编制序列为：西路军总指挥部，总指挥徐向前，政治委员陈昌浩，副总指挥王树声，参谋长李特，政治部主任李卓然。下辖第五军、第九军、第三十军和直属部队。共 2.18 万人。

深入河西走廊的西路军将士，坚决执行中央的命令，在极端困难的条件下浴血奋战 4 个月，歼敌 2.5 万余人，终因敌众我寡，于 1937 年 3 月惨烈失败。在西路军陷入危境时，中共中央和中革军委于 2 月 27 日决定，以第四、第三十一、第二十八、第三十二军和骑兵第一团组成援西军，司令员刘伯承，政治委员张浩。3 月中旬，援西军进至镇原、固原以南地区。因西路军已失败，遂按军委指示就地待命。

西路军所属各部队，是中国共产党长期教育并在艰苦斗争实践中锻炼成长起来的英雄部队，为了中国人民的解放事业，西路军广大指战员英勇作战，视死如归，在战略上配合了河东红军主力的斗争。他们所表现的大无畏英雄气概和崇高献身精神，永远值得人们尊敬和怀念。

据不完全统计，西路军兵败后，有近千名指战员抱着坚定不移的革命信念，分散化装，千里行乞，在老百姓的帮助下，历尽艰难困苦和曲折坎坷，陆续到达陕北，回到了革命队伍之中。

1937 年 8 月 25 日，中共中央革命军事委员会发布改编命令，宣布红军主力改名为国民革命军第八路军（简称八路军），红军前敌总指挥部改为第八路军总指挥部，总指挥朱德，副总指挥彭德怀，参谋长叶剑英，副参谋长左权；红军总政治部改为第八路军政治部，主任任弼时，副主任邓小平。全军下辖第一一五师、第一二〇师、第一二九师 3 个师和一个后方留守处。

第一一五师，由红一方面军第一、第十五军团及陕南第七十四师等部，在陕西省三原县改编。师长林彪，副师长聂荣臻，参谋长周昆，政训处主任罗荣桓，下辖第三四三、第三四四旅以及独立团和 3 个直属营。全师共 1.55 万人。

第一二〇师，由红二方面军第二、第六军团、陕北红军第二十七、第二十八军及独立第一、第二师和赤水警卫营、红军总部特务团一部等，在陕西省富平县改编。师长贺龙，副师长萧克，参谋长周士第，政训处主任关向应。下辖第三五八、第三五九旅以及教导团和 5 个直属营。全师共 1.4 万人。

第一二九师，由红四方面军未参加西路军的第四、第三十一军，陕北红军第二十九、第三十军和独立第一、第二、第三、第四团及第十五军团的骑兵团等部，在陕西省三原县改编。师长刘伯承，副师长徐向前，参谋长倪志亮，政训处主任张浩。下辖第三八五、第三八六旅以及教导团和 5 个直属营。全师共 1.3 万人。

八路军总部及直属队，共 3 000 余人。八路军全军近 4.6 万人，装备各种枪 4 万余支（挺）。

在改编的当时，驻陕甘宁苏区的红军，加上中国人民抗日军政大学、红军摩托学校等部，共 7.4 万余人，有 2.8 万红军没有改编为八路军。西路军的归队干部中，有一部分改编为八路军。第一二九师的师直辖教导团，即由编余干部和西路军归队干部改编，由张贤约任团长。

红西路军失败后，共产国际和苏联非常关注西路军剩余人员的下落，计划将失散人员接入新疆或苏联学习。1937 年 4 月 1 日，共产国际致电中共中央，询问西路军余部情况，能否通知所有失散的西路军成员前往安西或敦煌，以便我们派人接运他们来新疆。4 月 7 日，共产国际执委会书记处致电中共中央书记处，告知："已经决定西路军人员进入新疆后即转送苏联学习，因此，西路军务必前往星星峡，我们将会在那里迎接他们。”[1]

此前，在红西路军开始西进河西走廊行动后，1936 年 12 月 2 日，苏共中央政治局决定，将准备提供给中国红军的 1 600 吨箱装物资，派部队经新疆护送到中国。共产国际和中共驻共产国际代表团决定，组织一个代表团前往新疆，负责接送武器有关事宜。代表团由陈云（化名施平）任团长，滕代远（化名李广）任副团长，成员有电台报务员段子俊、译电员李春田、翻译冯铉（即何晓理）五人组成。

代表团接受任务后，受到了苏联领导人斯大林、莫洛托夫、伏罗希洛夫的接见。共产国际总书记季米特洛夫设宴招待了陈云等代表团成员。陈云率代表团离开莫斯科后，12 月中旬由阿拉木图抵达靠近新疆的霍尔果斯，看到了苏联当局准备援助西路军的坦克、大炮和其他武器弹药。但当时正值西安事变爆发，代表团接到电示，就在苏联边境待命。

1937 年 4 月 18 日，陈云一行终于接到中共驻共产国际代表团的电报，要他们急速前进，“去赶上到星星峡的队伍，以便回转国内。” 4 月 23 日，陈云率中共中央代表团抵达迪化（今乌鲁木齐）。这时才知道西路军已经失败，代表团的任务已经变更，是要他们“到星星峡去把西路军残部援救到新疆安全地点”。[2]

新疆督办盛世才，于 1933 年 4 月，以武力夺取了新疆的最高权力。出于自身利益，1936 年，盛世才提出“反帝、亲苏、民平（民族平等）、清廉、和平、建设”六大政策，与苏联保持友好关系。“我们党同盛世才的联系是通过苏联建立的，对盛世才采取的统战做法也是从苏联延续下来的。”[3]

陈云在迪化多次找盛世才商谈救援方案，积极开展救援的准备工作。盛世才接受了陈云的建议。5 月 1 日，陈云、滕代远等率汽车队，带着大批的生活用品来到星星峡，与李先念、程世才、李卓然等西路军左支队指战员见面。历尽无数艰险苦难、虎口余生的 420 多名干部战士，见到陈云、滕代远时，热情地围向前去，热烈拥抱，百感交集，泪水直流。

陈云看到同志们衣衫褴褛，骨瘦如柴，心里十分难受。后来他在回忆当时的情况时说：“他们已经有四十多天没有洗脸，每个人手上有二毫米厚的黑皮，面黄肌瘦，简直不类人形。如果说红军过草地已经很苦的话，西路军左支队在祁连山中所受的苦，更增加百倍。”[4]

陈云心疼地对左支队指战员说：“有什么话，有什么事，以后慢慢再讲，你们先给我执行两个任务，第一，要吃好饭，第二，要睡好觉。”他在生活上做了体贴入微的安排，从迪化给西路军指战员每人带来了一套棉衣、一套单衣、一套衬衣、一双皮靴、一双皮鞋、一双袜子、一个瓷杯、一双筷子，设法搞来了一批新鲜牛羊肉、苏联的纸烟和白糖，又商请盛世才两次派飞机空投衣物、粮食、枪支、弹药。这使聚集到星星峡的400多名指战员装备一新，很快恢复了体力。

5月1日是国际劳动节。在纪念大会上，陈云发表了热情洋溢的讲话。他鼓励大家说：你们历尽千辛万苦，艰苦战斗，今天终于回到了党的怀抱，我代表党中央向同志们慰问！然后，他提高了声音说：革命斗争有胜利也有失败，胜败是兵家常事。你们在极端困难的条件下，团结一致，奋战到这里，是非常难能可贵的。俗话说："留得青山在，不怕没柴烧。"只要我们保存下革命的有生力量，我们就会发展壮大。你们是革命的精华，是红色的种子，你们的光荣是黄金也买不来的。现在你们是几百人，将来可以扩充到几千、几万人，它将会燃起燎原的烈火，夺取革命更大的胜利。

左支队指战员听了陈云的讲话后，很受鼓舞，黄火青说："党中央的关心对我们是很大的鼓舞。陈云同志在五一劳动节大会上的讲话，大家听了更是兴高采烈，使我们这些从祁连山荒原僻野中历尽艰辛长途跋涉出来的红军战士，精神上得到极大慰藉。"[5]

左支队余部在星星峡经过休整，面貌一新。5月4日下午，分乘几十辆汽车奔赴迪化。5月7日抵达迪化，对外称"新兵营"，暂住在西大桥附近阜民纺纱厂房舍，不久迁到东门外的营房。

二、西路军余部改编为"中国工农红军西路军总支队"

红西路军左支队，以"新兵营"名义安顿下来后，陈云、滕代远先安排他们休息，检查身体，治疗伤病，恢复健康。在伙食方面，每天有大米、白面，盛世才还每天送来七八只肥羊。6月中旬，陈云在向共产国际汇报中，虽仍指出"现在的任务，还是要保证他们恢复与保护身体的康健"。但是，他很欣慰地说："如果把初到星星峡时的四百多人，再现在来看一下，那简直认不得。现在经过一个多月的休息，吃饭吃饱，大家脸亦长得胖胖的，个个年轻力壮。我相信你们随便哪一个看了都会觉得是可爱的革命子弟。如果现在把我们的与本地的军队一比较，那就立刻可以看出我们的比本地的要年轻、精干、清洁、聪敏。虽然我们的队伍也一样穿着国民革命军的服装，戴着青天白日旗徽章，但是我一认就可以认出谁是我们的人，谁是他们的人。”[6]

陈云6月19日写的这封信比较长，汇报了在同西路军指战员谈话中所了解到的西路军情况、作战经过和失败原因以及退入祁连山后到抵达星星峡和迪化的情形，并以对革命和对干部战士高度负责的态度，对这四百多人以后的安排提出尖锐的意见。他说：“我肯定的说，现在到了迪化的四百多人都是百战余生的人，每个士兵训练一下就是我们将来的军事干部。”陈云预感到西路军余部可能还得留在新疆一段时间学习军事技术，在这封信的最后，提出希望解决在莫斯科出版的中文版书籍、军事教官和学习军事用的汽车、铁甲车、机关枪、飞机等问题。因为天气热了，希望批准用八千美元购买汗衫、短裤、毯子、被单等物品。

在此前的5月下旬，西路军指战员的思想情绪已得到稳定。但是，国共两党谈判这时还在激烈斗争中，新疆同陕北路途遥远，他们短期内显然难以返回陕北，而赴苏学习又一直得不到中共驻共产国际代表团的指示。陈云、滕代远同西路军领导干部商量，决定利用这段时间，组织部队学习文化知识。

陈云、滕代远对部队的学习作了细致安排。他们按照各人文化程度的不同，分别编成甲、乙、丙三班。“甲班的程度是等于高小一、二年级，乙班的程度是等于初小三年级，丙班的程度是一、二年级。”“算学课在上级干部中已经进行得很快，比例、三角、几何、代数均在进行。”“中上级工农干部中算术本来是门外汉，现在已经学到小数部分了。”“战斗员中的算学亦分三班，加减乘除大家快要学完了。”[7]

选择教员，本着能者为师的原则，主要从西路军内部挑选文化程度较高的同志兼任。滕代远上语文课，陈云上政治课，冯铉、段子俊也都担任教师。所用教材，一方面从新疆书店购买，另一方面把党的有关文件印成教材，让大家既学文化，又学党的政策。

在西路军官兵中很快形成了学习热潮。大家既学习党的方针、政策，又认真学习文化，“那种热火朝天的劲头真像战场上冲锋陷阵一样。”[8]

时至7月上旬，文化程度比较低的指战员，在过去学习的基础上，大都掌握了近两三千字，达到能记笔记和阅读报纸，数学则学会四则运算及百分数。在7月中旬组织的文化考核中，参加语文测验的106人中，有51人得了90分以上；参加算术测验的390人中，有192人在90分以上。参加政治测验的48名干部，对党的重要政策问题都有所了解。[9]

就在7月上旬，又发生一件事情：盛世才提出要将西路军余部改编成一个营，说名册可以造假的，这样可以按照新疆部队发饷，而不必每天送羊肉。因为他的部下怀疑为什么这个“新兵营”每天特别送羊肉，而又不发饷。陈云经过考虑，觉得这个办法“实在不妥”。他向中共驻共产国际代表团的报告中说：“如果改编以后，督办也可借口应付环境派军械处、军需处的人来发生关系，那时我们不能拒绝，关系愈多，情况愈复杂，我认为这对于我们和新疆都不见得有利。”还说：“我认为在改编以后还有一个可能，督办也可借口应付环境，说你们不足一营人，所以派些别的人来与我们混编一起，这对于我们更困难。”

因此，决定原则上不接受盛世才的提议，但是，“拟回信时说话仍需婉转”。说明：“我们在此是暂时的，我们身上还有钱可以自给，所以请他们不必发饷，羊子也可以不必送。”

正当陈云准备将向中共驻共产国际代表团的报告送出时，“接督办来信”，“说他同意我们办法。可以不发饷，但羊子仍旧可送，一切仍照原来办法。这样，改编问题已经可以没有问题了”。[10]

陈云、滕代远对“改编问题”的正确处理，避免了“新兵营”领导权的可能旁落，继续保证了我党对这支部队的绝对领导。

七七事变爆发后，国内外形势发生重大变化。国共两党在抵御日本帝国主义的共同目标下，实现第二次国共合作。在延安的工农红军主力部队改编为国民革命军第八路军，陆续开赴山西抗战前线；随后，留在南方各省的红军和游击队改编为新四军，在江南敌后开展游击战争。全国抗日民族统一战线的建立，促使全国形成同仇敌忾、一致奋起抵抗日本侵略者的全民族抗战的局面。

1937年7月15日，正当陈云向中共驻共产国际代表团写前一段西路军余部生活、学习情况的汇报时，苏联驻迪化总领事馆的安德良诺夫，忽然拿来季米特洛夫的一封电报（俄文）给陈云看。经过翻译后，陈云了解到，季米特洛夫代表共产国际决定：西路军余部不去苏联，而是留在迪化学习。根据共产国际这个决定，陈云和滕代远提出把“新兵营”进一步办成学习现代军事技术学校的目标。

为了更好地组织干部战士学习，陈云同滕代远、李先念、李卓然等商量，决定对西路军余部按照“学校的方式”进行整编。西路军工委继续保留，将左支队改编为总支队，下辖四个大队，每大队编三个排，每排三个班，每班十个人左右。团营连干部编成干部队。

为了使西路军总支队官兵尽快开始学习军事技术，陈云先从苏联顾问那里详细了解盛世才机械化旅的装备情况。这时，盛世才拥有装甲车、汽车和火炮各一个营的装备。还有十多架侦察机和教练机，专门成立了一个航空队。这些技术兵种，都聘有苏联教官执教。

西路军指战员在这里学习军事技术，具有很不错的条件。这对红军的长远发展也是很需要的。摸清情况后，陈云正式向盛世才提出：请新疆军官学校教官和苏联教官，帮助西路军总支队掌握新的军事技术和武器装备。由于苏联总顾问巴宁中将支持这个要求，盛世才也表示同意。

这年秋天，陈云写信向中共驻共产国际汇报了西路军左支队近期的学习和生活情况。学习内容有中文识字课、政治课、算术课、军事课、卫生课、常识课、习字。另外，还办了无线电训练班。信中报告了“新兵营”在迪化的生活情形。因迪化金融波动，决定加发零用钱。另外，有30名左右因负伤致半残废者，过去由苏维埃发给抚恤金，现酌情给以优待费。伙食方面，每月增加菜金（省票）约一百五十万两。办公及特等杂费约五万两。以上所计每月需有一千四百万两（约合美元二千五百元左右）。现该地各种物价有上升趋势，若在迪化过冬尚需添置各种用品，教室和教学器材也有许多空缺，这些还需远方（即共产国际）支援。信中还报告了“新兵营”文体活动十分活跃；还汇报了干部的思想情况。

由于当时特殊的历史条件、地理条件和电信条件所限，陈云、滕代远在到达新疆后的半年时间内，主要是通过苏联驻迪化总领事馆，以电信和写信形式，与中共驻共产国际代表团联系。我党在新疆工作人员和西路军余部学习、生活所需经费，也主要由共产国际供给。1937年10月，随着八路军驻新疆办事处的建立，才沟通了他们与延安的直接联系。

红军主力改编为八路军后，陆续在南京、武汉、西安、重庆和兰州等地，公开设立八路军办事处。1937年10月中旬，八路军总部代表周小舟受中共中央委托，到新疆跟盛世才商谈设立办事处事宜。此时，中共驻共产国际代表团成员邓发也来到新疆。在陈云、滕代远、邓发、周小舟共同努力下，盛世才同意在迪化设立八路军驻新疆办事处。10月下旬，八路军驻新疆办事处在迪化成立，最初设在督办公署，后来迁到南梁新疆塔城行政长官的一所住宅（今乌鲁木齐市胜利路二巷一号）。与西安、兰州等办事处不同的是，驻新疆办事处不公开挂牌，对外称“南梁第三招待所”。

陈云担任中共中央驻新疆代表，滕代远担任办事处主任。在陈云的主持下，办事处确定了在新疆的六项任务，即：（一）搞好统一战线，执行盛世才的“六大政策”（即反帝、亲苏、民族平等、清廉、和平、建设），维护祖国统一；（二）巩固抗日后方，保护国防交通线；（三）筹集抗日物资，支援前线；（四）培养骨干，为抗日战争培养人才；（五）接待好延安至苏联的往返干部及有关人员；（六）了解、反映、指导党在新疆的工作。

周小舟来到新疆，连通了陈云同中共中央的直接电讯联系。10月23日，陈云和滕代远致电毛泽东、张闻天，汇报了西路军余部入疆以来的情况，说：

“西路军余部四百三十人抵迪已有五月余，仅以本身力量进行中文、算术、常识、军事、政治的训练，进步虽有，而新武器还没有学习，多次要求赴苏学习，未得国际批准。”“现在要求护送皮衣回陕北上前线抗日，否则即准备全部分到迪化学习飞机、铁甲、汽车、炮兵和骑兵。则今日已商准督办，下星期送一百五十人入学学汽车三月，毕业后再学铁甲车、坦克。我们认为，利用新疆在三年内培养五千军事的新干部是可能的、必需的，且学校名称、设备现比陕北完备些。中央意见如何，望转报国际和指示我们，以便遵行。”

陈云、滕代远提出的这个计划，很快得到了中共中央的批准。10月25日，毛泽东、张闻天复电陈云、滕代远：“同意将四方面军人员分配到迪化各学校去学习新技术。”

陈云、滕代远遵照中共中央的指示，立即将西路军总支队转入机械化武器装备的正规学习和训练，时间初步安排5个月。第一、二、三大队先学习驾驶汽车，在学会驾驶汽车的基础上，再选派学习驾驶装甲车和坦克；第四大队学习使用各种火炮。干部队继续学习军事和政治理论。陈云作了动员，勉励大家进一步努力学好新的军事技术。大家也想学习，都很高兴，聚到一起谈的就是机械化。

三、陈云进一步提出培养航空骨干的计划

陈云深谋远虑，计划为我党培养第一批红色飞行师。他同滕代远等一起，从西路军总支队中选定了25名红军干部，准备到新疆督办公署航空队学习。根据共产国际和中共中央的决定，陈云于1937年11月27日离开迪化，返回延安。中共中央代表由滕代远担任。12月中下旬，滕代远、李先念、李卓然、程

世才、李天焕等也奉命回到延安。中共中央驻新疆代表和八路军驻新疆办事处主任由邓发接替。1939年6月，陈潭秋到迪化，又接替了邓发的工作。西路军总支队（对外称“新兵营”），始终处于中共中央驻新疆代表的领导之下。

陈云回到延安后，向中共中央提出挑选一批既年轻又有文化的红军干部，去新疆督办公署航空队学习的建议，并得到批准。于是，接任中央组织部部长的陈云，又从抗日军政大学和红军摩托学校挑选了19名学员，大都是团营级干部，并逐一找他们谈话。当时在抗大学习，曾担任红十五军团政治部青年部部长的方槐回忆说：

“现在我还记得陈云同志找我谈话的情况。开始他问了一些情况，接着拿了一份《新中华》报考察我的文化程度，然后问我对学航空技术有什么想法。当我汇报说担心文化低，怕学不好时，他说：‘你读过书，当过青年部长，还能写写工作总结，也算是个有文化的人了。党在困难的条件下办了这么多学校，目的是培养你们，寄希望于你们掌握现代化技术，任何事情都是从不会到会的。过去你们这些放牛娃、种田出身的人不会打仗，不会做政治工作，通过学习都会了，因此对学习航空技术要有信心。他还说：‘在苏联时，我曾问过一位空军飞行师，文化程度低的人能不能掌握航空技术，那位飞行师讲，只要不是石头，就能学会。这话说得多好啊！你们这些同志都不是石头，只要肯钻研，努力学习，是一定能够学好的。’一席话，既亲切，又朴实，说出了极为深刻的道理，鼓起了我学习掌握航空技术的勇气。”[11]

1938年3月3日，新疆督办公署航空队第三期飞行班、第二期机械班开学。中国共产党选派的43名学员（迪化新兵营选25名，延安选18名）参加学习。入学前，邓发把大家召集在一起，按照同陈云商定的意见，宣布分为两个班，吕黎平为飞行班长，严振刚为机械班长，成立一个党支部。邓发宣布航空队党支部由中共中央驻新疆代表直接领导。

从此，“建起了由中国共产党领导的第一支航空队，为我军培养了一批航空战线的栋梁之材。”[12]

这支航空队的43名成员，来自第一、二、四方面军和红二十五军，都是经过长征的老红军党员干部。在新疆工作的我党同志，亲切地称他们为“红军航空队”。方子翼将军在《雪山·草地·蓝天》军旅生涯录中，第十章的标题就是“红军第一支航空队”。[13]王定烈主编的《当代中国空军》记载说：“这是一支特殊的学员队伍，它是存在于盛世才航空队中的‘红军航空队’，后来被习惯称为

'新疆航空队'。"[14]

然而，近来不知有些人出于何种原因和目的，极力贬低党中央、毛主席选派红军干部去新疆学习航空技术的英明决策，极力歪曲我党第一支航空队的历史地位，极力否认"红军航空队"称谓的历史事实与合理性。他们的论调之一就是中共中央在 1937 年 8 月 25 日发布了红军改编为八路军的命令，因此，1937 年 8 月以后再称"红军"，再称"红军航空队"，就是"不敬畏历史"。这种论调貌似有理，其实属于对那段历史一知半解的偏执之论。下面，就再费点笔墨，对当时的历史真相作一简要的回顾。

1937 年 8 月 25 日，中央军委命令改编为八路军的部队，是红军主力约 4.6 万人，但陕甘宁边区仍有 2 万多红军并未改编八路军。如延安红军摩托学校成立于 1937 年，有 15 位航空学员，就是从这所学校选出的红军干部。红军摩托学校一直办到 1944 年，校名并未因国民党右派的不容而改变。当时，国民党右派的代表人物及应声虫，利用红军主力改编为八路军这一机会，大肆散布"红军已经被收编了""红军已经不存在了""不准再称红军了"。好像他们的眼中钉、肉中刺终于被拔掉了。但是他们的阴谋岂能得逞？！毛主席 1937 年 9 月 25 日在《整个华北工作应以游击战争为唯一方向》的指示中，就针锋相对地强调："借着红军抗战的声威"，"发动群众"。"今后没有别的工作，唯一的就是游击战争。为此目的，红军应给以一切可能的助力。"[15]毛主席讲的"红军"，就是已经开赴华北战场的八路军。

红军主力虽已改编为八路军，但我党领袖和同志，仍常常亲切地称他们为红军，把八路军与红军作为一体，交集称谓，或者代替称谓。毛主席就是这样做的。

例如，1937 年 9 月 17 日，毛主席在《关于敌情判断及八路军的战略部署》中指示说："并为扩大红军本身起见，拟变更原定部署，采取如下之战略部署：（一）我二方面军（注：指八路军第一二〇师）应集结于太原以北之忻县待命……（二）我四方面军（注：指八路军第一二九师）……进至吕梁山脉活动。（三）我一方面军（注：指八路军一一五师）则以自觉的被动姿势，现时进入恒山山脉南段活动……"[16]

再如：1937 年 9 月 29 日，毛主席在《在山西应坚持普通的游击战争的方针》中指出："乙、山西将成为华北的特殊局面，这根本的是因为有红军，其次则是阎锡山与我们结合起来。"[17]这里说的红军，就是八路军。

又如：1937年10月6日，毛主席在《关于华北作战的补充意见》中说："（3）红军林、贺两师主力，担任从东西两方破坏敌之侧后纵深地区。"[18]这里讲的"红军林、贺两师"，正是指八路军以林彪为师长的第一一五师，以贺龙为师长的第一二〇师。

类似的史料很多，举几个例子已能说明问题。如果是站在维护我党革命事业的立场上，如果是对中国工农红军怀有深厚的感情，那么，看了毛主席的几段讲话，一定会感到格外亲切，感到顺理成章。当然，国民党右派及其应声虫只会反对和攻击，这由他们的阶级本性和反动立场所决定，不足为怪。

想当初，国共两党代表谈判合作抗日救国草案时，国民党方面提出的谈判条件，就有这样一条："（三）目前只保留3 000红军，师长以上领袖一律解职出洋。"[19]其后，在1937年2月15日至22日召开的国民党五届三中全会上，通过了《根绝赤祸案》，提出"取消红军，取消苏维埃，停止赤化宣传"。其对红军的仇视和必欲"根绝"而后快之图谋，由此可见一斑。在后来的谈判中，关于红军改编的数量、编制等问题，多次变化，一波多折。我党代表坚持原则，才使国民党右派企图彻底收编红军、完全夺取领导权的阴谋未能得逞，也才有了国共两党在合作方面的进步，有了红军主力改编为八路军奔赴华北抗日前线的进展。我们在分析一个社会问题时，就是要把问题放到一定的历史范围之内。

当时，在迪化的红西路军总支队，在延安的红军摩托学校和抗日军政大学，都是我党直接领导的红军部队和学校，没有改编为八路军。中央常委、中央书记处书记、中央组织部部长陈云同志，按照党中央、毛主席的英明决策和具体部署，从这三个红军单位中选出43名红军干部组成我党第一支航空队后，党内同志亲切地把这支航空队称为"红军航空队"，而且已经流传了七八十年。有些人挖空心思，总想找理由来否认这一称谓，能办得到么？

历史是可以从不同的角度来看的。不同的阶级和阶层，不同的立场和态度，不同的思想烙印和思维方式，会对同一件历史事实作出不同的评判。不能一叶障目，不见泰山；不能用简单的、直线性的、一刀切的思维方法，去看待复杂的、曲折的、波浪式前进和发展不平衡的历史进程。如果有了这样的共识，肯定会减少一些人受立场、态度制约所引起的认识分歧和偏执意见。

（作者单位：空军乌鲁木齐指挥所）

参考文献:

［1］秦生:《红西路军史》,中国社会科学出版社2011年版,第298页。

［2］［6］［7］陈云给王明并转中共驻共产国际代表团的信、手稿,1937年6月19日。

［3］陈云:《关于中共在新疆做盛世才统战工作的几点看法》,1984年12月20日,载《党的文献》1993年第2期。

［4］《陈云文选》第3卷,人民出版社1995年版,第378—379页。

［5］黄火青:《新疆工作的回顾》,载《中共党史资料》第39辑,中共党史出版社1991年版,第48页。

［8］冉正全:《从祁连山到迪化》,载《中国工农红军西路军左支队在新疆》,新疆人民出版社1991年版,第111页。

［9］［10］陈云、滕代远给王明、康生、邓发的信,陈云手稿,1937年7月15日。

［11］方槐:《我们终于有了一支强大的人民空军》,载《革命回忆录》(13),人民出版社1984年版,第244页。

［12］《老一辈革命家的故事·陈云的故事》,石仲泉、陈登才主编,中共党史出版社2006年7月版。

［13］中国国际新闻出版社,2010年7月版,第121页。

［14］《当代中国空军》,中国社会科学出版社1989年版,第10页。

［15］［16］［17］［18］《毛泽东文集》第2卷,中共中央文献研究室编,第23页,第17页,第28页,第34页。

［19］见中共中央党史研究室第一研究部原主任黄修荣编写的《抗日战争期间国共关系纪事》。

中共隐蔽战线上的周恩来与陈云

钱　聪

“四一二”反革命政变的爆发，给中共带来了血的教训，也使当时的革命者们意识到革命斗争中必须“要注意‘友军’如同注意敌人一样”。1927 年 11 月，在周恩来等人的提议下，中共在军委特科的基础上组建了中央特科，由组织局领导。中央特科成立的主要任务是保证中央领导机关的安全，收集掌握情报，镇压叛徒，营救被捕同志和建立秘密电台，在转移中央机关、改变领导人住处和开展秘密工作等方面发挥重要作用。周恩来与陈云在此期间通力合作，不仅共同处理“顾顺章事件”，而且此后即使在周恩来被迫转移之后，陈云仍旧在白色恐怖非常严重的上海，苦撑危局，忠诚地保卫着中共中央的安全。

一、共同处理“顾顺章事件”

1931 年，六届四中全会召开不久，一个给中共中央的安全带来重大威胁的事件发生了。3 月 28 日，中共中央政治局常委召开会议，决定张国焘去鄂豫皖革命根据地担任中央分局书记兼军委书记。会后，张国焘在中央政治局候补委员、中央特科负责人顾顺章的护送下，经过武汉前往鄂豫皖。但是，在顾顺章护送张国焘等人回来的路上，却滞留武汉，违反党的秘密工作纪律，擅自登台表演魔术，于 4 月 24 日在汉口被捕叛变。

顾顺章，原名顾凤鸣，又名黎明，原是上海南洋烟草公司制烟厂一名钳工。于 1924 年加入中国共产党，早年曾同陈赓一起被派往苏联学习政治保卫工作。回国后，参加了上海工人三次武装起义，并担任工人武装纠察队的总队长，受到党的重视。“四一二”反革命政变后便转往武汉，担任由周恩来领导的中央军委特务工作处的特科科长，参与镇压叛徒、内奸工作。

中央特科1927年11月由周恩来提出建立。主要职责是保卫中共中央机关的安全，打入敌人内部收集情报。中央特科在刚刚成立时，分为一科和三科。一科是总务科，主要负责中共中央机关的庶务工作。负责中央召开会议和设立的秘密机构及接头地点等事宜。三科为行动科，也称为红队。主要任务是肃清内奸，营救被捕同志。1928年春，又建立二科，即情报科，由陈赓负责，通过建立一些特殊关系，搜集敌人活动情报。先后派遣杨登瀛（鲍君甫）、李克农、钱壮飞、胡底等潜伏进国民党高级特务机关内。1929年底又成立了四科，即交通通讯科，由李强负责，主要任务是负责中共中央同各地党组织的电台联系。特科在刚刚成立时，主要由中共中央总书记向忠发、中央政治局常委周恩来、政治局候补委员顾顺章三人组成的“中共中央特别委员会”直接指挥。

顾顺章由于长期负责中共中央机关的保卫工作，掌握许多党内的核心机密，对一些只有少数人了解的中共中央机关和中央领导人住址、党内的秘密工作方法等，顾顺章也较为熟悉。因此，在顾顺章被捕后，不仅立即叛变，还主动表明身份，自诩“中共中央只有我与周恩来两人负责，政策归周，行动归我，共党在全国各城市的活动都归我指挥，共党中央各主要领导干部全由我秘密布置”。同时要求立即面见蒋介石，建议国民党以突然袭击的方式，将中共中央领导人一网打尽。

但当时武汉中统特务头子蔡孟坚和武汉绥靖公署主任何成浚在确认顾顺章叛变后，急于邀功，于4月25日晚，分别给蒋介石、陈立夫、徐恩曾发去密电，报告顾顺章叛变事宜。而这天由于是周末，国民党政要都去度周末了，因此报告此消息的几封加急密电，恰好被当天值班的机要秘书、中共地下党员钱壮飞截获。破译电报后的钱壮飞心急如焚，当即派女婿刘杞夫连夜乘特快列车从南京赶到上海，将这个消息送到李克农手中，请李克农向中共中央紧急报告。但是当天不是李克农与中央特科情报科科长陈赓联系的日子，一时无法找到中共中央。万分危急之下，李克农想到了在江苏省委工作的陈云，希望通过江苏省委找到中共中央。接到消息后的陈云立刻向中共中央报告，中央当即委托周恩来全权处理这一紧急事变。

周恩来在陈云等人的协助下，果断采取紧急措施，包括：一是销毁大量机密文件，将党的主要负责人迅速转移，并采取严密的保卫措施。二是将一切可能成为顾顺章侦察目标的干部迅速转移到安全地区或调离上海。三是切断顾顺章在上海所能利用的所有重要关系。四是废止顾顺章所执导的一切秘密工作方法。当时，为了将这个消息在党内更广泛地传播出去，陈云还连夜派人在上海找了一家印刷厂，出四倍的工钱，在2个小时内将顾顺章的照片制版翻印一百多张，发给上海各级党组织。当夜，中共中央、江苏省委和共产国际远东局的机关全部安全转移，使国民党欲一举破坏中共中央指导机关的企图破灭。

聂荣臻后来回忆说："两三天里面，我们紧张极了，夜以继日地战斗，终于把一切该做的工作都做完了。"28日，在顾顺章的指引下，国民党特务在上海进行了大搜捕，许多中共高级领导人的住处都被搜查，结果却一一扑空。一场后果极为严重的大破坏被有效避免。

国民党借顾顺章叛变企图一网打尽中共中央指导机关的计划虽然破产，但是叛变所带来的影响仍是深远的，后来，周恩来曾指出这次事件对中共是"致命的打击"。这种影响表现在叛变使得中央特科几年来在国民党内部逐渐建立起来的力量和关系基本遭到破坏，许多打进敌人内部的中共地下党员身份暴露，很多工作被迫暂停，一些同志甚至被迫撤退。当时陈赓、钱壮飞、李克农、胡底等就先后被迫撤出上海，情报网受到严重破坏。

不仅如此，由于顾顺章对中共领导人的了解颇深，被当时的国民党特务徐恩曾称为"一部活动的字典"。据徐恩曾回忆，"我们每逢发生疑难之处，只要请助于他，无不迎刃而解，立刻可以定谳或重要性突然增加了。"再加上由于顾顺章自身的经历，在如何破坏中共地下斗争的手段上，也提出许多"建议"，如他提出"自首政策"来分化、瓦解中共地下党，得到了国民党中央的采纳，专门出台《处理共产党人自首、自新办法》，加剧了白区地下斗争的困难。他还提议开办"特务人员训练班"，从1932年开始在南京为国民党培训特务，训练课程专门针对中共地下工作，深受特务们欢迎，授课内容被整理成"特工丛书"六册，成为国民党特务的必读教材。

也正因如此，在顾顺章叛变后，中央特科进行了一次大的整顿，在1931年6月10日召开的中共中央政治局会议上，通过了周恩来起草的《中央审查特委工作总结》，总结中指出"特委工作虽有许多成绩，给予党以不少保护作用，但终因顾顺章一个人的叛变，遂使全部工作发生动摇，这不能不说是特委工作本身的错误的结果"，并表示要"对今后特委的组织、工作方针、纪律等规定了原则"。同时，中共中央还决定"特委本身的组织，从最高指导委员会起，一律重新改组，特委的负责人必须以政治坚定、党籍较长、有斗争历史的干部特别是工人干部担任。"

由于在这次反对顾顺章叛变的斗争中，陈云表现突出，再加上其自身条件符合特委负责人选要求，因此，中共中央决定由周恩来、陈云（中共江苏省委书记）、康生（中央组织部长）、潘汉年（中共江苏省委宣传部长）、邝惠安重新组成中央特别工作委员会，领导中央特科工作。其中特科总部仍设四科：其中一科为总务科，即负责财政、交通以及各项营救、安抚等工作，科长由陈云兼任。二科为情报科，负责侦察、情报、反间谍等工作，科长由潘汉年兼任。三科为行动科，又称“红队”，负责镇压叛徒及除奸，科长由康生兼任。四科为通讯科，负责电讯联络，科长为李强。可是，这种状况并未持续多久，就再次发生重大变故：1931 年 6 月，中共中央总书记向忠发被捕叛变。

向忠发，1922 年加入中国共产党，这位仅有初小文化的产业工人，却在武汉“工运”中一举成名，在 1928 年代表中共赴苏联出席国际工运会议时，被苏共和共产国际领导看中，在中共六届一中全会上当选为中共中央总书记。向忠发作为中共历史上职位最高的叛徒，这一事件震动党内外，对党中央的安全带来极大的影响。那么，事件的起因到底如何呢？

中共六届四中全会后，根据共产国际的指示，中共中央逐渐将工作的重点转移到红军和中央苏区，城市工作被放在相对次要的位置。再加上何孟雄等人被捕牺牲和罗章龙等人另立中央，使整个城市工作陷入较为被动的局面，向忠发的政治热情明显消退，与此同时，生活腐化却日益严重。当时的向忠发在上海，为工作需要，党中央曾让其以“古董商人”的身份为掩护，经常出入一些上海灯红酒绿的繁华场所，生活作风逐渐腐化。他当时与一名叫杨秀贞的年轻女子，就姘居于上海法租界善钟路（今常熟路）附近一幢三层洋楼里。后来，顾顺章叛变后，俩人先是转移到中央租用的另一栋楼房中居住，后为了保险起见，又专门安排杨秀贞与任弼时的妻子陈宗英另行住在外国人开设的名叫“德华”的旅馆中。中央告知向忠发要尽快将其转移到中央苏区。但岂料向忠发由于贪恋上海的繁华生活，惧怕即将到来的艰苦环境，迟迟拖延动身时间，后来虽迫不得已勉强答应，却又强硬要求和杨秀贞见上一面，否则“不见不走”。党中央经过反复研究，最终同意他这个要求，并明确交代，会面的时间不能过长，最好上午去，下午回，并且绝不允许在杨秀贞处过夜。岂料，见面当天，向忠发罔顾党组织不准过夜的要求，第二天清晨，在静安寺附近一家名叫“泰勒”的汽车行叫出租时被人认出而遭到逮捕。

向忠发被捕的消息震动党中央，闻讯后的周恩来立刻组织营救。同时亲往寓所附近观察暗号，查实后迅速隐蔽，同中共中央其他领导人停止联系。由于当时向忠发被关押在淞沪警备司令部，按照以往惯例，向忠发这样的“重犯”，一般会押送至南京处置定夺。因此，党中央决定在押送途中以武装拦截囚车作为营救向忠发的方案之一。当时，周恩来代表党中央交代潘汉年，要尽可能详细了解向忠发被关押的一切情报，尤其要搞清楚何时被押送至南京，从何地出发上车，行车的路线、押送的武装力量等。

潘汉年接受任务后，立即同情报科相关同志商定，动用党在上海社会局（国民党情报机构之一）作情报员的吴某，法租界巡捕房作翻译的徐某等人，详细打听向忠发被捕具体细节，并特别强调，只要情报真实可靠，不惜高价购买。与此同时，周恩来又指挥特科三科的“红队”骨干成员，对实施“武装劫囚”做充足准备。

然而正当周恩来等人为营救行动做各项准备之时，6 月 24 日上午，密报传来，向忠发已于当天凌晨被秘密处决于龙华监狱，并在处决前，叛变投敌，供出党中央大量机密，其中周恩来在小沙渡路的住处就在招供之中。幸好早在得知向忠发被捕消息之初，周恩来已当机立断清理所有重要文件，并安排党中央各机关紧急转移办公地点，相关工作人员转移住址，本人也同邓颖超等转移到一个法国人开的饭店里，所以，这次搜捕并未带来大规模的破坏。但接连两次的叛变，给党中央在上海的工作，带来极其严重的影响，周恩来等人在上海已经难以继续生存，部分人员甚至暂停工作，等候转移。

二、重建中央特科

1931 年 6 月下旬，作为中共中央特科负责人的陈云再次挑起了重建中央特科的重担。他首先从改变中央特科的工作方式入手。由于顾顺章等人对特科的机关布置、人员结构、工作方式等有较详细的了解，中央特科的改组势在必行。在周恩来的指导下，陈云领导的中央特科机关和人员采用更严格、更隐蔽的方式。他根据少而精的原则，调整内部结构，撤销第四科，将通讯电台的工作移交中央秘书处，其余三科进行精简缩编。陈云兼一科科长、潘汉年兼二科科长，康生兼三科科长。

在活动方式上，则要求一切工作人员的社会职业必须真实、有着落的，通过各种社会活动建立起社会关系。当时陈云花了几千块钱，请一些同情革命的可靠人士出面，办了一二十个小铺子，散布在上海各个地区，掩护特科各项工作的开展。如当时新的特科总部设在中山路上的一个煤球制造厂里，整个厂从老板到工人都是特科人员。每天上午，陈云、潘汉年、康生等几个“老板”就会到煤球厂办公室汇合，部署特科各项工作。

陈云自己的办公地点，据他自己回忆在“上海山海关路的印刷所”。这个印刷所的老板是李伟基。1928年冬，李伟基到上海的新闸路星星印刷所做事，陈云知道后，主动找到他谈及此事。李伟基回忆称，当时陈云对他讲“和我合开一家小型印刷所”，“他先给我三百元，要我出面筹备”，“在山海关路肇庆里十七号，借了一间统厢房，买了两部小型印刷机”，“取名新生印刷所”。陈云除了每天上午去煤球厂和他的“合伙人”处理事务外，白天的其他时间多数在这个印刷厂中打算盘，和陈云一起以印刷所为掩护的另一个人是特科三科的李士英，他的公开职业是印刷所的校对。

据李士英回忆，“我和陈云同志会面时，他穿一件长褂子，外面套一件短背心，戴一顶红帽头，俨然就是一个账房先生。”潘汉年领导的二科则在北京路的一个弄堂里设有办公室，科内成员有事电话联系，但谈话内容仅限于联络、报警、约定见面时间和地点等，而且必须使用化名和暗语。

新的工作方式使中央特科能更好的开展隐蔽斗争。一个当年的国民党特务在回忆录中感叹，“实行新的隐蔽策略之后，把我们在共产党中所建立的线索，一下割断了，于是我们的耳朵又失灵了，眼睛又失明了。我们只知道共党的地下组织已经变了，但是怎样变？何人负责？机关设在哪里？一切具体情况，我们便茫然无知。”

中央特科所面临的另一个严峻任务就是将党的重要领导人陆续转移到安全地点。当时由于国民党的白色恐怖越来越严重，临时中央在上海的行动日趋艰难，不得不被迫转移。1931年10月中旬，王明先离开上海前往莫斯科。12月上旬，周恩来也离开上海，前往中央革命根据地苏区，据护送他离开上海的黄平回忆：

“恩来离沪那天，我是晚上八时许到他家的。当时他穿着对襟蓝哔叽中式短上衣和一条蓝哔叽中式裤子。这是广东熟练工人的打扮。”“化妆就绪，他拿了一只小手提箱，我们两人就一起下楼，雇了两辆人力车就动身了。为避免引人注意，邓颖超也未下楼送行。到了十六铺，我们立即就上了一艘太古洋行或怡和洋行的轮船，经过香港或直放汕头，我不能确定，但决不会冒被捕的危险，在香港上岸。在统舱里找到绰号‘小广东’的交通员，恩来认识他。我把恩来交给了‘小广东’，就告别下船。”

将周恩来送出上海不久，1932年底，陈云又接到中央交给他的另一项重要任务，就是秘密到上海北四川路鲁迅先生的寓所，将瞿秋白、杨之华夫妇安全转移。瞿秋白虽然一直受到国民党特务的追踪，但是由于他带病在身，不能远离上海，因此，暂被安置在鲁迅家中隐蔽。后来由于国民党特务活动的日益猖獗，为了保障瞿秋白的安全，中央决定派陈云将瞿秋白安全转移到其他地方。陈云也圆满完成了这一任务，将瞿秋白夫妇护送到地下党在紫霞路的一处秘密机关，然后返回自己的住处。

这一特殊经历，也给陈云留下极深的印象。后来他在莫斯科列宁学校学习时，听到鲁迅逝世的消息，满脑子想的都是鲁迅这个形象。他连夜写下《一个深晚》的短文，记叙那个令他终生难忘的夜晚。在文中陈云写道："鲁迅虽然死了，但是鲁迅的思想却深印在中国百万青年的脑子里。鲁迅的'坚决、不妥协的反抗'的精神，永远遗留在我们中国青年的思想里，将领着他们走上解放中华民族与解放劳苦大众的光明大道。鲁迅虽死，鲁迅的精神不死。"[1]

重建中央特科所面临的又一个重要问题就是迅速恢复遭到严重破坏的特科情报网。对此，特科采用打进去、拉出来的方法，重建情报来源。首先，打进去即是派人打入敌人内部获取情报。虽然顾顺章叛变后，这一工作一度停止。但正如周恩来所说过的"特科工作之最主要部门，是要深入到敌人营垒中去，尤其是直接摧残革命组织的反动机关，更是我们首先要打入的对象。"当时的中央特科在陈云亲自筹划下，"集中一切力量，千方百计利用社会关系，终于在（上海）警备司令部、法英巡捕房等机构重新建起反间情报关系。这个阶段虽仅一年时间，但各项工作很快恢复，成效很显著。"

利用敌人内部矛盾，对有关人员积极争取为中共所用。沈寿亚在大革命时期曾参加中国共产党，并担任中共嘉定县委书记。四一二反革命政变后，沈寿亚离开家乡跟随吴开先到国民党上海市党部工作。吴开先是陈云舅父家邻居，1925年5月在上海东亚同文书院加入中国共产党，但四一二反革命政变后，即投入到陈立夫门下，成为反共人物。据潘汉年回忆当时"吴开先主持市党部组织部。他破坏我党的恶毒手法之一，就是发动自首，发展内奸。"而特科恰好需要了解这一情况。当时的沈寿亚虽然跟随吴开先，但他既不愿意从事革命，也不愿意变成坚决反共的党棍，因此，陈云等人就对他采取循序渐进的方式，开始并不给他安排具体任务，只是让他将所见所闻的"情报"报告给联络人。

时间久了，沈寿亚不仅从文书升任组织科登记员，后又升为科员，对党的信任也逐步增加。"这时他能看到有共产党员秘密去市党部自首的登记表，就向组织报告。"潘汉年也借此，让他向吴开先建议"自首登记表应与一般党员登记表格分别处理保存，并建议自首登记者应有相片存底。"这一建议得到吴开先的采纳，并专派沈寿亚专职保管自首登记表。沈寿亚提供的许多情报也确实对于中央特科及时、准确处理叛徒，保卫中央安全起了重要作用。

不仅如此，针对国民党特务利用自首政策来削弱革命者意志，分化、瓦解地下党的情况，陈云等人协商后，决定采用假自首的方式，既可深入敌人内部，获取珍贵情报，又可以在适当时机为党保存一批革命骨干，这个建议也得到临时中央的批准。宗益寿，又名孟平，1927 年宜兴农民暴动失败后，就来到上海参加党的工会斗争。顾顺章叛变后，考虑到党内的情报网破坏较大，于是临时中央和特科指示宗益寿向敌人假自首，并在上海报刊上刊登脱党启事，然后再利用个人关系打入国民党内部。这一方法，使得宗益寿不仅成功进入敌人内部，获取大量有价值的情报，还成功保护了许多被捕的同志。

三、化解“伍豪事件”

但是，正当陈云等人在白色恐怖日益严重的上海苦撑危局，开展地下斗争时，国民党中统特务又使出一条诡计，来破坏党的地下斗争。1932 年 2 月 16 日至 21 日，特务们利用周恩来在从事地下工作中的化名“伍豪”，连日在上海《时报》《申报》《新闻报》《时事新报》等报刊上连续刊出《伍豪等脱离共党启事》，原文如下：

敝人等深信中国共产党目前所取之手段，所谓发展红军牵制现政府者，无异消灭中国抗日之力量，其结果必为日本之傀儡，而陷中国民族于万劫不回之境地，有违本人从事革命之初衷。况该党所采取之国际路线，乃苏联利己之政策，苏联口口声声说要反对帝国主义而自己却与帝国妥协。试观目前日本侵略中国，苏联不但不严守中立，且与日本订立互不侵犯条约，以助长其侵略之气焰。平时所谓扶助弱小民族者，皆为欺骗国人之口号。敝人本良心之觉悟，特此退出国际指导之中国共产党。伍豪等二百四十三人启。[2]

这篇《启事》刊登后，舆论一片哗然，事实上，早在《启事》刊出两个月前，周恩来就已经离开上海进入江西苏区。显然，这篇《启事》，尤其里面宣称“伍豪”脱党，是国民党企图利用地下工作者之间缺乏沟通，进行挑拨离间，制造政治陷害。

这篇《启事》刊发后，上海地下党立即设法采取各种反击措施，打破国民党的造谣污蔑。1932 年 2 月 20 日，中共中央在上海的机关党报《实话》，就刊发了《伍豪启事》的辟谣声明，同时还发表了《国民党造谣诬蔑的又一标本》的评论文章。当天，上海地下党又散发了由中共江苏省委宣传部署名的《反对国民党的无耻造谣》的传单。2 月下旬，毛泽东在中央根据地以中华苏维埃临时中央政府主席的名义发布公告，明确宣布《启事》“显然是屠杀工农兵而出卖中国于帝国主义的国民党党徒的造谣诬蔑”，“事实上伍豪同志正在苏维埃中央政府担任军委会的职务”。

虽然采取了一系列措施，但是上海中共地下党认为，这些辟谣大多局限于党报党刊上，社会影响有限，而彻底破除国民党的阴谋，必须在上海大报上刊登启事，进行正面辟谣。为此，党中央找到黄慕兰（又名黄定慧），黄慕兰在大革命时期加入中国社会主义青年团，不久后入党，此后，长期在上海从事地下工作。接到任务后的黄慕兰与陈志皋几经周折，多方奔走，先是取得上海《申报》总经理史量才、顾问陶行知的支持，在 2 月 22 日的《申报》上刊登这样一则启事：

伍豪先生鉴：承于本月 18 日送来广告启事一则，因福昌庆公司否认担保，手续不合，致未刊登。申报馆广告处启。

这则《启事》虽与国民党所刊登的内容毫不相关，却旨在迂回告诉读者刊登“伍豪”并非同一人。但是这种方法毕竟过于间接。后来，又经过百般努力，3 月 4 日，《申报》在显著位置以醒目大字标题刊登出以法国律师巴和的名义刊登的《巴和律师代表周少山紧要启事》，少山是周恩来的另一化名：

兹据周少山君来所声称：渠撰投文稿曾用别名伍豪二字，近日报载伍豪等二百四十三人脱离共党启事一则，辱劳国内外亲戚友好函电存问。惟渠伍豪之名除撰述文字外绝未用作对外活动，是该伍豪君定系另有其人。所谓二百四十三人同时脱离共党之事，实与渠无关，事关个人名誉，易滋误会，更恐有不肖之徒颠倒是非，藉端生事，用特委请贵律师代为声明，并答谢戚友之函电存问者云云前来。据此，合行代为登报如左。事务所法大马路四十一号六楼五号，电话一万三千二百三十九号。[3]

这些启事的发布，使民众认清了敌人的造谣污蔑，有力反击了国民党当局。

但是这件事却并未到此结束。“文化大革命”期间，江青等人又别有用心地重提此事，借此来污蔑、陷害周恩来。对此，陈云坚定站出来说“我当时在上海临时中央。知道这件事的是康生同志和我。”“这件事完全记得是国民党的阴谋。”1967 年 6 月，周恩来再次询问陈云，关于 1932 年 2 月上海报纸登载伍豪等二百四十余人退出共产党声明，并且还登了一个报馆告伍豪先生的小广告，这件事你是否知道？陈云回答，我记得了，有这两个小广告。

1972 年 6 月 23 日在中央召开的批林批孔整风汇报上，毛泽东专门让周恩来讲一讲"伍豪事件"，周恩来就作了题为《关于国民党造谣污蔑地登载所谓伍豪启事真相》的报告，中央办公厅秘书局还根据这段报告录音整理出一份文字记录。陈云当时虽然已遭到排挤，但还是就"伍豪事件"发言称"我当时在上海临时中央。知道这件事的是康生同志和我。对这样历史上的重要问题，共产党员要负责任，需要向全党、全世界共产主义运动采取负责的态度，讲清楚。这件事完全是国民党的阴谋。"[4]

同时，陈云还专门针对这件事写了书面发言，指出"我现再书面说明，这件事我完全记得，这是国民党的阴谋"后来，根据毛泽东和政治局决议，本希望周恩来的这份报告记录在其本人签字后，存入中央档案馆，再发至各省市自治区和各大军区党委存档。但岂料周恩来因故并未签字，于是江青等人再次在全国开展了"批林、批孔、批周公"运动，企图借此打压周恩来。后来，在 1975 年 9 月 20 日，周恩来最后一次动大手术前，他再次找来这份录音记录稿，颤抖地签上名字，并激动地说："我是忠于党，忠于人民的！我不是投降派！"

从 1927 年 11 月周恩来等人组建中央特科到 1933 年初，中共临时中央政治局决定把中央机关迁往中央苏区，陈云同博古等人秘密离开上海，中央特科历时虽仅 5 年多，"但是在同国民党蒋介石、汪精卫集团的斗争中，积累了丰富的秘密工作经验；同时，也锻炼培养了一批安全保卫骨干，为继后中央苏区、其他根据地、安全保卫工作的建立与发展奠下基础"，周恩来与陈云在中共隐蔽战线上的这场斗争，也必将载入史册。

（作者单位：陈云纪念馆）

参考文献：

[1]《陈云文选》第 1 卷，人民出版社 1995 年版，第 108 页。

[2]《伍豪等脱离共党启事》，《申报》1932 年 2 月 20 日、2 月 21 日。

[3]《巴和律师代表周少山紧要启事》，《申报》1932 年 3 月 4 日。

[4]《陈云年谱》（修订本）下卷，中央文献出版社 2015 年版，第 189 页。

研 究 综 述 篇

深化陈云生平和思想研究　坚定不移将改革进行到底

——第十二届陈云与当代中国学术研讨会总结

张星星

由中华人民共和国国史学会、中国社会科学院陈云与当代中国研究中心、陈云纪念馆、福建龙岩学院联合主办，龙岩学院中央苏区研究院承办的第十二届陈云与当代中国学术研讨会已基本完成各项会议议程。受会议组委会和主办单位委托，我主要围绕会议主题和与会论文做一学术方面的总结。

2018 年是全面贯彻中共十九大精神和习近平新时代中国特色社会主义思想的开局之年。中共十九大做出了“中国特色社会主义进入新时代”的重大政治判断，确立了习近平新时代中国特色社会主义思想的指导地位，提出了新时代坚持和发展中国特色社会主义的基本方略，对实现伟大梦想、进行伟大斗争、建设伟大工程、推进伟大事业做出了全面部署。2018 年，我们迎来改革开放 40 周年。中共十一届三中全会作出的改革开放战略决策，是决定当代中国命运的关键抉择，是当代中国发展进步的必由之路，是实现中华民族伟大复兴中国梦的动力之源。本届陈云与当代中国学术研讨会确定以“陈云研究与改革开放的新时代”为主题，一方面旨在从新时代的高度把陈云生平和思想研究进一步引向深入，另一方面也是为了更好地学习宣传贯彻中共十九大精神和习近平新时代中国特色社会主义思想，隆重庆祝改革开放 40 周年。

下面，我围绕会议主题和与会论文，主要从五个方面做一总结。

一、深入学习陈云的党建思想，全面落实新时代党的建设总要求

陈云曾长时间担任党的组织工作和纪检工作的主要领导，高度重视党的自身建设，对党的政治建设、思想建设、组织建设、纪律建设、作风建设、制度建

设和反腐倡廉建设做了富有创造性的实践和理论探索，对党的建设各个方面都提出了许多重要思想和观点，为毛泽东建党思想、邓小平新时期党建理论的形成和发展作出了重要贡献。党的十八大以来，以习近平同志为核心的党中央针对党的建设面临的考验、风险和突出问题，把推进全面从严治党提到“四个全面”战略布局的高度，以维护党中央权威和集中统一领导为首要任务加强党的政治建设，以坚定理想信念为核心加强党的思想建设，以强化党的纪律为中心加强党的组织建设，以落实八项规定、反对四风为抓手加强党的作风建设，以强化全面从严治党责任制为重点加强党的制度建设，以加大反腐败斗争力度为突破口推进反腐倡廉建设，在管党治党方面取得了显著成效。深入学习研究陈云的党建思想，对坚持党的领导、加强党的建设，全面落实党的十九大报告提出的新时代党的建设总要求具有重要现实意义。

在本届会议的论文中，当代中国研究所李正华的《陈云的核心意识与邓小平理论的形成》，分三个时段论述了陈云坚定维护邓小平在中央领导集体中的核心地位和党中央权威，及其对邓小平理论形成作出的重要贡献。陈云纪念馆范莎莎的《陈云维护和加强党中央权威的思想》，从维护党的领导核心、维护党中央经济权威、维护党的纪律、坚持民主集中制等方面阐述了陈云维护党中央权威的思想和实践及其现实意义。唐山师范学院李阎的《陈云党建思想的特点、历史贡献和时代价值》，从坚持马克思主义理论、注重实践磨炼、加强党性修养、端正思想方法等方面分析了陈云党建思想的特点，重点围绕改革开放新时期和中国特色社会主义新时代阐述了其历史贡献和时代价值。福建师范大学赵宇的《陈云对从严治党思想的探索及启示》，着重阐述了陈云在党的思想建设、组织建设特别是民主集中制建设、纪律建设、干部队伍建设、党风廉政建设等方面关于从严治党作出的理论和实践探索。中共江西省委党校江泰然的《论陈云社会主义政治建设思想》和中国井冈山干部学院丁仁祥的《陈云党内政治生活思想的特点及启迪》，主要从坚持党性原则、严格遵守党纪、坚持民主集中制、开展批评和自我批评等方面阐述了陈云关于党内政治建设和政治生活的思想。福建师范大学吕政龙的《论改革开放后陈云制度治党思想》，从健全民主集中制和集体领导制度、完善会议制度、改革干部制度、强化党内监督制度等方面概括阐述了陈云的制度治党思想。中共淮南市委党校苏秀珍的《陈云党风建设思想对新时代全面从严治党的启示》和中共株洲市委党史工作办公室王启才的《试论陈云关于执政党党风建设的思想》，概括梳理了陈云对党风建设的重要论述，探讨了执政党党风建设的基本内容、基本要求和具体路径，及其对新时代全面从严治党的启示。中共吉林省委党校刘金福的《陈云党风廉政建设思想探析》、南开大学徐行和魏鹏的《试论陈云的党风廉政建设思想及其现实启示》、当代中国研究所周红的《论陈云对我党反腐倡廉工作的历史贡献及现实启示》，系统阐述了陈云对党风廉政建设和反腐败斗争作出的重要贡献，探讨了陈云党风廉政建设思想和实践的现实意义。中共广东省委党史研究室叶浩豪的《陈云干部队伍建设思想探析》、中共上海市青浦区委党校李秀元的《陈云的干部队伍建设思想及其当代价值》、陈云纪念馆江丹的《新时期陈云的接班人思想探析》、当代中国研究所博士后吴绮雯的《陈云关于技术人员培养使用思想及启示》，分别从不同视角研究和阐述了陈云的干部队伍建设思想，以及在识别干部、选拔干部、使用干部、培养干部等方面作出的积极探索和贡献。陈云纪念馆王震凤的《陈云的支部建设思想及其现实意义》，集中研究了陈云领导基层党支部建设的思想和实践，探讨了陈云在党支部的地位和作用、支部建设的基本内容和任务等方面作出的重要贡献。

二、深入学习陈云的改革开放思想，坚定不移将改革进行到底

陈云是中央领导集体中较早思考和探索经济体制改革的领导人，并提出了比较完整的、富有创见的改革构想。党的十一届三中全会后，陈云积极支持邓小平倡导的改革开放，支持从农村到城市的经济体制改革、从沿海到内地不断扩大的对外开放。他提出，在社会主义经济中要有意识地发挥和扩大市场调节作用，改革要不断总结经验，脚踏实地向前推进，支持探索符合实际、充满活力的社会主义经济新体制。党的十八大以来，以习近平同志为核心的党中央高举改革开放旗帜，把全面深化改革作为推进“四个全面”战略布局中具有突破性和先导性的关键环节，以更大的政治勇气和政治智慧推进改革，用全局观念和系统思维谋划改革，着力增强改革的系统性、整体性、协同性，各领域改革不断提速，呈现全面发力、多点突破、蹄疾步稳、纵深推进的良好态势。深入学习研究陈云的改革开放思想，对贯彻落实新时代全面深化改革的各项部署，加快完善当代中国史研究社会主义市场经济体制和建设现代化经济体系，坚定不移把改革进行到底，具有重要借鉴意义。

在本届会议的论文中，华东师范大学商孝才的《陈云改革开放思想的鲜明

特色及其时代意义》，从坚持马克思主义的指导地位、强调计划和市场“两种经济”同时并存、坚决抵制和反对经济活动中的丑恶思想和行为、不断改善人民的生活四个方面，概括和阐述了陈云改革开放思想的鲜明特色。江汉大学刘明钢的《陈云与改革开放的新时期》，着重从倡导经济体制改革、自觉地运用辩证唯物论、在党内有崇高威望、与邓小平心灵相通等个人特质，分析和阐述了陈云在改革开放新时期作出的特殊而重要的贡献。当代中国研究所吴超的《陈云与改革开放时期的社会主义现代化建设》，集中研究了陈云在推动实现伟大历史转折、正确认识和把握中国国情、建设什么样的社会主义现代化和如何实现现代化等方面，为开创中国特色社会主义道路作出的卓越贡献。安徽大学李嘉树的《略论陈云对农村改革的贡献》，以丰富翔实的资料系统研究了陈云在 1961 年和中共十一届三中全会后两次对安徽“责任田”“大包干”的关注和支持，真实反映了陈云积极推动农村改革做出的重要贡献。中共上海市委党史研究室严爱云的《陈云与上海改革开放事业的发展》，主要从关心上海干部队伍建设、支持宝钢建设、强调综合平衡和循序渐进、关注人口与环境协调发展、倡导两个文明一起抓等方面，阐述了陈云对上海改革开放事业的关怀和指导。陈云纪念馆徐建平的《试论陈云关于发展的哲学思考》，系统研究了陈云坚持从国情出发确定发展规模、坚持从实际出发总结实践经验、坚持从全局出发强调综合平衡，以及发展要以人民群众为价值主体和价值归宿等哲学思考，深化了对陈云发展思想和哲学思想的研究。当代中国研究所邱霞的《论陈云的改革方法论》，以文本和实践相结合的研究方法，从“要坚持实事求是”“摸着石头过河”“改革的步子要稳”三个方面，概括和阐述了陈云的改革方法论及其重要意义。陈云纪念馆陶蕾的《陈云改革开放思想的辩证关系研究》，着重从正确处理计划与市场的关系、积极推进与稳步前进的关系、微观搞活与宏观控制的关系、调动积极因素与防止消极因素的关系，分析了陈云改革开放思想的鲜明特色和现实意义。中央党史和文献研究院王达阳的《陈云：改革要“摸着石头过河”》，以丰富的史料考证了“摸着石头过河”的提出和广泛采用，深刻阐述了“摸着石头过河”作为改革开放重要方法的实践指导意义。陈云纪念馆杜娟的《从三大宽广视角论陈云对外开放思想》，着重从历史和现实相贯通、国际和国内相关联、理论和实际相结合的三个视角，系统分析和阐述了陈云对外开放思想的形成和发展，及其对积极稳妥推进对外开放的指导意义。当代中国研究所魏立帅的《陈云与转折时期党的思想路线、政治路线、组织路线的恢复》和中共驻马店市委李国胜的《试论陈云在中国革命历史几个转折点上的重要作用》，重点阐述了陈云在中共十一届三中全会前后的伟大历史转折中发挥的重要作用和作出的突出贡献。陈云纪念馆郭金雨的《改革开放时期陈云党的形象观论析》，阐述了陈云在维护党的领袖形象、重塑党的安定团结形象、恢复党的清正廉洁形象、树立党的集体领导形象等方面作出的重要贡献。辽宁省社科院张洪军的《从“看不见”到“看不够”——陈云与治理本溪环境污染》、当代中国研究所徐轶杰的《陈云与改革开放初期的环境保护工作》和山东大学胡伟的《陈云生态文明思想研究》，分别从不同视角阐述了陈云在治理环境污染、关注环境保护和加强生态文明建设方面作出的积极探索和贡献。

三、深入学习陈云的经济思想，积极贯彻习近平新时代中国特色社会主义经济思想

陈云是中国社会主义经济建设的开创者和奠基人之一，为新中国迅速恢复国民经济、安定人民生活，为实行对粮食、棉花等主要农产品统购统销，为确立社会主义基本经济制度、建立独立的比较完整的工业体系和国民经济体系，做了大量卓有成效的工作，为探索中国社会主义建设道路作出了杰出贡献。党的十八大以来，以习近平同志为核心的党中央积极适应和引领经济发展新常态，对发展思路及时做出重要调整，坚持稳中求进工作总基调，对推进经济建设作出正确决策，成功驾驭我国经济发展大局，5 年中国内生产总值从 54 万亿元增至 82.7 万亿元，年均增长 7.1%，结构不断优化，活力不断释放，韧性不断增强，对世界经济增长贡献率超过 30%，成为世界经济增长的主要动力源和稳定器。特别是在指导经济工作实践中形成了以创新、协调、绿色、开放、共享的新发展理念为主要内容的习近平新时代中国特色社会主义经济思想。深入学习研究陈云的经济思想，对深刻领会和贯彻落实习近平新时代中国特色社会主义经济思想具有重要借鉴作用。

在本届会议的论文中，中国社科院经济研究所董志凯的《探索质量与管理体制、发展速度的辩证关系——从陈云思想学习习近平新时代中国特色社会主义经济思想》，深入研究了陈云在制造领域、基建领域、文教领域对质量问题的高度关注，以及对质量与管理、质量与速度辩证统一关系的不懈探索，分析了陈云经济思想对学习习近平新时代中国特色社会主义经济思想和推进高质量发

展的启示意义。河南大学何云峰的《试论新中国成立初期陈云在经济工作中的大局意识》、当代中国研究所叶明勇的《试论新中国建立前后陈云解决经济问题的方法及特点》、陕西延安精神研究中心高慧琳的《陈云综合平衡思想在发展市场经济中的意义》、中共株洲市委党史工作办公室吴志平和王胜华的《试述陈云晚年的光辉思想及其历史贡献——重温〈当前经济工作的几个问题〉》，分别从不同时段和不同主题深入研究了陈云的经济思想和实践，阐述了陈云在新中国经济工作中作出的杰出贡献。深圳大学杨海波的《陈云经济思想的哲学透析——基于方法论视角》，从破与立、内与外、点与面、上与下四个方面，分析和阐述了陈云经济思想的哲学意义，及其对当前我国经济社会发展提供的借鉴和启示。东北师范大学刘文健、刘景岚的《陈云在全行业公私合营前后对资本家与国家、公股代表及工人关系的认识与处理》，集中围绕在全行业公私合营中如何对待资本家的问题，深入研究了陈云在妥善安排资本家的职务和工资、积极调节公股代表与资本家关系、提高工人地位和待遇等方面采取的正确态度和政策。当代中国研究所张金才的《邓小平、陈云与 20 世纪 60 年代初的国民经济调整》和中国社科院研究生院张林鹏的《陈云经济调整思想的几个核心观点研究》，分别阐述了陈云在两次国民经济调整中作出的重要贡献，以及在调整中提出的“有退有进，稳中求进”，“综合平衡，按比例发展”和“一要吃饭，二要建设”等重要观点。江西井冈山大学黄惠运的《中央苏区时期陈云的粮食经济思想及当代启示》、河北大学王涛和刘秉龙的《新中国建立初期陈云对粮食增产问题的思考与实践》、山东菏泽学院董传岭的《新中国成立初期陈云发展农业生产的方略及现实价值》、中南财经政法大学许天成和瞿商的《陈云与 20 世纪 60 年代前后解决中国粮食问题战略构想的演进及其实践》、福建江夏学院严圣明的《陈云的农村建设思想与启示》、河南大学范刻心和当代中国研究所王瑞芳的《简论陈云工业支援农业的思想》，分别对陈云发展农业生产、提高粮食产量、加强农村建设、工业支援农业等思想做了比较深入和系统的研究。当代中国研究所钟瑛的《陈云财政金融思想与实践及其现实启示》，系统概括和研究了陈云的财政金融思想与实践，深入探讨了陈云的财政金融思想对当前防控化解财政金融风险的现实启示。陈云纪念馆张秋震的《改革开放初期陈云金融思想及其现实启示》，主要从货币发行、外汇管理和金融人才培养三个方面概括了陈云在改革开放初期的金融思想，探讨了陈云金融思想的现实启示。中国社科院经济研究所姜长青的《陈云三次成功预判货币走势》，重点研究了陈云在抗日战争后期、东北解放战争时期和“文化大革命”中，对国民党法币、金圆券和美元走势做出的成功预测和采取的有效措施。当代中国研究所王蕾的《陈云外贸安全的思想和实践及其现实意义》，系统研究了陈云在外贸结构安全、外贸资产安全和建立健全外贸机制等方面进行的深入思索和有效实践，以及对发展具有中国特色的国际贸易理论体系作出的独特贡献。

四、深入学习陈云的宣传文化工作思想，大力加强党对意识形态工作的领导

陈云高度重视党的思想政治工作、宣传文化工作和社会主义精神文明建设，深刻阐明了在改革开放的新时期坚持两个文明一起抓的重要意义。他指出：“我们是社会主义国家，我们既要有高度的物质文明，也要有高度的社会主义精神文明，这是我们永远要坚持的奋斗方向。”“忽视社会主义精神文明建设，我们的整个事业就可能偏离马克思主义，偏离社会主义道路。”党的十八大以来，以习近平同志为核心的党中央把意识形态工作摆上“极端重要”的位置，强调意识形态工作事关党的前途命运，事关国家长治久安，事关民族凝聚力和向心力，大力加强党对意识形态工作的领导，巩固马克思主义在意识形态领域的指导地位，夯实全党全国人民团结奋斗的共同思想基础，把培育和弘扬社会主义核心价值观作为凝魂聚气、强基固本的基础工程，弘扬中华优秀传统文化，增强全民族文化创造活力，不断增强文化整体实力和竞争力。深入学习研究陈云的宣传文化工作思想，对加强党的意识形态工作、建设社会主义文化强国具有重要的指导意义。

在本届会议的论文中，中央党史和文献研究院王浩的《陈云的社会主义意识形态斗争思想初探》，系统梳理了陈云关于意识形态领域斗争的相关论述和实践，深入分析了陈云在意识形态问题上以大无畏精神敢于斗争、以高超政治艺术善于斗争等鲜明特点，探讨了陈云意识形态斗争思想的当代价值和启示。海军大连舰艇学院阚延华、冯天骕的《陈云关于宣传思想工作的论述及现实意义》，从理论与实践的结合上系统阐述了陈云对宣传思想工作的地位作用、宣传思想工作必须坚持党的领导、宣传思想工作的方式方法、宣传思想工作的队伍建设等方面的论述，深入研究了陈云关于宣传思想工作的论述对做好当前宣传思想工作的重要现实意义。当代中国研究所周进的《陈云论马克思主义：真学

真信真用的光辉典范》，系统而深入地阐述了陈云对马克思列宁主义真学、真信、真用的光辉一生，生动展现了陈云在勤学、善学和言传身教，始终保持坚定的马克思列宁主义理论信仰，紧密联系中国实际运用和发展马克思列宁主义等方面，为全党树立的光辉典范。福建龙岩学院马春玲的《民主革命时期陈云的党员理想信念教育思想论析》，重点研究了陈云对党员理想信念教育的高度重视，以及对党员理想信念教育的基本内容、主要原则和方法等方面作出的积极探索和贡献。陈云纪念馆余薇的《改革开放新时期陈云的党性教育思想》，概括阐述了陈云关于党风、党纪、党性原则等重要论述，从坚持以德为先、注重制度建设、纠正不正之风、严厉惩治腐败等方面，分析了改革开放新时期陈云党性教育思想的时代特点和现实意义。福建宁德社科联邱树添的《学习精神照耀新时代——试论陈云学习精神对新时代中国特色社会主义之重要意义》，从考证习近平在担任宁德地委书记期间即以陈云为学习的楷模、倡导陈云的学习精神入手，论述陈云的学习精神与习近平新时代中国特色社会主义思想的内在联系。

五、深入学习陈云的哲学思维和人民情怀，把党的群众路线贯彻到治国理政全部活动中

陈云是学习和运用马克思主义哲学、加强党性修养的楷模，对共产主义崇高理想和伟大事业始终坚贞不渝，对党和人民无限忠诚，坚持原则，顾全大局，一心为民，脚踏实地，严于律己，清正廉洁，深得全党全国人民的尊敬和爱戴。习近平高度评价陈云“始终坚守对马克思主义、共产主义的信仰不动摇”，要求“全党同志一定要坚守共产党人精神家园，把改造客观世界和改造主观世界结合起来，切实解决好世界观、人生观、价值观问题，练就共产党人的钢筋铁骨，铸牢坚守信仰的铜墙铁壁，矢志不渝为中国特色社会主义共同理想而奋斗”。党的十八大以来，以习近平同志为核心的党中央先后组织开展“三严三实”“两学一做”学习教育，引导广大党员按照“讲政治、有信念，讲规矩、有纪律，讲道德、有品行，讲奉献、有作为”的要求，增强党内政治生活的政治性、时代性、原则性、战斗性，积极营造风清气正的良好政治生态。深入学习研究陈云的哲学思维、人民情怀和加强党性修养的思想与实践，对坚持以人民为中心的发展思想、永葆共产党人的政治本色有重要指导意义。

在本届会议的论文中，陈云纪念馆陈麟辉的《陈云的唯物辩证思维及其当代价值》，系统阐述了陈云以马克思主义认识论和唯物辩证法为指导，紧紧抓住“把思想方法搞对头”这一马克思主义哲学精髓，树立“学好哲学，终身受用”的哲学思维范式，坚持理论联系实际和求真务实作风等唯物辩证思维，及其在中国特色社会主义新时代的重要思想价值。中国社科院研究生院崔钧的《陈云“十五字诀”由来与形成探析》，从马克思主义理论信仰的确立、对毛泽东实事求是思想的深刻领会、中国革命和建设实践经验的科学总结等方面，分析阐述了陈云“十五字诀”的形成和发展。中共中央党校燕翔的《陈云的党性修养》，结合陈云的思想和实践，集中阐述了陈云在马克思主义理论信仰、共产主义的理想信念、全心全意为人民服务、严守党的纪律等方面表现出的党性修养。东北大学樊丽明、李彦儒的《陈云家风建设思想及现实启示》，研究和阐述了陈云在家庭和睦、子女教育、廉洁持家等方面形成的良好家风，及其对新时代家风建设的现实启示。上海市中共党史学会陈挥的《试论陈云的人民观》和陈云纪念馆方芳的《陈云指导评弹工作中人民性思想及其现实意义》，从不同角度阐述了陈云维护人民利益、听取群众意见、尊重人民意愿、关注民生改善等高尚而朴素的人民情怀。福建龙岩学院林妹珍的《中央苏区时期陈云工会工作的思想与实践》和廖雅珍的《中央苏区时期陈云在汀州纠正劳动合同探析》，分别从宏观和微观两个视角阐述了陈云在健全工会组织、发动工人群众、维护工人利益、克服“左”倾错误等方面做出的努力和贡献。北京化工大学吴应贤的《浅析陈云调查研究思想的主要特点》，着重概括了陈云在调查研究中尊重事实、是非分明、勇于反思、敢于纠错、善于总结等显著特点和优秀品格。当代中国研究所牛冠恒的《陈云读书的五个时期》和江西省委党校刘瑜的《陈云的读书方法》，重点研究了陈云的读书生活，挖掘了陈云在读书方面的科学方法和宝贵经验。广东海洋大学苗体君的《青年陈云升任中央政治局常委原因探析》、中共深圳市委党校王定毅的《陈云与中共中央书记处》、中央党史和文献研究院迟爱萍的《论第二届中顾委主任陈云的历史担当》，分别从不同时段拓展和深化了陈云生平和思想研究。

大家在研讨交流中一致感到，陈云的宝贵思想是党和人民的精神财富，有着长久的生命力和深刻的历史启示，对深入学习贯彻党的十九大精神和习近平新时代中国特色社会主义思想具有重要的借鉴意义。党的十九大精神和习近平新时代中国特色社会主义思想，同陈云生平和思想研究在许多方面有着高度契合，既为深化陈云生平和思想研究提供了新的理论指导，也提出了许多值得深入开掘的重大研究课题。习近平在全国宣传思想工作会议、党的新闻舆论工作座谈会、哲学社会科学工作座谈会等重要讲话中，反复强调要坚持以马克思主义为指导、坚持以人民为中心的研究导向、坚持问题意识和问题导向。有志于陈云研究的同志，应当以习近平新时代中国特色社会主义思想为指导，站在新的时代高度和理论高度，紧紧围绕党和国家工作大局，以宣传阐释、贯彻落实党的十九大精神和习近平新时代中国特色社会主义思想为着眼点，以人民群众普遍关注的理论和实践问题为落脚点，把陈云生平和思想研究进一步提高到新的水平。

（作者单位：当代中国研究所）

图书在版编目(CIP)数据

上海陈云研究. 2018 / 陈云纪念馆编 .— 上海 ：上海社会科学院出版社，2020
ISBN 978－7－5520－0863－0

Ⅰ.①上… Ⅱ.①陈… Ⅲ.①陈云(1905－1995)—人物研究—文集 Ⅳ.①K827＝7

中国版本图书馆 CIP 数据核字(2020)第 187879 号

上海陈云研究　2018

主　　编：陈云纪念馆
责任编辑：杜颖颖
封面设计：黄婧昉
出版发行：上海社会科学院出版社
上海顺昌路 622 号　邮编 200025
电话总机 021－63315947　销售热线 021－53063735
http：//www.sassp.cn　E-mail：sassp@sassp.cn
照　　排：南京理工出版信息技术有限公司
印　　刷：上海景条印刷有限公司
开　　本：720 毫米×1000 毫米　1/16
印　　张：17.25
插　　页：2
字　　数：290 千字
版　　次：2021 年 3 月第 1 版　2021 年 3 月第 1 次印刷

ISBN 978－7－5520－0863－0/K・575　定价：78.00 元